新世纪高职高专
公共基础课系列规划教材

XINLING SHOUQIAO
——DAXUESHENG XINLI JIANKANG JIAOYU

心灵手巧
——大学生心理健康教育

◆ 主　编　周永军
　 副主编　谭　珂　施小清
　　　　　肖梦云　张荣杰

大连理工大学出版社

图书在版编目(CIP)数据

心灵手巧：大学生心理健康教育 / 周永军主编. --大连：大连理工大学出版社，2022.8(2023.1重印)
ISBN 978-7-5685-3916-6

Ⅰ.①心… Ⅱ.①周… Ⅲ.①大学生－心理健康－健康教育 Ⅳ.①G444

中国版本图书馆CIP数据核字(2022)第144580号

大连理工大学出版社出版

地址：大连市软件园路80号　　邮政编码：116023
发行：0411-84708842　　邮购：0411-84708943　　传真：0411-84701466
E-mail:dutp@dutp.cn　　URL:https://www.dutp.cn
辽宁虎驰科技传媒有限公司印刷　　大连理工大学出版社发行

幅面尺寸：185mm×260mm　　印张：15　　字数：347千字
2022年8月第1版　　2023年1月第2次印刷

责任编辑：欧阳碧蕾　　　　　　　　　　　责任校对：程砚芳
　　　　　　　　　封面设计：张　莹

ISBN 978-7-5685-3916-6　　　　　　　　　定　价：48.80元

本书如有印装质量问题，请与我社发行部联系更换。

前　言

党的二十大报告将建成"健康中国"纳入二〇三五年我国发展的总体目标，以实现人民生活更加幸福美好。有健康才有将来，心理素质是人的基本素质。加强和改进大学生心理健康教育工作是新形势下全面贯彻党的教育方针，推进素质教育的重要举措，也是促进大学生健康成长、培养高素质合格人才的重要途径。

高职教育是我国高等教育的重要组成部分。高职学生有其鲜明特点，因此，编写一套符合他们实际的心理健康教育教材，体现高职教育的特色和优势非常必要。

编者以高职学生为对象，依据多年的心理健康教育探索和实践经验，从突出心理健康教育发展性功能角度出发，注重高职学生心理成长和行为训练，编写了本教材。本教材具有以下特点：

1. 新颖和针对性。本教材立足新时代高职学生的特点和发展规律，紧密结合课程特点与建设要求，找准课程思政融入点，凝练课程的核心价值观，普及培育健康心理的基本原理和方法，对高职学生关注的情感、人际交往、职业生涯发展等焦点进行循序渐进的阐述，对近年来大学生网络成瘾、心理危机等热点进行科学的分析与有效的引导。

2. 科普和通识性。本教材以"够用、实用"为度，集知识传授、心理体验、行为训练即"教、学、做"为一体，内容通俗易懂、简练实用，形式灵活多样，对每个知识点辅以相关延伸阅读、心理案例、拓展训练，并对教材中的关键知识点制作了微课，

学生扫码即可观看资源，丰富了内容的拓展性和趣味性，提高了学生系统掌握心理健康知识和技能的能力。

3. 实践和适用性。本教材理论够用，注重实践。教材案例大多来自编者多年的教学实践，章首设置课堂互动环节，通过团体辅导、心理分享、游戏活动等形式，增强学生参与积极性和情境式体验，在教与学的互动实践中，解决心理困扰，将所学更好地应用于实践中。

本教材由厦门软件职业技术学院周永军担任主编；由厦门软件职业技术学院谭珂、施小清、肖梦云，漳州城市职业学院张荣杰担任副主编。具体编写分工如下：第一章、第二章由谭珂编写，第三章、第五章由施小清编写，第四章、第八章由张荣杰编写，第六章由周永军编写，第七章、第九章由肖梦云编写。本教材由周永军负责最后的修改、统稿工作。感谢厦门软件职业技术学院和大连理工大学出版社的大力支持。

在本教材的编写过程中，编者参考、引用和改编了国内外出版物中的相关资料和网络资源，在此向作者表示诚挚的谢意。请相关著作权人看到本教材后与出版社联系，出版社将按照相关法律的规定支付稿酬。

因编者水平有限，难免存在不足之处，敬请广大读者批评指正，以期再版时提高和完善。

编　者

2022 年 8 月

所有意见和建议请发往：dutpgz@163.com
欢迎访问职教数字化服务平台：https://www.dutp.cn/sve/
联系电话：0411-84707492　84706104

目 录

第一章　健康人生　从心开始 ·· 1
第一节　健康与心理健康 ··· 1
第二节　大学生心理健康培育 ··· 10
第三节　大学生心理咨询 ··· 22

第二章　悦纳自我　完善人格 ·· 29
第一节　正确认识自我 ·· 29
第二节　悦纳成就自己 ·· 34
第三节　揭开人格的面纱 ··· 44
第四节　塑造健全人格 ·· 50

第三章　驾驭情绪　快乐生活 ·· 59
第一节　正确认识情绪 ·· 59
第二节　做好情绪管理 ·· 65
第三节　培养健康情绪 ·· 78

第四章　激发潜能　有效学习 ·· 86
第一节　成为学习的主人 ··· 86
第二节　排解学习的烦恼 ··· 92
第三节　培养良好的学习能力 ··· 97

第五章 与人为善 和谐相处 111

第一节 搭建心灵的桥梁 111

第二节 探寻人际交往的魅力 116

第三节 沟通从心开始 125

第六章 真诚相待 邂逅爱情 135

第一节 解读爱情密码 135

第二节 走出情感的误区 142

第三节 正确认识你的性 154

第七章 理性规划 轻松职场 163

第一节 探索职业生涯之路 163

第二节 合理规划人生 169

第三节 培育健康的择业心理 177

第八章 珍爱生命 战胜挫折 185

第一节 生命的赞歌 185

第二节 逆境中前行 193

第三节 勇敢做自己 201

第九章 绿色网络 阳光心情 209

第一节 网络是把双刃剑 209

第二节 警惕网络危害 216

第三节 培育健康网络心理 225

参考文献 233

第一章

健康人生 从心开始

大学是成就梦想的地方，涌动着一批批追求完美的追梦人。然而，人生不如意事十之八九，在这纷繁而复杂的社会中，学习、工作、人际交往、恋爱、就业等一系列问题时常困扰着这些大学生。人生路漫漫，有几步却非常关键。当代大学生如何在迷惘中探寻自我，在行动中完善自我，以积极的心态塑造全新的自我？健康的人生，从"心"开始。

第一节 健康与心理健康

学习目标

1. 了解健康的内涵和标准。
2. 掌握心理健康的内涵和标准。
3. 正确认识心理健康。

课堂互动　小王的烦恼

小王在高中时是班级的体育委员，他从小就爱好体育运动，身体素质很好，经常参加各种体育比赛，屡获殊荣。进入大学后，他将这一特长发挥得淋漓尽致，运动会、篮球赛等体育活动成了他大显身手的舞台，为此他感到十分的骄傲和自豪。可是有一天，他无意中听到两个舍友背着他窃窃私语："这种人，四肢发达，头脑简单，还自以为有什么了不起，真是搞笑！"原来我在同学的心目中是这样的，小王感觉自己好像突然从天上跌

1

落到了谷底,情绪一落千丈。从此,小王不爱跟人说话,不爱参加集体活动,经常一个人待在宿舍闷闷不乐。可是越不合群,小王越感觉班上的同学针对他,他也越来越敏感多疑。

小王有晨练的习惯,有一天他和往常一样,早早起床准备去晨练,他似乎又隐约听见舍友在抱怨:"大清早的就起来扰人,还让不让人睡觉了,这种人是不是有病。"一听到舍友说他有病,他害怕自己是不是真的生病了。去医院检查,医生却说他的身体健康状况良好。可是他却明显感觉自己情绪低落、食欲不振、精神萎靡,这影响了他的正常学习生活,甚至对自己喜爱的体育运动也逐渐失去了兴趣。如此循环,令他更加焦虑不安。

> **思考与讨论**
>
> 小王的身体健康吗?身体健康就代表健康了吗?谈谈你对健康的认识。

一、健康的内涵和标准

健康是人们生存的根本。长期以来,人们对健康的认识还停留在身体机能方面,单纯地认为"身体无病即健康"。早在1948年,世界卫生组织(WHO)成立时,在其宪章中就阐述:"健康乃是一种身体上、精神上和社会适应上的完好状态,而不仅仅是没有疾病和身体不虚弱。"1989年,该组织又进一步深化了健康的概念:"健康不仅是没有疾病,而且包括躯体健康、心理健康、社会适应良好和道德健康。"这种现代意义上的健康概念意味着衡量一个人健康与否要从生理、心理、社会和行为等方面进行分析。

世界卫生组织据此提出了健康的十条标准:

1. 有充沛的精力,能担负日常的工作和生活,而且不会感到过分紧张和疲劳。
2. 积极乐观,勇于承担责任,心胸开阔,做事不挑剔。
3. 精神饱满,情绪稳定,善于休息,睡眠好。
4. 应变能力强,能适应环境的各种变化。
5. 能够抵抗一般性感冒和传染病。
6. 体重得当,身材匀称。
7. 牙齿清洁,无痛感,无龋齿,牙龈无出血现象。
8. 眼睛明亮,反应灵敏,眼睑不发炎。
9. 头发有光泽,无头屑。
10. 肌肉丰满,皮肤富有弹性,走路轻松。

二、心理健康的内涵和标准

随着时代的发展,人们在享受日益丰富的物质生活的同时,更多的人开始注重自己的精神需求和心理健康。提到心理健康,许多人认为心理健康就是开心、快乐。到底什么才是心理健康?心理健康又包含哪些内容?

第一章　健康人生　从心开始

(一)心理健康的内涵

关于心理健康的含义众说纷纭,世界卫生组织(WHO)对心理健康的定义为"不仅仅是指没有患上心理疾病,更可视为一种幸福状态,在这种状态中,每个人认识到自己的潜力,可以应付正常的生活压力,有效地工作,并能够对社会做出贡献。"第三届国际心理卫生大会(1946)曾认定心理健康的标志是"身体、智力、情绪十分协调;适应环境,人际关系中彼此能谦让;有幸福感;在职场上能充分发挥自己的能力,过着有效率的生活。"我国《关于加强心理健康服务的指导意见》(国卫疾控发〔2016〕77号)中将心理健康定义为"人在成长和发展过程中,认知合理、情绪稳定、行为适当、人际和谐、适应变化的一种完好状态。"

现代学者认为心理健康可以从广义和狭义两个方面去理解。广义上,心理健康是一种持续高效而满意的心理状态;狭义上,心理健康是认知、情感、意志、行为的统一,是人格的完整、协调和稳定,能良好地适应社会。

心理健康至关重要,能够帮助大学生自我成长、树立自信、建立良好的人际关系、更好地适应大学生活。当身体不健康时,我们往往会去看医生,做一系列的身体检查。但当提到心理不健康时,我们往往投以异样的眼光,甚至联想到精神疾病,觉得心理不健康的人是"有问题"的人、"有病"的人,甚至是"可怕"的人。而处于心理不健康状态的人也往往因此不去接受专门的检查和心理咨询,或者不愿向他人寻求帮助,而是选择默默承受,甚至责怪自己怎么那么矫情、那么不坚强。其实出现这些认知的原因在于,一方面,人们对什么是心理健康的概念不是很清晰,另一方面,在现实生活中,人们容易把心理健康、心理不健康与正常心理、异常心理等概念混淆。

心理状态可分为正常心理和异常心理两个范畴。正常心理一般指的是具备正常功能的心理活动,或者是不包含精神病症状的心理活动。多数人的心理状态都处在正常心理范围内。心理健康和心理不健康均在正常心理范围之内。异常心理是心理和行为失常的统称,指神经症和精神疾病。异常心理的表现是多种多样的,可以是轻微的,也可以是严重的。异常心理有典型的精神障碍活动,如强迫行为、恐惧、躁狂、精神分裂等。很显然,"正常"和"异常"是标明和讨论"有病"或"没病"等问题的一对范畴。而"健康"和"不健康"是另外一对范畴,是在"正常"范围内,用来描述"正常"的程度高低。具体见表1-1。

人们在日常生活中一提到心理问题就经常跟心理变态、神经病、变态行为等挂钩。其实,它们是有本质区别的。在心理学中,心理问题一般指的是心理不健康的问题,通常指一些日常生活中常见的心理困惑,如适应问题、学习问题、情绪问题、人际交往问题等。一般性的心理困惑就如普通感冒,人人都会遇上,"治疗"及时得当,很快就能恢复"健康",而且还能提高"免疫力"。心理不健康并不等同于心理异常,所以,当我们谈及心理问题时大可不必谈"虎"色变。

表 1-1　　　　　　　　　　　　心理状态的划分

心理状态	正常心理	心理健康	
		心理不健康	一般心理问题
			严重心理问题
			神经症性心理问题
	异常心理	神经症	焦虑症、强迫症、恐惧症、疑病症、神经衰弱
		精神疾病	精神分裂、癔症、人格障碍

延伸阅读　　郭念锋关于心理状态区分原则

我国心理学家郭念锋从心理学角度切入，以心理学对人类心理活动的一般性定义为依据，提出鉴别正常心理和异常心理的三条原则：

1. 主观世界与客观世界的统一性原则

心理是客观现实的反映，任何正常的心理活动或行为，在形式和内容上必须与客观环境保持一致。如果一个人坚信他看到了或听到了什么，而客观世界中,当时并不存在引起他这种感觉的刺激物，那么说明他产生了幻觉，他的精神活动不正常了。在精神科临床上，常把有无自知力作为判断是否有精神障碍的指标。所谓"无自知力"，是指患者对自身状态的错误反映，或者说是"自我认知"与"自我现实"统一性的丧失。

2. 心理活动的内在协调性原则

人的心理活动包括知、情、意等部分，它们是一个完整的统一体，各种心理过程之间具有协调一致性，否则就会出现异常。如果一个人对痛苦的事，做出快乐的反应，我们就可以说他的心理过程失去了协调一致性，称为异常状态。

3. 人格的相对稳定性原则

在长期的生活道路上，每个人都会形成自己相对稳定、独特的人格心理特征。如果在没有重大生活变故或明显外部原因的情况下，做出与本人以往个性截然不同的行为，则要考虑心理异常的可能。例如，一个用钱很谨慎的人，突然挥金如土；一个待人接物很热情的人，突然变得很冷漠，如果我们在他们的生活环境里找不到足以促使他们发生改变的原因，那么，我们可以说，他们的心理活动已经偏离了正常轨道。

（资料来源：郭念锋.临床心理学[M].北京：科学出版社，1995.）

(二)心理健康的标准

对界定心理健康的标准目前还没有定论，当前认可度比较高的心理健康标准有以下观点：

1. 世界卫生组织提出的七条标准

(1)智力正常。

(2)可以协调和控制情绪,心境良好。

(3)具有较强的意志。

(4)人际关系和谐。

(5)能够主动地适应和改善现实环境。

(6)保持人格的完整和健康。

(7)心理行为符合年龄特征。

2. 马斯洛提出的十条标准

(1)充分的自我安全感。

(2)能够充分了解自己,并能恰当地评价自己的行为。

(3)目标切合实际。

(4)不脱离现实环境,与外界保持接触。

(5)能够保持自我人格的完整与和谐。

(6)具备从经验中学习的能力。

(7)能够保持良好的人际关系。

(8)能够适度地表达和控制自己的情绪。

(9)在集体允许的前提下,能够有限度地发挥自己的个性。

(10)可以在社会规范的范围内,适当地满足个人的基本要求。

3. 许又新提出的心理健康三类标准

我国心理学家许又新提出的心理健康三类标准,要求对心理健康综合地加以考察和衡量,不能只考虑某一类标准,他提出的标准对判断心理健康具有积极的参考意义。

(1)体验标准指以个人的主观体验和内心世界为准,主要包括良好的心情和恰当的自我评价。自我感觉良好,对自己的评价适当,不过分地高估自己,也不过分地贬低自己;不受他人评价的影响,不会过分担心别人对自己的看法。

(2)操作标准指通过观察、实验和测验等方法考察心理活动的过程和效应,其核心是效率,主要包括个人心理活动的效率和个人的社会效率或社会功能的效率,比如,工作及学习效率高、人际关系和谐等。

(3)发展标准指有向较高水平发展的可能,并且有将可能变成现实的行动措施。发展标准着重对个人的心理发展状况进行时间纵向的考察分析,而前两种标准主要考察一个人现阶段的精神现状。

延伸阅读 杯子与水的故事

毕业后,几位同学去拜访导师。聊天之余,导师问大家的生活怎么样,大家开始七嘴八舌地说起来:"工作上碰到了不好的领导,压力非常大""有了小孩之后生活满地鸡毛,想离婚""不想学习""生意不好做,竞争太大""在单位里不舒服,同事之间钩心斗角""最近老跟男朋友吵架,感情不顺利"……

　　导师听到后,微笑着点头,并从房间里拿出许多杯子放在了桌上。这些杯子有玻璃的,有塑料的,有陶瓷的,有非常精美的,有破旧的……导师看着这些杯子说:"来了这么久,应该口渴了吧,大家拿杯子自己倒点水喝吧。"

　　于是,学生们纷纷挑选起水杯,起身去倒水喝。当大家在喝水的时候,导师看着学生们说:"大家请看一下桌子上剩余的水杯,是不是都是一些破旧的、塑料的,没有人去选择这些杯子,大家都去选择精美的、崭新的、好看的杯子。"

　　大家纷纷点头,"是啊,选这些杯子我们心情会很好。"这个时候导师说:"看,这就是你们烦恼的根源。大家其实需要的是水,而不是杯子。但是我们在选择的时候总是会选择好看的、精美的杯子,自己心仪的杯子被别人挑选走后会产生失落感。这就像我们的生活一样,如果生活是水,爱情、工作、金钱、地位等这些东西就是杯子,它们只是我们用来盛水的工具。杯子的好坏,不会影响水的质量,如果只将心思花在杯子上,哪有时间和心情去品尝水的甘甜呢?大家在生活当中是不是因为这些杯子徒增了很多烦恼呢?"

　　这个世界上,漂亮的、有趣的、值钱的东西很多,但你能把握住、真正拥有的东西却不多。

　　(资料来源:搜狐网)

三、大学生心理健康标准

　　处在青春期的大学生因其特定的年龄阶段、社会角色和心理特点,其心理健康标准具有以下特征。

(一)智力正常

　　正常的智力是人们工作、学习、生活最基本的心理条件,因此智力正常是心理健康的首要标准。智力正常即思维力、观察力、想象力、认识力和记忆力都处于正常水平。

(二)意识良好

　　能够客观、恰当地认识和评价自己,即有"自知之明"。对自己的优点感到欣慰但不妄自尊大,对自己的不足既不回避也不自暴自弃。能够扬长避短,同时努力激发自己的潜能,积极悦纳自我、完善自我。

(三)情绪稳定

　　心理健康的大学生在大多数时间里能保持愉快、乐观、自信、满足的心境。情绪稳定主要表现在:积极情绪多于消极情绪;肯定情绪多于否定情绪;能合理控制和调节自己的情绪;情绪反应是由一定的情境引起的,情绪反应的强度和持续的时间与引起这种情绪的情境相吻合。

(四)意志健全

　　大学生意志健全的主要表现为具有独立性,即有自主意识和独立行为,做事有明确的目标;坚持性、自觉性高,能较长时间保持专注直至实现目标;具有自制性,能坚定地排除干扰以实现目标,既不优柔寡断,也不意气用事。

(五)人格完整

人格完整是指构成人格要素的气质、性格、能力和信念等方面的平衡和统一,不存在明显的缺陷与偏差,具有相对完整、稳定的心理特征。热爱生活、积极进取、乐于助人、富有同情心、心中有目标,活得充实。

(六)人际关系和谐

大学生人际关系和谐主要表现为乐于与人交往,既有广泛而稳定的人际关系,又有知心朋友;在交往中能够保持独立的人格,不卑不亢;能够客观地评价自己和他人,善于扬长避短;能融入集体,乐于助人;交往动机端正。

(七)适应能力强

心理健康的大学生有符合社会发展的世界观、人生观和价值观;能和社会保持良好的接触,对社会现状有清晰的认识;能在环境发生变化时做出客观的判断,使个人行为符合新环境的要求;能抵制环境中的消极影响,较快地在冲突中找到平衡点,及时调整自身的情绪,使自己与社会需要协调一致并不断成长。

拓展训练　心理健康自测

仔细阅读下列描述,根据你的实际情况做出"是"或"否"的回答:

1. 每当考试或被提问的时候,就会紧张和出汗。
2. 心里紧张时,头脑会不清醒。
3. 看见不熟悉的人会手足无措。
4. 身体经常发抖。
5. 会因为突然的声响而受到惊吓,全身发抖。
6. 别人做错了事,自己也会感到不安。
7. 经常做噩梦。
8. 经常胆怯或害怕。
9. 经常会有恐怖的景象浮现在眼前。
10. 脾气暴躁。
11. 稍不如意就会怒气冲冲。
12. 被别人批评时会暴跳如雷。
13. 在别人家里吃饭会感到不自在。
14. 别人请求帮助时会感到不耐烦。
15. 做任何事情都随性拖拉,没有条理。
16. 一点也不能宽容他人,甚至对自己的朋友也是如此。

17. 被别人认为是个爱挑剔的人。
18. 总是会被人误解。
19. 常常犹豫不决。
20. 经常把别人交代的事情搞砸。
21. 常因处境艰难而沮丧、气馁。
22. 会因不愉快的事情而一直忧郁。
23. 会有些奇怪的念头浮现脑海,自知无聊却又无法摆脱。
24. 尽管周围有人在快乐地玩闹,自己却觉得孤独。
25. 常常自言自语或独自发笑。
26. 总觉得父母或朋友对自己缺少关爱。
27. 情绪极其不稳定,很善变。
28. 常有生不如死的感觉或念头。
29. 半夜里经常听到声响并难以入睡。
30. 是一个情绪容易冲动的人。

结果解释:

回答"是"的计1分,回答"否"的计0分,统计总分。

1～5分:正常;6～15分:说明你的精神有些疲倦,需要合理安排时间,劳逸结合,让神经得到放松;16～30分:说明你的心理很不健康,需要心理专业人员或精神科医生给予指导、诊治。

(资料来源:张敏生,谭娟晖.大学生心理健康教育与训练[M].北京:中国轻工业出版社,2019.)

四、正确认识心理健康

心理健康是一种理想的状态,现实生活中很难有人达到心理完全健康的状态,心理学家提出的心理健康标准只是提供了一些衡量指标,其实也是为人们指出了提高心理健康水平的努力方向。所以我们在正确理解标准的同时,也要了解心理健康的特点。

(一)心理健康具有相对性

良好的心理健康状态是指一个人在自身和环境条件允许的范围内所能达到的最佳心理状态,而不是绝对完美的心理状态。每个人并不是"完美"的人,或多或少都是有"缺点"的。一个人的心理健康状况并不是时时刻刻都合乎标准的,进行心理健康评估时,要考察较长一段时间的持续的心理状态。一个人偶尔出现不健康状态,并不意味着心理不健康,更不等于患了心理疾病。

(二)心理健康具有连续性

心理健康与心理不健康并无明显界限,心理不健康是一个从健康到不健康的连续化的过程。我国著名心理学家岳晓东提出了心理健康灰色区理论,如果将心理健康看成白色,将心理不健康看成黑色,那么在"白色"与"黑色"之间存在着一个巨大的缓冲区——灰色区。心理健康与心理不健康很难找到确切的界限,更多只是程度上的差异。

(三)心理健康是动态变化的

心理健康是变化发展的过程,大学生的心理健康状态是不断变化的,心理发展过程中会出现一些烦恼和忧愁,随着自我的成长、环境的改变、经验的积累等,心理健康水平是会不断提高的。

(四)心理健康具有可逆性

很多人认为自己有一些心理问题时,就会有很大压力,怀疑自己是否彻底变得不健康了,但是心理健康和心理不健康是可以相互转化的,从良好的心理健康状态到严重的心理疾病是一个从量变到质变的过程。反之,人们也可以从严重的心理疾病慢慢恢复到心理健康的状态。所以说,对于大学生群体来说,在大学生活和人生历程中不可避免地会产生一些心理问题,这是很正常的,不必惊慌失措,正确地看待它,积极面对,学会调节方式,不断地提高自己的心理健康水平,所产生的心理问题是可以解决的。

延伸阅读　靠自己

小蜗牛问妈妈:"妈妈,为什么我们生来就背着重重的壳呢,我每天都很累。"

妈妈:"因为我们没有坚硬的骨头、强壮的身体,我们需要硬硬的壳来保护自己。"

小蜗牛:"蚯蚓妹妹也没有坚硬的骨头、强壮的身体,为什么她就不用背着壳呢?"

妈妈:"蚯蚓妹妹可以钻到泥土里,大地会保护她。"

小蜗牛:"毛毛虫姐姐不会钻到泥土里,她也没有坚硬的骨头、强壮的身体,为什么她就不用背着壳呢?"

妈妈:"因为毛毛虫姐姐可以蜕变成蝴蝶飞向天空,天空会保护她。"

小蜗牛伤心地哭了起来:"妈妈,我们好可怜,大地和天空都不会保护我们。"

妈妈:"没关系啊,这就是为什么我们会有壳啊。身上的壳使我们能自己保护自己的。"

小蜗牛:"我懂了!不要老跟别人比较,自己拥有的就是最好的!"

[资料来源:《小学语文阅读王》,2010(1).]

思考与训练

1. 学完本节后,你认为你的心理健康吗?如果认为不健康,你觉得自己遇到了哪些问题?

2. 谈谈心理不健康和心理异常的区别在哪里。

第二节　大学生心理健康培育

学习目标

1. 了解当代大学生心理发展的特点。
2. 认识大学生常见的心理问题。
3. 掌握保持心理健康的方法。

课堂互动　　新生的"心事"

大一新生高敏近一段时间上课经常走神，书也看不下去，晚上常常睡不着觉，显得心事重重。原来，大学生活新鲜感过后，高敏突然感觉自己的前途一片迷茫。看着舍友有的竞选上了班级干部，有的参加了学生社团，而自己却仍然"原地踏步"，就连最近参加的学校技能竞赛也没进入决赛。为此，她非常着急。高敏中学的时候可是班上的佼佼者，老师非常关注她。进入大学后，高敏觉得周围的人都比自己强，自己不再是最优秀的那一个，辅导员甚至连自己的名字都叫不上来。现在就业压力那么大，竞争那么激烈，大学生不再是"香饽饽"了。上大学前，父母就千叮咛万嘱咐，要好好学习，可她总担心自己连毕业证都拿不到。

思考与讨论

进入大学校园，面对新的环境，你是否也遇到过类似的情况，请谈谈你的感受。

大学生一般处于18～24岁的年龄段，这个时期正处于成年早期。大学生的生理发展基本成熟，但心理发展还存在不协调、不平衡、不一致等问题。大学生既要求独立自主，但又涉世未深，受父母、其他家人的影响，仍具有一定的依赖性。大学生既精力充沛、血气方刚，又思想单纯、情感细腻，情绪波动较大，容易感情用事。大学中的恋爱问题、人际关系问题等也会让他们产生一定程度的心理矛盾，导致情绪不稳定。如何保持一个健康的心态来度过有意义的大学生活？首先，让我们了解一下大学生心理发展的特点。

一、大学生心理发展的特点

（一）自我意识增强但发展不成熟

自我意识是指自己对自身的认识和对周围事物的体验，这种体验是相对稳定的观念系统。自我意识产生于童年时期，随着年龄的增长逐步发展。大学生在步入大学后，自我意识明显增强，了解自己的欲望变得更加强烈，关心别人的评价，在自我认知方面有时候会表现为更加"自我"和"自恋"。这是一种自尊和自信的表现，但由于大学生未完全进入社会，缺乏社会阅历和经验，不能深入、准确地认识、评价自己，有的时候在自我认识方面会表现为有过强的自尊心或自卑感，无法完成"自我统一"，不能很好地进行自我控制、自我监督、自我约束等。这种自我意识的不协调，容易造成心理冲突和矛盾。

(二)认知能力迅速发展但易带有主观片面性

进入大学,大学生的抽象逻辑思维迅速发展,并逐渐在思维活动中占据了主导地位。在思考问题时,思维的独立性、批判性和创造性都有所增强,主张独立发现问题和解决问题,喜欢用批判的眼光看待周围的一切,不愿意沿用别人的方法思考和解决问题。但是,大学生的抽象逻辑思维水平并没有达到完全成熟的程度,主要表现在思维品质发展不平衡,思维的广阔性、深刻性和敏感性发展较慢,尤其是还不大善于运用唯物辩证法和理论联系实际的观点指导自己的认识活动和观察社会现象。因而,他们经常把问题看得过于简单而陷于主观、片面的境地,在认知上存在着绝对化、过度引申、夸大或缩小等消极特征。这直接影响着他们待人处事的方式,从而影响心理健康。

(三)智力发展达到较高水平但心理需求不清晰

一般来说,大学生的智力是正常的,甚至相对于其他同龄人,其智力总体水平较高,尤其是进入大学,经过系统学习、专业训练后,抽象思维能力、辩证思维能力都得到了充分的发展,智力发展水平达到一个新的高峰,这是大学生胜任学习任务、适应周围环境变化的心理保证。可以说,多数大学生有明确的学习目标,有强烈的求知欲和探索兴趣,并且乐于学习、善于学习,学习成效显著,智力结构中各要素在其认知活动和实践活动中都能积极协调地参与并能正常地发挥作用。但是,不少大学生在这个时期由于对自身心理需求认识不清晰,同时还面临着如何适应新环境、如何与人交往、担心找不到合适的工作等问题。

(四)情感丰富但情绪不稳定

随着大学生活的展开,大学生的社会性需要增多,其情感也日益强烈,并得到发展和完善。这种强烈的情感不仅仅表现在学习和工作中,还体现在对同学和老师的态度等方面,更重要的是这种情感还明显地具有时代性、社会性和政治性。随着认知水平的提高、知识和经验的积累,大学生对自己的情绪已有了一定的控制能力,大多数人的内心体验逐渐趋于平稳。但是,如果受到内心需要或外界环境影响的强烈刺激,他们的情绪仍容易产生较大的波动而表现出两极性。例如学习成绩的优劣、奖学金的多少、同学间关系的好坏、恋爱的成败等,都可能会使大学生在短时间内从高度的振奋变得十分消沉,又可能从冷漠突然转变为狂热,乃至造成消极的后果。大学生的情绪还存在着外显性和内隐性、冲动性与理智性、层次性与复杂性等矛盾,这些矛盾冲突给大学生带来了较多的情绪适应问题,使他们感到焦虑和痛苦,给他们的身心健康造成危害。

(五)意志品质提高但发展不平衡

优良的意志品质是心理健康的标准之一,是大学生有效学习、工作的重要保证,也是大学生走上工作岗位后获得事业成功的基础。客观来说,大学生已具备了一定的意志品质,并表现出较高的水平,但发展不平衡,主要表现为自觉性有很大提高,但仍有不同程度上的惰性的存在;理智性大大增强但自制力仍显薄弱;独立性明显提高但伴有依赖性、逆反性;果断性增强但带有冲动性;有勇敢精神但毅力相对不足。总之,大学生还处于意志形成期,虽然意志的各种品质在迅速发展,但还没有最后定型,仍存在明显的可塑性。也正是因为大学生的意志品质还不稳定、不成熟,甚至存在一些缺陷,所以大学生在学习、工作和社会适应方面等常常会遇到挫折和冲突,妨碍了其潜能的开发、全面的发展。

从以上可以看出,大学生正处在从不成熟走向成熟的过渡阶段,心理发展呈现出许多矛盾和冲突。因此,在大学时期,无论是学习能力的培养、知识的积累、技能的掌握,还是对自我的认识和了解、人际交往能力的培养、人格的磨炼等,都是大学生所面临的人生发展的重要课题。

二、大学生常见的心理问题

总体来说,当代大学生心理健康状况良好。但大学生正处在生物性和社会性趋向成熟的时期,生理发展迅速走向成熟,心理发展却相对落后于生理发展。同时,环境的变化给大学生的心理和行为带来了深刻的影响,大学生面临前所未有的挑战和压力,致使大学生心理健康问题日益突出。主要表现在以下方面:

(一)适应困难的心理问题

心理案例

小陈是一个来自农村的学生,家庭条件比较困难,性格内向、文静。考上大学之后,生活环境与原来截然不同,舍友谈论的化妆品品牌、衣服品牌她之前都没有听过,她们的娱乐活动她也参与不进去。3个月之后,她每天晚上都无法入睡,即使是舍友翻身的声音,她都觉得非常刺耳。上课的时候也经常一个人坐在教室的角落里,学校的活动也不想参加,经常一个人在宿舍待着,内心感到非常孤独。

适应性问题主要出现在低年级的学生中,大一新生进入大学校园后,随着生活环境、生活条件、学习方式及人际关系的一系列变化,新生原有的行为习惯、心理定式被打破。年龄和环境的变化使新生渴望独立,成人感和自信心大大增强,但是由于父母之前的包办,使得他们一时还难以摆脱依赖感和恋家感。进入到大学之后的新鲜感、轻松感等导致了学习上的盲目放松,但随着课程的增加会感到被动和充满紧张感。总体来说,理想的大学生活与现实的强烈反差,使新生内心体验到矛盾、冲突,由此带来心理上的不适应,感到失落、迷茫,进而产生自卑、孤独、焦虑等心理问题。

(二)人际关系的心理问题

心理案例

小杨是一个活泼开朗的人,初中和高中时期有很多好朋友,本来很期待大学生活。上了大学之后,刚开始的时候跟班级同学关系很好,但后来有一次因为宿舍开空调的事情跟舍友发生了一些矛盾,从这件事之后,他觉得宿舍的其他同学都在针对他,有时候一点小事也会指桑骂槐,他心里很不舒服。久而久之,他越来越不想在宿舍待着,想要和班级里的其他同学成为好朋友。但他发现,班级的同学一般会以宿舍为单位进行活

第一章 健康人生 从心开始

动,他也融入不进去。半年后,他开始变得非常紧张、焦虑、情绪低落,总觉得别人在说话的时候是在偷偷地议论自己、嘲笑自己,有的时候还会感到呼吸困难。

人的心理适应主要是人际关系的适应,因此人的心理问题很多也是人际关系不协调引起的。大学生有强烈的交往需要,渴望更多的人理解自己、接近自己,成为自己的好朋友。但由于各种原因,如害羞、自卑、不善言辞、缺乏社交的基本技能等,部分学生不善于交往或害怕交往。大学生一方面渴望交往,期待获得友谊,另一方面又不愿意主动敞开心扉,这种矛盾心理很容易导致压抑、孤独甚至产生社交恐惧,使自己处于苦闷的情绪之中。还有部分同学自我中心倾向较强、缺乏同理心,在与同学交往中自以为是,凡事总是从自我出发,因而常常与同学发生矛盾、争吵,造成同学关系紧张,为此十分苦恼。

(三)性和恋爱的心理问题

心理案例

小张是一名大三的学生,她大二下学期的时候开始谈恋爱,恋爱半年后,男友要求进一步发展。小张很有心理压力,她一直觉得发生性行为应该在结婚之后。因为这件事情两人不断发生争吵,最后男友向她提出了分手。一方面她很舍不得男友,不想与其分手。另一方面她又很抵触发生性行为,感到非常纠结和痛苦,最后发展到了抵触身体接触,害怕与异性交往。

由于性生理的成熟和性意识的萌发,大学生容易产生性冲动,对异性更加关注,所以大学生恋爱已是普遍现象。但是,当代大学生的校园学习生活经历导致了其社会化过程的延后,性心理成熟的滞后和性知识的匮乏,使得有的学生常常在正常的性幻想、性梦、性冲动后产生性罪错感,有的学生因为性关系所引起的矛盾已经严重影响了正常的学习和生活。大学生的恋爱还存在情感的幼稚性、情绪的不稳定性、心理承受能力的脆弱性等特点,一旦失恋或情感受挫,就无法调整自己的心态。轻者陷入情感的漩涡难以自拔,以至于茶饭不思、神态迷乱;严重的则会痛不欲生,甚至导致自杀等严重后果。

(四)就业的心理问题

心理案例

小陈今年面临着毕业找工作的问题,去年在一家很不错的单位实习,在实习期间他觉得自己工作非常勤恳,在工作中表现得不错。本以为可以在毕业后顺利与实习单位签署就业协议,但是没想到公司人事处直接拒绝录用他。小陈非常失望,感觉受到了不公平待遇。他气冲冲地找领导理论,在交流的过程中,对方指出了他在工作当中的失误,小陈觉得不服,一直觉得是公司的问题。实习结束后,他对这件事情耿耿于怀,去面试其他单位的时候也不顺利,小的公司他看不上,大一点的公司一直没有给他发录取通知书。现在,他整天待在宿舍里,提到就业的事情就很烦躁,经常失眠,为自己的未来担忧。

大学生就业难度和压力的增大带来的就业心理问题越来越多。有的同学认为专科生毕业之后竞争不过本科生和研究生,还有的同学认为考不上本科就只能做一些送外卖、销售等类型的工作。当前大学生就业心理复杂多变,有的没有认清就业形势,没有正确地评价自己,急于求成、盲目攀比,导致在求职过程中屡遭失败,从而丧失信心、情绪低落。有的性格内向,社交能力和表达能力差,面试的时候非常紧张,不敢参与竞争。有的在职业和单位的选择上过分功利化和经济化,产生高不成、低不就的浮躁心理。这些不正常的就业心态,不仅给自身的就业带来很大的困扰,而且对其身心健康和以后的发展都会造成不良的影响。

(五)学习的心理问题

心理案例

小五在高中时期学习非常优秀,由于高考发挥失利并未考上理想的大学。进入大学之后,他觉得与周围格格不入,觉得自己不该来这个学校,但是他又不想回去复读。大二上学期评选优秀学生的时候,他本来信心满满,觉得自己的成绩肯定比别人优秀,但是评选结果中并没有他。当他找到辅导员询问原因的时候,看到了自己的成绩仅在班级里排第10名。小五接受不了这个结果,感到非常伤心,更是陷入了自我怀疑。之后,他不断旷课,甚至产生了厌学心理。

学习是大学生的主要任务,大部分同学还是很重视学习的。然而在看到大学生进取心的同时,也应该看到学习给大学生带来的巨大心理压力。有的同学因为大学的学习环境、学习方式与高中时期有所不同,难以适应而产生焦虑;有的同学缺乏学习的目标和动力,学习态度不端正,对自己放松了要求,旷课现象频发,导致不及格的科目太多,无法顺利毕业。所以进入大学之后,要树立对学习的正确认识,端正学习的态度。

(六)网络成瘾的心理问题

心理案例

进入大学之后,小姜觉得非常自由。高中时期学业繁重,虽然喜欢打游戏,但没有很多时间。进入大学后,课余时间非常多,他经常跟舍友相约打游戏,沉迷于游戏中,常常熬夜。这种情况导致他早上起不来,旷课较多,上课注意力不集中。当他意识到这种状况时,赶紧强迫自己不再接触电脑,但他发现越是强迫自己,越是控制不住想去玩游戏,他为此感到非常痛苦。

大学相对宽松的学习与生活环境使部分大学生丧失了方向和目标。网络上的信息多样、沟通便捷,为现实生活中交往困难的大学生提供了方便,他们在虚拟的网络世界里寻求心理满足。久而久之,有的大学生甚至产生了网瘾,每天花费大量时间上网,沉溺于网络世界,不愿意与人面对面交往。迷恋网络会严重影响大学生正常的认知、情感的表达和心理定位,不利于其人生观的塑造,严重的还可能导致心理疾病,对大学生的生活、学习、人际交往等都会产生不良的影响。

(七)特殊群体学生的心理问题

在大学中,存在着一些特殊群体,某些特殊的原因使得其中一些人在心理上跟正常人有所偏差,不能很好地适应现实社会。比如,在经济困难的学生群体中,有的学生存在着过分自卑的心理,怕被人看不起,不愿主动与同学交往,表现出不合群性。在成绩落后的学生群体中,有的学生存在着自暴自弃的心理,易产生敌对、焦虑、偏执以及人际交往不良等问题。在优秀学生群体中,存在着"优秀生心理综合征",其主要倾向和特征表现为追求完美,既表现为对自己的期望过高,要求过分严格,还表现为对他人和环境的期望过高,选择消极性关注,往往只看到自己的弱点,而看不到自己的优点和长处,对人际关系敏感,害怕别人的不良评价,与同学相处格外小心谨慎。

> **延伸阅读** 阿德勒的成长
>
> 阿德勒是个体心理学创始人,曾追随弗洛伊德学习神经症的问题,著有《自卑与超越》等。阿德勒是奥地利犹太人,从小家庭富裕。他的家中有六个孩子,他排行第三。他的哥哥相貌英俊、身材挺拔,是典型的模范儿童。阿德勒从小身体病弱矮小,患有佝偻病,觉得自己又矮又丑,一直活在哥哥的阴影下。在阿德勒三岁时,弟弟在自己身边去世;五岁时患上肺炎,一度差点儿死去,后来奇迹般地康复;再加上遭遇过车祸,非常惧怕死亡。这使他长大成人后放弃自己喜欢的音乐,致力于成为一名医生。他用这个生活目标去克服童年的苦痛和对死亡的恐惧。中学时数学不好,被数学老师嘲讽。这刺激到了阿德勒,他开始发奋学习,在数学上取得了巨大的进步,还帮老师解决了一个令人头疼的难题,一跃成为优等生。就是这样一个从小生活在自卑中的人,创造了个体心理学。《自卑与超越》是阿德勒个体心理学中重要的组成部分,描述了个人追求超越的基本动力。阿德勒认为,人对某些缺陷的补偿是自卑的重要内容和表现。阿德勒坚持认为自卑感是人在行为上的原始决定力量和向上意志的基本动力。在他看来,人生并不是完整无缺的,有缺陷(包括身体缺陷)就会产生自卑,一方面自卑能摧毁一个人,使人自暴自弃甚至患上精神疾病,另一方面它能够使人发愤图强,振作精神迎头赶上,以此解决原始缺陷和追求超越之间的矛盾。
>
> (资料来源:吉亮.阿德勒的心理智慧[M].北京:中国纺织出版社,2021.)

三、大学生心理健康的维护

健康的心理是一个人全面发展所必备的条件和基础。因此,维护和增进大学生心理健康,提高大学生心理素质,增强社会适应能力,更好地发挥大学生的潜能,促进大学生全面发展,既是心理健康教育的目的,也是每个大学生努力的方向。

(一)学会自助

对大学生来说,在大学生活中出现的心理问题多数是一般心理问题,即由现实因素激发、持续时间较短、情绪反应能在理智控制之下、社会功能受损不大、情绪反应尚未泛化的心理不健康状况。这类一般心理问题,大学生通过自我调适,完全可以得到调节和解决。大学生要学会自助,自己当自己的"心理医生",掌握一些自我心理调节的方法,有助于我们更好地维护自己的心理健康。

第一,强化心理健康意识,首先,建立良好的自我意识,充分认识自己,自尊、自信、自立、自强、自制、自爱。在认识现实自我的基础上,树立科学的奋斗目标,努力实现理想的自我。既不自卑,也不盲目自信。其次,心理健康意识的提高,离不开心理健康知识的掌握,所以大学生要自觉主动地学习心理健康知识,阅读心理学书籍,访问心理网站,积极参加心理健康专题讲座等活动。最后,通过学习,掌握一些心理调适的方法和技能并在日常生活中有意识地去运用和体验,以不断提高心理自助的能力。

第二,学会管理和调控自己的情绪。大学生在学习、人际交往、恋爱、求职中遇到不顺心的事情,会产生心理上的压力,从而出现情绪上的困扰,如焦虑、抑郁、愤怒等。这些负面情绪如果不及时得到合理释放,就有可能由一般的心理问题演变成严重的心理问题。因此,大学生要注意自己的性格培养和选择正确的情绪宣泄方式,掌握管理和调控自己情绪的一些方法。比如,通过运动、旅游来宣泄困扰;通过唱歌、游戏等娱乐活动来排解郁闷;通过学习、读书来分散注意力;通过帮助别人来缓解自己的痛苦等。这都有利于豁达地看待和处理身边的各种事情,更加积极地面对生活、憧憬未来。

第三,掌握和运用科学的应对方式。在大学生活中,大学生不可避免地会遇到一些挫折和打击,如学业上不顺、同学关系紧张、恋人提出分手、求职屡次失败等。这时,采用什么样的应对方式,既反映了一个人的心理健康水平,又会对一个人的心理健康产生极大的影响。不成熟的应对方式包括退缩、逃避、自责、幻想和自残等,不仅不能解决问题,还会把问题复杂化,甚至极大地影响自己的心理健康。因此,大学生要发展成熟的应对能力,勇于面对问题,才能真正地解决问题。要从心理上正确看待自己、他人和社会,正确对待困难、挫折和荣誉,促进自身心理的和谐发展,塑造自信、理性、积极的心态。

(二)学会互助

在现实生活中,人人都需要心理帮助。人的心理需求不可能完全靠自己来实现,其中很大一部分是从他人那里获得满足的,对大学生来说更是如此。因为大学生进入大学后,会面临着环境的适应、学业的压力、人际关系的处理、恋爱情感、择业和就业等一系列问题。由于大学生社会阅历相对浅薄,独立生活经验不足,常常会在突如其来的问题面前束手无策,在纷繁复杂的现实社会里感到迷茫、困惑,为了缓解心理压力,大学生需要通过别人的帮助来认识自己、认识社会,消除心理不适。

李凤兰等(2016)对大学生心理求助行为的研究得出的结论:大学生试图解决心理问题时,倾向于先求助己,后求助人,而在必须寻求外界帮助时,首先倾向于求助身边的知心同学、朋友或者家人,只有当问题诉诸情绪障碍并且较为严重时,才会向专业人士寻求帮助。因为大学生之间有相近的年龄,有相同的知识层次,有相似的社会阅历、生活方式、生活经验,有接近的价值观念、生活理念,有共同的学习目标和人生追求,所以他们之间有较多的共同语言,容易建立起友谊和信赖关系,自然性鸿沟小、防御性低、共通性大、互动性高,开展心理互助活动更具有现实可能性和简捷普遍性。

发生在大学生之间的这种心理互助活动,其实就是在同学交往过程中,借助语言,有意识地给予对方心理安慰、鼓励、劝导和支持的一种具有类似于心理咨询功能的帮助活动,从而帮助受助同学更好地心理适应,促进心理素质向积极的方向发展。在心理互助中,每个同学既是参与者,又是受益者,大家从精神和心灵上相互关怀、支持、接纳、开导、倾听、鼓励,从而构成同伴心理支持系统,满足自己和同伴被人爱护、尊重、关注、欣赏、理解、安慰、同情、肯定等心理需要。总之,心理互助符合大学生的心理求助意向,既能充分满足大学生的心理需求,又有利于培养大学生乐于助人的优良品格。

心理互助采用的主要技术也并不复杂,主要是陪伴、倾听、接纳、理解、支持和鼓励等。每位同学只要充满爱心,努力学习心理健康知识和心理助人技术,去帮助身边需要帮助的同学,定能发挥积极的作用,在助人的同时也能促进自身的进步和成长,从而真正实现"助人自助"的目标。

(三)学会求助

人总是处在一定的社会关系之中,有效的社会关系构成了社会支持系统和网络。苏联教育家苏霍姆林斯基说过:"一个人在生活中,如果没有人支持他、安慰他、帮助他、同情他,分担他的忧愁,那就会引起不幸。"对于每个大学生来说,总会有遇到不顺心的事和困难的时候,这时谁都渴望得到爱护、关怀、鼓励、支持。因此,在遇到困难和挫折时,寻找有效的社会支持,是维护和促进心理健康的重要途径。大学生的社会支持主要来自四个方面:

第一,家庭的支持系统。当面临压力和挫折时,很多人首先想到的是向家人求助,来自家人的支持和理解,能够减轻我们的压力,缓解我们的焦虑,帮助我们重塑信心、面向未来。

延伸阅读 原生家庭的概念

近些年来,随着家庭教育的普及,原生家庭的概念逐渐进入我们的视野,常常出现在我们日常的谈话中。那么,什么是原生家庭呢?

有的家庭,家庭成员非常多,有爸爸、妈妈、爷爷、奶奶或者姥姥、姥爷,甚至还有姑姑、叔叔、舅舅等,他们都是家庭成员,但并不是通常所指的原生家庭。原生家庭特指父母和未婚的子女住在一起所组成的家庭。我们和我们的父母组成我们的原生家庭;父母和他们各自的父母,组成他们各自的原生家庭。作为成长的地方,原生家庭不断刻画和塑造着每一个人。

健康家庭的特性:

家庭成员都接纳彼此,并且在地位上是平等的。

家庭成员注重彼此之间的信任、诚实及开放。

家庭成员间有一致沟通的模式。

家庭成员彼此互相支持。

家庭成员共同分担责任。

家庭成员相聚时有说有笑、兴致盎然。

家庭成员重视家庭传统及仪式。

家庭成员接纳彼此的差异,同时庆幸每个成员拥有其独特性。

家庭成员间尊重彼此的隐私。

家庭成员的各种感受都被接纳与处理。

家庭成员被鼓励去冒险以及从错误中学习成长。

(资料来源:夏翠翠,宗敏,涂翠平.大学生心理健康教育[M].北京:人民邮电出版社,2019.)

第二,朋辈的支持系统。同学、朋友能够分享我们的喜悦、分担我们的忧愁。因此,保持良好的人际关系,获得更多的朋友,是维护自身心理健康、提升生活品质和幸福感的重要途径。

第三,老师的支持系统。"师者,所以传道、授业、解惑也。"在大学中,不仅有任课教师,还有班主任、辅导员。特别是高校辅导员是学生日常思想政治教育和管理工作的组织者、实施者、指导者,在思想认识、价值取向、学习生活、择业交友等方面给予大学生积极的指导和帮助,是大学生成长成才的人生导师和健康生活的知心朋友。

第四,专业咨询的支持系统。心理咨询是由受过心理咨询专业训练的专业人员,运用心理学的知识、理论和技术,针对各种心理适应性和发展性问题,通过倾听、交流、启发和疏导等手段,帮助来访者解决心理问题的过程。心理咨询可以使来访者在认知、情感和态度上有所变化,化解其在学习、工作、生活等方面出现的心理问题,促使来访者进行自我调整,从而更好地适应环境,保持身心健康。

拓展训练 | 贝克抑郁自评量表(Beck Depression Inventory)

贝克抑郁自评量表是专门评测抑郁程度的量表。整个量表包括21组项目,每组有4句陈述,每句之前标有的阿拉伯数字为等级分。同学们可根据一周来的感觉,把最适合自己情况的那句话前面的数字圈出来。全部21组都做完后,将所有的圈定分数相加,便得到总分。依据总分,就能了解自己是否有抑郁情绪,以及抑郁情绪的程度如何。

题目:

(一)

0.我不觉得悲伤。

1.很多时候我都感到悲伤。

2.我始终感到悲伤,不能自制。

3.我感到太悲伤或不愉快,不堪忍受。

(二)

0.我没有对未来失去信心。

1.比起以往,我对未来更感到心灰意冷。

2.我感到前景黯淡。

3.我觉得未来毫无希望,而且会变得更糟。

(三)

0.我不觉得自己是个失败者。

1.我觉得自己比一般人失败要多些。

2.回首往事,我能看到的是很多次失败。

3.我觉得我是一个完全失败的人。

(四)

0.我和过去一样能从喜欢的事情中感受到乐趣。

1.我不能像过去一样从喜欢的事情中感受到乐趣。

2.我从过去喜欢的事情中获得的快乐很少。

3.我完全不能从过去喜欢的事情中获得快乐。

(五)

0.我没有特别的内疚感。

1.我对自己做过或该做但没做的许多事感到内疚。

2.我在大部分时间里觉得内疚。

3.我在任何时候都觉得内疚。

(六)

0.我没有觉得受到惩罚。

1.我觉得可能会受到惩罚。

2.我预料将会受到惩罚。

3.我觉得正在受到惩罚。

(七)

0.我对自己的感觉同过去一样。

1.我对自己丧失了信心。

2.我对自己感到失望。

3.我讨厌我自己。

(八)

0.与过去相比,我没有更多地责备或批评自己。

1.我比过去更多地责备或批评自己。

2.只要我有过失,我就责备自己。

3.只要发生不好的事情,我就责备自己。

(九)

0.我没有自杀的想法。

1.我有自杀想法,但我不会去做。

2.我想自杀。

3.如果有机会我就自杀。

(十)

0. 和过去相比,我哭的次数并没有增加。

1. 我比往常哭得多。

2. 任何小事,都会让我哭。

3. 我想哭但哭不出来。

(十一)

0. 我现在没有比过去更加烦躁。

1. 我比过去更容易烦躁。

2. 我非常烦躁或不安,难以保持安静。

3. 我非常烦躁或不安,必须不停走动或做事情。

(十二)

0. 我对其他人或活动没有失去兴趣。

1. 和过去相比,我对其他人或事的兴趣减少了。

2. 我失去了对其他人或事的兴趣。

3. 任何事都很难引起我的兴趣。

(十三)

0. 我现在能和过去一样做决定。

1. 我现在做决定比以前困难。

2. 我做决定比以前困难了很多。

3. 我做任何决定都很困难。

(十四)

0. 我不觉得自己没有价值。

1. 我觉得自己不如过去有价值或有用了。

2. 我觉得自己不如别人有价值。

3. 我觉得自己毫无价值。

(十五)

0. 我和过去一样有精力。

1. 我不如从前有精力。

2. 我没有精力做很多事情。

3. 我做任何事情都没有足够的精力。

(十六)

0. 我没觉得睡眠有任何变化。

1. 我的睡眠比过去略少或略多。

2. 我的睡眠比以前少了很多或多了很多。

3. 我根本无法睡觉或一直想睡觉。

(十七)

0.我并不比过去容易发火。

1.相比过去,我更容易发火。

2.相比过去,我非常容易发火。

3.我现在随时都很容易发火。

(十八)

0.我的食欲没有什么变化。

1.我的食欲比过去略差或略好。

2.我目前的食欲比过去差了很多或好了很多。

3.我完全没有食欲或总是非常渴望吃东西。

(十九)

0.我和过去一样可以集中精神。

1.我无法像过去一样集中精神。

2.任何事都很难让我长时间集中精神。

3.任何事都无法让我集中精神。

(二十)

0.我没有觉得比过去更累或乏力。

1.我比过去更容易累或乏力。

2.因为太累或太乏力,许多过去常做的事情我现在不能做了。

3.因为太累或太乏力,大部分过去常做的事情我现在不能做了。

(二十一)

0.我没有发现自己对性的兴趣最近有什么变化。

1.我对性的兴趣比过去降低了。

2.我现在对性的兴趣大大下降。

3.我对性的兴趣已经完全丧失。

结果分析:

总分0~13分:你很健康,无抑郁情绪;

总分14~19分:轻度抑郁,要注意调节;

总分20~28分:中度抑郁,必要时可寻求心理咨询人员的帮助;

总分29~63分:说明抑郁情绪比较严重,如果已经影响到正常的工作、学习、生活,建议寻求专业的帮助。

[资料来源:杨文辉,刘绍亮,周烃,等.贝克抑郁量表第2版中文版在青少年中的信效度[J].中国临床心理学杂志,2014(2).]

> 思考与训练

1. 结合进入大学后遇到的心理问题,请制订一项自助和互助计划。
2. 若你遇到问题需要帮助,请思考一下,你将如何求助?

第三节　大学生心理咨询

学习目标

1. 了解心理咨询的含义,正确认识心理咨询。
2. 了解心理咨询的原则、对象及流程。

课堂互动　他需要接受心理咨询吗?

即将毕业的李成,最近内心时时涌起一种莫名其妙的焦虑和恐惧。原来前不久他去参加校园招聘会,由于李成性格比较内向,不善言辞和交际,虽然学习成绩不错,但面对招聘者的提问,害怕得要命,原来都准备好的问题,因为紧张,头脑一片空白,回答得语无伦次,结果很不理想。他现在一想到毕业要找工作就感到恐慌,手足无措,甚至睡不着觉。舍友建议他去找心理老师咨询一下。他却说:"一直以来我都好好的,又没病,干嘛要去。接受心理咨询的人,那是脑子有毛病的人。现在找工作已经够烦的了,要是因此去做心理咨询,再让其他同学知道了,那可是丢人丢大了!"

思考与讨论

你了解心理咨询吗?接受心理咨询的人都是"脑子有毛病"的人吗?什么样的人需要接受心理咨询?

一、心理咨询的含义

有的人认为心理咨询就是催眠,被催眠的人什么话都会对心理咨询师说;有的人认为心理咨询就是和心理咨询师聊聊天;还有的人认为去做心理咨询的都是心理有病或精神不正常的人,被人知道会很丢脸或被歧视。诸如此类的观念,导致很多大学生对心理咨询产生抵触,因此,宁可选择默默承受痛苦也不去做心理咨询。

心理咨询作为一个心理学的专业词汇,在其界定和描述上,不同专家学者和学术团体有其不同的看法。美国心理学会咨询心理学分会将心理咨询定义为"帮助个人克服在成长过程中可能遇到的各种障碍,从而使个人得到理想的发展。"美国心理学家卡尔纳认为"心理咨询是一种专门向他人提供帮助与寻求这种帮助的人们之间的关系。在这种关系中,助人者的手段及其所创造的气氛使人们逐步学会以更加积极的方法对待自己和他人。"综上所述,心理咨询可以概括为心理咨询是专业咨询人员运用心理学的原理、方法、技术来帮助来访者就心理问题进行分析、研究和讨论,找出心理问题产生的根本原因,找到解决心理问题的方法,从而消除心理上的苦恼和困惑,维护和促进心理健康的过程。目前全国大部分高校都建立了心理咨询中心,配备了心理咨询师,面向全体在校学生提供免费的心理咨询服务,帮助大学生消除各种心理困惑、烦恼,促进大学生健康、成才。

延伸阅读　　心理咨询的误区

误区一:去做心理咨询的人都是不正常的

有些人认为心理有"病"的人才需要心理咨询,认为去做心理咨询很丢人。其实心理健康是每个人的共同需求。在学校进行心理咨询的人通常是遇到了个人发展方面,如人际交往、恋爱情感、学业、择业等的问题,或者是出现了情绪低落、心情压抑、失眠等不同程度的心理不适想寻求帮助的人,他们都是精神正常的人。精神疾病患者通常没有自知力,没有病感或不会主动求医,需要去专门的精神病医院接受专门的治疗,心理咨询不接待精神病患者。

误区二:心理脆弱的人才会去做心理咨询

人是一切社会关系的总和。作为身处社会中的人,自身再强大,也无法"万事不求人"。对于心理咨询来访者而言,克服性格弱点、消除低落情绪、开发自身潜能,进而培养和维护健全的人格,保持良好的心理状态是心理咨询的最终目的。因此,接受心理咨询,是积极、勇敢、明智的行为,成功人士往往都懂得求助,从而让内心更加强大。

误区三:心理咨询就是聊天

心理咨询不是简单的聊天,而是运用心理学等专业知识,遵循严格的科学理论体系和操作规程,帮助来访者解除心理危机,促进人格发展。

误区四:心理咨询是万能的

有些人认为心理咨询师很厉害,可以猜透你的"心",而且可以解决任何问题。心理咨询师受过专业训练,知道心理活动的科学规律,具有客观的逻辑思维分析能力,通过分析客观、真实、全面的信息资料,可以判断来访者某些潜意识的心理活动。但心理咨询师不是万能的,不会看透一切。心理咨询的任务不是说服你,而是帮助你认识自己、接受现实,能够自己解决问题,是助人自助。

微课

大学生寻求心理咨询的常见误区

二、心理咨询的原则

大学生心理咨询是一种针对大学生个体的服务,是一种特殊的助人服务,它涉及个人的内心世界和心理隐私,应遵循保密、非指导性、助人自助等原则。

(一)保密原则

保密原则是心理咨询最重要的原则,也是心理咨询师的职业道德之一。没有经过来访者的同意,心理咨询师绝对不能向第三方透露来访者的任何咨询信息,心理咨询记录要严格保存,不得让他人查阅。保密原则是鼓励来访者尽情倾诉的心理基础,也是对来访者人格及个人隐私权的尊重。

不过也有保密例外的情况:一是若来访者有明显的自杀意图或伤害他人的倾向,心理咨询师可以和有关人士、机构联系,加以阻止和挽救;二是若来访者有重大犯罪行为的,心理咨询师在受卫生、司法或公安机关询问时,不得做虚假的陈述或报告;三是若因专业需要进行案例讨论时,或采用案例进行教学、科研、写作等工作时,心理咨询师须预先征得来访者的明确同意并隐去一切可能辨认出来访者身份的有关信息,确保来访者的身份不被识别出来。

(二)非指导性原则

心理咨询师和来访者的关系不是教导和学习的师生关系,而是启发和领悟的平等关系,心理咨询师要充分尊重来访者的价值观,不能强迫对方接受自己的价值观和道德准则,也不能对来访者的言行做道德评判。心理咨询师不能代替来访者做决定,也不能直接指导来访者该怎么做,可以帮助来访者寻求问题产生的根源,和来访者共同探讨、分析、设想问题的解决方案,但不能把自己的意见强加于来访者,最后的决定权在来访者手中。

(三)助人自助原则

心理咨询是一个从他助到互助再到自助的动态过程。心理咨询不是直接告诉来访者答案,而是通过各种方式启发、引导来访者调动自己的资源,发挥自己的潜能,在心理咨询师的帮助下,学会认识自我、认识他人和周围环境,学习新的思维方式和行为模式,以及如何合理地表达情绪,以便更好地适应环境、树立自信心,更好地独立、积极、主动地掌控自己的人生命运。

三、心理咨询的对象

心理咨询的对象主要是心理正常人群,包括心理健康、心理不健康人群,也包括一些特殊对象。

心理健康人群指心理是健康的,但遇到了和心理有关的现实问题,如就业迷茫、宿舍矛盾、学习动力不足、学习压力过大、恋爱问题、人际关系问题、新环境适应不良等问题,而产生了心理困扰的人群。针对这类人群开展的心理咨询属于发展性心理咨询,主要帮助来访者做出理想的选择,顺利完成发展任务,度过人生的某个阶段。

心理不健康人群指心理正常,但心理健康水平较低,长期处于心理困扰、心理冲突之中,或者遭到比较严重的精神创伤而失去心理平衡,心理健康遭到严重破坏,但精神仍然正常的人群。这类人群的问题包括一般心理问题、严重心理问题、神经症性心理问题,针对这类人开展的心理咨询属于障碍性心理咨询,主要帮助来访者缓解冲突,解决情绪、认

第一章 健康人生 从心开始

知等方面的心理问题,恢复良好的心理功能。

特殊对象,即临床治愈或在潜伏期的精神病患者。神经症和精神病患者经过精神医学临床治愈之后,心理活动基本恢复正常,基本转为心理正常的人,这时,我们不能再认定他们是精神病患者。这时心理咨询是可以介入的,帮助他们恢复社会功能,防止疾病复发。潜伏期的精神病患者,心理咨询和心理治疗可以起到辅助治疗的作用,尽快帮助患者好转。

延伸阅读　出现何种情况应主动寻求心理咨询

当出现下列情况时应主动寻求心理咨询:
(1)当在择业时需要准确判断自己的适应性时。
(2)当某些事引起强烈的心理冲突,自己难以解决时。
(3)当你心情烦闷且难以自拔时,这类情况常见的表现有过度抑郁、长期抑郁或神经衰弱,对某些事过度紧张、焦虑等。
(4)当你的人际关系出现了问题,常与人发生冲突时。
(5)当你总是睡眠不好,如失眠、做噩梦或者梦游时。
(6)当你在恋爱方面遇到难以解决的问题时。
(7)当你有明显不平常的感觉和行为时,如总感觉有人在说自己的坏话,总听到一个声音指挥、控制自己……
(资料来源:方双虎.新时代大学生心理健康实务[M].上海:同济大学出版社,2021.)

四、心理咨询的过程

大学生心理咨询的过程一般分为建立与诊断阶段、指导与帮助阶段、巩固与结束阶段三个步骤。

(一)建立与诊断阶段

1. 建立咨询关系

建立了相互信赖的咨询关系,心理咨询就成功了一半。咨询师对来访者要热情和自然,一般先向对方进行简要的自我介绍,然后问来访者有什么需要帮助的地方,讲明心理咨询的性质和原则,特别是保密性原则和保密例外,让来访者放松精神,减少顾虑。

2. 收集信息

信息收集的主要任务是广泛、深入地收集与来访者有关的资料,并进一步与其建立信任关系。咨询师通过倾听、谈话、观察、心理测试等方式,一方面要了解来访者的基本信息,另一方面要确认来访者究竟被什么问题所困扰,严重程度如何,产生的原因是什么,他本人是否意识到自己的问题等。

3. 分析、诊断、反馈

根据收集的信息,结合心理学的有关知识,对来访者的问题进行分析、诊断,判断来访者问题的性质、类型、严重程度等,并将分析、判断的情况反馈给来访者,请来访者自行决定是否继续咨询,来访者也可针对咨询师反馈的信息进行补充和提问,以便确立咨询目标和方案。

(二)指导与帮助阶段

1. 确定咨询目标

心理咨询师在诊断的基础上,既要考虑来访者的问题和需要,又要根据心理咨询理论,与来访者在咨询目标上达成共识。咨询目标应当具体、可操作和易判断。

2. 选择咨询方案

咨询方案的选择应明确以下内容:所采取的咨询方案的目标;该方案的实施要求,即做什么和如何做;该方案是否能达到预期的目的;告诉来访者需要对心理咨询的过程有足够的耐心,咨询效果取决于双方的相互作用,问题的最终解决要靠来访者自己。

3. 实施指导与帮助

不同的咨询方法有不同的要求与做法。比如,可直接指导来访者做某件事,说某些话,或以某种方式行动,改善其行为;对来访者的积极方面给予真诚的表扬、鼓励和支持,增强其自信心,促进其积极行为的增加;通过解释与引导,心理咨询师帮助来访者从一个全新的角度重新认识自己和所面临的问题,从而提高其认知能力,促进其人格的完善和问题的解决。

(三)巩固与检查阶段

经过前两个阶段双方的共同努力,基本达到既定咨询目标后,这一阶段的主要工作是巩固效果和检查反馈。在这个阶段,心理咨询师要向来访者反馈在咨询过程中取得的成效,并指出还有哪些应注意的问题,并回顾之前确立咨询目标的要点,检查目标的实现情况,进一步巩固咨询取得的效果。

为检查和了解咨询的长期效果,心理咨询师还要在咨询结束后通过再次约谈、电话征询、发放信息反馈表等方式进行追踪调查。如果发现咨询效果不明显,问题没有得到解决,可建议学生继续预约咨询。

延伸阅读

某高校心理咨询师工作原则

1. 保密原则。咨询内容不得超出限度向外传播。
2. 真诚原则。态度热情,以诚相待,富有同情心。
3. 共情原则。创造自由、轻松、亲切、温馨的情境。

4. 高效原则。认真、准确、快速记录咨询情况并整理归档。

5. 灵活原则。对超过职能范围的问题及无诚意的来访者,有权拒绝咨询。

某高校心理咨询师的保密制度

1. 心理咨询师有责任向来访者说明咨询工作的保密原则及应用这一原则的限度。

2. 心理咨询工作中的有关信息,包括个案纪录、测验资料、信件、录音、录像和其他资料,应在严格保密的情况下,作为档案,及时保存。

3. 除了心理咨询师以外,学校任何其他人员包括班主任和任课教师等,都无权查看学生的个人心理档案。

4. 心理咨询师只有在来访者同意的情况下,才能对咨询过程进行录音、录像。因专业需要进行案例讨论、教学引用和科研写作时,应征得来访者的明确同意并隐去可能据此辨认出来访者身份的有关信息。

5. 在心理咨询工作中,一旦发现来访者有危害自身和他人的情况,必须采取措施,防止意外事件发生(必要时应通知有关部门或来访者家属),但应将有关信息的暴露程度限制在最小范围内。

6. 心理咨询师在接受卫生、司法或公安机关的询问时,不得做虚假的陈述或报告。

某高校心理咨询师职业道德规范

1. 心理咨询师不得因来访者的性别、年龄、民族、价值观等任何方面的因素歧视求助者。

2. 在咨询关系未建立之前,心理咨询师有义务让来访者了解心理咨询的工作性质、特点和这一工作可能出现的局限性以及来访者自身的权利和义务。

3. 心理咨询师与来访者之间不得产生和建立咨询以外的任何关系,不得利用来访者对心理咨询师的信任牟取私利,不得对异性有非礼的言行。

4. 当心理咨询师认为自己不适合为某个来访者提供咨询帮助时,应对来访者做出明确说明,并应本着对来访者负责的态度将其介绍给另一位合适的心理咨询师或医生。

5. 心理咨询师应严守保密制度。

某高校心理咨询室来访者须知

1. 坦诚。向心理咨询师坦诚地表露自己,不必掩饰或伪装,来访者应把自己内心真正的困惑或咨询过程中产生的问题、感受都及时地与心理咨询师沟通,以便更快、更好地达到咨询效果。

2. 自愿。是否开始或终止心理咨询都由来访者本人决定,心理咨询师只能提出建议,无权强硬要求。相应地,随意地终止咨询所带来的不良影响也由来访者本人承担。咨询过程中,若对咨询方向或方法有异议,可与心理咨询师进行讨论并修正。

3. 自主。心理咨询的理念是"助人自助",所以咨询的主角不是心理咨询师,而是来访者自己。不要期待心理咨询师为你做主,给你出主意、想办法,甚至做决定,即不能过分依赖心理咨询,也不要以为心理咨询能一次性解决问题。事实上,心理咨询不是"一帖灵",世上没有灵丹妙药,所以请记住,只有你自己才能真正解决你的问题!

4.尊重。尊重心理咨询师,来访者必须提前预约咨询时间并严格遵守。认真配合心理咨询师的工作,按时完成"作业",把个人的感悟与改变有效地反馈给心理咨询师。

5.保密。保密是心理咨询的工作原则之一,也是职业道德的集中体现。来访者的个人信息及咨询的相关问题不会被随意谈论,来访者的信息登记表不会被带出咨询室。一般来说,来访者是否接受过咨询以及咨询的内容都不会被透漏给其他人。但下述几种情况除外:(1)来访者出现自我伤害或伤害他人的倾向,有必要通知来访者的辅导员、父母以及相关人员,以采取必要的措施。(2)来访者的问题涉及法律责任,如有必要,心理咨询师可将信息资料呈交有关机构。

思考与训练

1.请思考一下,如果你看到你的同学去心理咨询室,你将如何看待他?

2.如果你的同学向你袒露心事,你觉得他应该去心理咨询室寻求帮助,那么你将如何做?

第二章

悦纳自我 完善人格

我是谁？我从哪里来？我将要去哪里？我们常常会发现，给我们带来困扰的不是别人而是自己。如果一个人能客观、准确地认识自我、接纳自我，学会科学地调整自我、完善自我，那么，他的人生将充满快乐而富有价值。

人格是一个人素质的重要体现，也是一个人心理状况的集中反映。人格完善是不断地认识自我、提升自我、超越自我的过程。大学生正处于青少年晚期，这一时期的人格尚未真正定型，具有较强的可塑性和可调节性。因此，这一时期是大学生塑造健全人格、促进自身成长和赢得精彩人生的重要契机。

第一节 正确认识自我

学习目标

1. 了解自我意识的概念。
2. 了解自我意识的分类。

课堂互动

活动目的：认识自己

活动材料：纸、笔

活动流程：

第一步：

请每位同学在纸上分别写出20条关于"我是谁"的句子。

例如：我是一个活泼开朗的人。

要求：请尽量客观、全面地评价自己。

第二步:
随机请学生分享自己写的内容,并对内容进行分析:
1. 评价的数量和质量。
2. 回答内容的表现方式:符合客观情况的、倾向主观评价的和中性的。
3. 回答的内容是否涉及自己的未来。

思考与讨论

你了解自己吗?你对自己的评价如何?

一、自我意识的概念

自我意识是指个体对自己身心状态的认知、体验、评价或愿望,以及对自己与周围环境之间关系的认知、体验和愿望。自我意识是人格的重要组成部分,是使人格各部分整合和统一起来的核心力量。简单来说,自我意识是自己对自己的认识,是对自己身心活动的觉察。总体来说,自我意识也可以概括为个体关于自我全部的思想、情感和态度的总和。

二、自我意识的结构

在心理学中,心理学家从多角度进行了分析和研究,从形式上看,自我意识可分为自我认识、自我体验、自我调控。

微课

我是谁——
认识我自己

(一)自我认识

自我认识指个体对自己的生理特点、人格特征、能力及自身社会价值的了解与评价,在自我意识系统中具有基础地位,其内容广泛,涉及自身的方方面面,如自我感觉、自我观察、自我分析、自我评价等。自我感觉是自己对自身存在的体验,自己感觉到的感受。自我观察是对自我所感所知、所思所想、情感、意向等内部经验、感受的观察和分析,并将结果报告出来。自我分析是在自我观察的基础上进行的,是指对自身状况的思考和反思。自我评价是对自己的行为、能力、品德等方面进行的社会价值评估,它最能代表一个人自我认识的水平,自我评价能力是大学生进行自我教育的认识基础,是自我意识发展的主要成分和主要标志。正确的自我评价,对人的心理生活及其行为表现有较大影响。

自我认识主要解决"我是一个什么样的人"的问题,如我是一个好脾气的人,我是一个善于交际的人,我是一个幽默的人,等等。

(二)自我体验

自我体验指个体对自己的情感体验,如自尊、自爱、自信、自豪、自卑及自暴自弃等。其中核心内容是自尊。

自我体验强化自我认知,解决的是"我对自己感觉怎么样"的问题,如我觉得自己是一个对社会有用的人,我是一个失败的人,等等。

(三)自我调控

自我调控指个体对自己意识的控制,主要表现为个体对自己的行为、活动和态度的调控,如自我检查、自我监督、自我控制、自我调节,等等。自我检查是个体将自己的活动结果与活动目的加以比较的过程。自我监督是一个人以其道德观念或内在的行为准则对自己的言行实行监督的过程。自我控制是个体对自身心理与行为的主动掌握。自我调节是自我意识中直接作用于个体行为的环节,它是一个人自我教育、自我发展的重要机制,自我调节的实现是自我意识能动性的表现。自我意识的调节作用表现为启动或制止行为;心理活动的转移;心理过程的加速或减速;积极性的加强或减弱;动机的协调;根据所拟订的计划监督、检查行动;动作的协调一致,等等。

自我调控是自我意识结构中的高级阶段,解决的是"我将要怎样做""我如何成为更好的自己"等问题。

延伸阅读　斯芬克斯之谜

　　斯芬克斯是希腊神话中神的使者,埃及最大的胡夫金字塔前的狮身人面兽就是他。传说,他坐在忒拜城附近的悬崖上,向每一位路过的人出一个谜语:"什么东西在早晨用四只脚走路,中午用两只脚走路,晚上用三只脚走路?"每一位路过的人都必须猜一猜他的谜语,如果猜不中,就会被吃掉。当时,忒拜城堡中没有一个人知晓谜底,城堡中的人们因此而陷入恐慌之中。最后被路过的俄狄浦斯猜中了谜底,这个谜语的答案就是"人"。在生命的早晨,人是软弱无助的孩子,他用两手两脚爬行;在生命的中午,他成为壮年,站起来用两只脚走路。但到了生命的晚上,临到生命的迟暮,他需要扶持,因此拄着拐杖,作为第三只脚来走路。俄狄浦斯解答了斯芬克斯之谜,解救了城堡中的人们,斯芬克斯也完成了自己的使命,即告诫人类要认识自己。

[资料来源:柳小虹.斯芬克斯之谜的象征意义[J].才智,2011(3).]

三、自我意识的内容

从内容的角度来看,自我意识可分为生理自我、社会自我、心理自我。

(一)生理自我

生理自我是指对自身生理的认知,包括对身高、体重、身材、容貌和性别等方面的认知,以及对身体的饥饿感、疼痛感等的感受。作为自我意识的原始形态,生理自我始于婴幼儿1周岁左右,到3周岁左右基本成熟。2周岁以前的婴幼儿是不会用"我"这个词的,当婴幼儿可以用"我"这个词来表达自己的时候,他才可以将自己和外界的事物区分开来。当婴幼儿3周岁时,自我意识趋于成熟,这是自我意识发展的第一个飞跃期。

(二)社会自我

社会自我是指对自己与周围关系的认知,包括在一定社会关系中的地位、作用以及对自己与他人关系的认识和评价。儿童在3周岁以后,自我意识发展到社会自我阶段,至少年期基本成熟。

(三)心理自我

心理自我是指对心理状态的认知,包括对性格、兴趣、情绪、知识、能力、理想、信念、气质等方面的评价和认知。在这一阶段,个体开始将关注的焦点从外部世界转移到内部世界,将外部世界的信息经过整合,逐渐形成个体独特的体系。心理自我是从青春期开始发展和形成的,青春期是自我意识发展的第二个飞跃期,其心理自我呈现以下特点:独立意识趋强;开始关注自己的内心体验和感受;渴望被认可,自尊心强;重视自己的个性成长;等等,这个时期的自我意识特点可以解释为我们通常认为的"叛逆期"。

四、自我意识的组成

从存在方式或组成内容看,自我意识可分为现实自我、镜中自我(投射自我)、理想自我。

(一)现实自我

现实自我指从自己的立场出发,对自己当前总体实际状况的基本看法,是个体认为自己实际上具有的特征和品质,也是个体对现实中的"我"进行观察和思考后所得到的认识。

(二)镜中自我

镜中自我又称投射自我,指个体想象自己在他人心目中的形象或他人对自己的基本看法。通俗一点来说,是指自己在与别人接触、交往的过程中,所想象的别人认为"我"是怎样的一个人,对"我"有怎样的评价。

(三)理想自我

理想自我指个体想要达到的比较完美的形象,希望自己成为怎样的人,具有怎样的特征和品质,是对将来或者想象的自我的认知。但是理想自我和现实自我是存在差距的,这种差距导致个体在高中阶段(青年初期),在心理上将自我分成了"理想自我"与"现实自我"两部分。

青年阶段是自我意识快速发展和趋于完善的重要时期,这个时期的大学生自我意识以真实自我为轴上下波动:当取得成绩时,易表现出自负的一面;而当遇到挫折时,易表示出自卑、否定的评价。这是大学生自我意识发展过程中客观存在的现象。大学生要在实践中不断修正、磨砺自己,认识自己,接纳自己。

拓展训练 自我意识量表(Self-Consciousness Scale,SCS)

指导语:请根据表2-1每一条陈述与自身实际情况的符合程度,在对应的方格打"√",每个人对自己的看法都有其独特性,因此答案是没有对错的,只要如实回答即可。

表2-1

题项	完全不符合	比较不符合	不确定	比较符合	完全符合
1.我经常试图描述自己。					
2.我关心自己做事的方式。					
3.总的来说,我不太清楚自己是什么样的人。					

(续表)

题项	完全不符合	比较不符合	不确定	比较符合	完全符合
4.我经常反省自己的行为。					
5.我关心自己的表现方式。					
6.我能决定自己的命运。					
7.我从不检讨自己的行为。					
8.我对自己是一个什么样的人很在意。					
9.我很关心自己的内在感受。					
10.我常常担心我能否给别人留下一个好印象。					
11.我常常考察自己的动机。					
12.离开家时,我常常照镜子。					
13.有时,我有一种自己在看着自己的感受。					
14.我关心他人看我的方式。					
15.我对自己的心情变化很敏感。					
16.我对自己的外表很关注。					
17.当问题解决时,我清楚自己的心理。					

计分方式:

根据自己各项题目的答案计分,完全不符合计0分、比较不符合计1分、不确定计2分、比较符合计3分、完全符合计4分。

3、7题为反向题。即反向计分,完全不符合计4分、比较不符合计3分、不确定计2分、比较符合计1分、完全符合计0分。

代表内在自我的题目包括:1、3、4、6、7、9、11、13、15、17;

代表公众自我的题目包括:2、5、8、10、12、14、16。

分数解析:

对于大学生群体而言,内在自我部分的平均分为26分,公众自我部分的平均分为19分。如果你的内在自我分数高于26分,或高于公众自我的得分,说明你是内在自我的类型;如果你的公众自我得分高于19分,或高于内在自我的得分,说明你是公众自我的类型。

类型解析:

自我意识是个体把自己当作注意对象时的心理状态,这种状态分为内在自我意识和公众自我意识。内在自我类型的人比较在乎自己的感受,他们常常坚持自己的行为标准和信念,不太会受外界环境的影响;公众自我类型的人由于太看重外界与他人的看法,所以担心别人对自己有不好的评价,有时由于太过看重他人的评价,他们常常会产生暂时性的自尊感低落,容易在理想自我和现实自我之间产生距离。

(资料来源:蒋灿.自我意识量表的初步修订及相关研究[D].西南大学,2007.)

> **思考与训练**

学完本节后,你认为你的"现实的我"是什么?你认为"现实的我"和"理想的我"的区别在哪里?写出需要改变、完善自我的地方和方法,制订具体、可行的行动计划。

第二节 悦纳成就自己

学习目标

1. 了解大学生自我意识的特点。
2. 认识在大学生中常见的自我意识偏差。
3. 掌握自我完善的方法。

课堂互动 接纳自己

小洪是一名大一的学生,高中时期,他的学习成绩在班级里处于中等水平。高考后进入一所大专院校,为此他一直闷闷不乐,郁郁寡欢。他内心一直认为自己高考失利,在朋友面前抬不起头,非常没有面子,不敢跟高中的同学联系。大一期间,他看不起同宿舍的同学,认为他们无所事事、沉迷网络、不爱学习,不愿意跟他们交流。有一次跟舍友因为琐事发生了剧烈的争吵,他认为是舍友的错,于是找到辅导员,要求调换宿舍。在辅导员表示目前没有空余宿舍后,小洪在自己的微信朋友圈抱怨辅导员工作能力不行。在课堂上,他认为学校老师的教学水平不高,不愿意听课,因此经常旷课。第一学期结束后,他有几门课程的成绩不及格,在班级排名比较靠后。他非常不服气,认为老师出的试卷不行,老师改的分数不对,考试并没有考出他的真实水平。他对自己的期末成绩耿耿于怀,认为是上了这所学校让他放纵了自己,学校老师能力不行"误"了自己,所以他选择了退学。

> **思考与讨论**
>
> 小洪的认知和自我意识方面出现了哪些问题和偏差?现实中你是否遇到过类似的情况?你接纳现在的自己吗?

一、大学生自我意识发展的过程及特点

在个体的发展过程中,童年期是人格开始形成的时期,少年期和青年期则是人格初步形成并定型的时期,成年期是人格成熟的时期。自我意识是人格发展的核心要素,在自我

认知、自我体验与自我控制三者相互影响、相互作用的过程中,自我意识逐步成熟,其间经历了分化—矛盾—整合的过程。

(一)自我意识的分化

自我意识的分化主要表现在以下六个方面:

1."主观我"与"客观我"的冲突

自我有"主观我"与"客观我"之分。"主观我"是一个人对社会情境做出的反应,是自我中积极主动的一面。然而,由于自我的结构是多种多样的,且每个人所处的社会环境存在着很大的差异,所以"主观我"与"客观我"并不总是统一的。

大学生的"主观我"与"客观我"的矛盾相对突出。一方面,作为同龄人中能够接受高等教育的人,大学生对自我有较高的积极评价。另一方面,由于他们远离社会,缺乏社会经验,在校园浓郁的学术与文化氛围中成长,对社会的了解缺乏实际与客观的判断。

2."理想我"与"现实我"的冲突

"理想我"是指个人想要达到的完美形象,是个人追求的目标,它引导个体实现理想中的个人自我。现实自我是个人从自己的立场出发,对现实中自我的各种特征的认识。

在现实生活中,理想自我与现实自我总是存在着一定的差距,合理的差距能够使人不断进步。但是,如果差距过大,则有可能引起自我的分裂,导致一系列心理问题。

青年时期的大学生,他们有抱负、有追求、有理想,为自己设定了一个美丽的"理想我",但当他们进入大学后,现实与心中的理想形成了巨大的反差,对理想自我的渴望与对现实自我的不满构成了大学生自我意识发展的重要组成部分。

"理想我"与"现实我"有一定距离是正常的,它可以激励大学生奋发图强、积极向上。当"现实我"距离"理想我"差距过大时,大学生会产生各种各样的心理不适,这时,大学生要重新调整和评估自己的理想,进行积极的自我调适。

3.独立与依附的冲突

虽然大学生生理与心理的成熟使他们渴望独立,希望以独立的个体面对生活、学习与工作中遇到的问题,但由于长期的校园生活使他们的社会阅历与经验相对匮乏,当突发事件出现时,又盼望亲人、老师、同学能够帮助自己。另外,大学生心理上的独立与经济上的不独立也形成了明显的反差。

过分的依附使大学生缺乏对客观事物的判断能力与决断能力,显得优柔寡断、缺乏主见;而过分的独立又使部分学生遭遇挫折时不知如何寻求帮助。事实上,心理成熟的、独立的人,也需要别人的帮助,广泛的社会支持是个体心理健康必不可少的部分。

4.渴望交往与心灵闭锁的冲突

一方面,身处青少年时期的大学生更加渴望拥有友情与爱情,更加渴望得到同辈的认同。然而另一方面,他们又经常不愿意表达自己的想法,不经意地将自己的内心深藏起来,与同学有意无意地保持着一定的距离,存在着防备心理,不能完全敞开心扉。这也是大学生常常所感到的人际交往不如高中、初中时期那么自在、真诚的原因。

5.自负与自卑的冲突

自信是一种健康的心理,是一种自我意识健全与人格成熟的标志。由于大学生的自我意识尚在发展中,心理尚未完全成熟,所以对自己的认知往往会出现偏差:自负或自卑。与其他群体相比,大学生体现出较高的自尊与自信,他们渴望成功,不甘落后,很容易产生骄傲自大、以自我为中心的心理。当遭遇失败与挫折时,他们便开始怀疑自己的能力,进而否定自我,甚至自暴自弃,陷入强烈的自卑之中。这些都与大学生自我认知不完善、自我定位不准确有关。

6.理智与情感的冲突

大学生情绪的一个显著特点是容易两极分化,或高或低,波动性大,易冲动,不易自制。但随着身心的发展、认知水平的提高,大学生渐渐成熟,在遇到客观问题时,既想满足自己情绪与情感的需求,又想满足社会及他人的要求,就会产生理智与情感的冲突。例如,当遇到失恋等人生挫折时,尽管理智上能够理解,却在感情上难以接受。

拓展训练　认识自我

用三个形容词概括自己＿＿＿＿＿、＿＿＿＿＿、＿＿＿＿＿,仔细想想这样的形容词主要来自＿＿＿＿＿(时间)、＿＿＿＿＿(事情)。

请朋友用三个形容词概括你＿＿＿＿＿、＿＿＿＿＿、＿＿＿＿＿。

朋友对你的评价和你自己的描述的相同点是＿＿＿＿＿,不同点是＿＿＿＿＿。

注意:请认真思考,写出最有代表性的词语。这一步是认识自我很重要的方式,形容词可以是积极的,也可以是消极的,遵循自己的内心,接受真实的自己。答案无好坏之分,请认真和自己对话。

(二)自我意识的整合

自我意识的矛盾冲突,常常会给大学生带来不安或心理痛苦,他们总是想要通过探究自我来摆脱这种不安与痛苦,因此大学生的自我意识也在不断地调整、发展,向理想自我靠近。但是,由于大学生的成长背景、家庭教养方式等的不同,他们的自我意识整合的结果与类型也不同。从自我意识的性质看,大学生自我意识的整合表现在三个方面:

1.积极自我的建立:自我肯定

自我肯定,即对自我的认识比较清晰、客观、全面、深刻。这种积极自我的特点是在经过痛苦的选择与调整之后,大学生逐渐成长,使自己的"理想我"与"现实我"趋于统一。

2.消极自我的建立:自我否定

消极的自我意识分为两个方面:自我贬损型与自我夸大型。自我贬损型的人由于总在经历失败与挫折,对现实自我的评价较低,并时常伴有自我排斥、自我否定的心理。他们不但不接纳自己,甚至自我拒绝、自我放弃,表现为没有朝气、随波逐流、缺少激情,生活没有目标,其结果则是更加自卑,从而失去进取的动力。自我夸大型的人正好相反,他们对自我的评价非常高,往往脱离客观实际,常常以理想自我代替现实自我,盲目自信,虚荣心强,心理防御意识强。

3. 自我冲突

自我冲突是指难以达到统一的自我意识,表现为自我评价始终在真实自我的上下徘徊,自我认知或高或低,自我体验或好或坏,自我控制力时强时弱,心理发展极不平衡,时而显得自信而成熟,时而又表现出自卑和不成熟,让人无法评估。

(三)大学生自我意识发展的特点

大学生正处于自我意识发展的关键时期,其自我意识的发展出现了许多新的特点。如果各要素协调发展一致,自我意识的发展水平就高;反之,如果协调发展不一致、不统一,自我意识的发展水平就低,就会出现障碍。

1. 大学生自我认识的特点

(1)大学生更加注重对自己内在素质的认识。在一所大学的问卷调查中,在回答"你认为你是一个什么样的人"时,多数学生回答的是自己的一些心理品质,如善良、热情、诚实、乐观、自信、自尊等。这表明在大学阶段,学生对自己的认识发生了很大的变化,他们更加注重内在的素质。

(2)大学生更加注重自己在社会中的地位和作用。随着年级的升高,大学生对自我的社会属性(社会地位、社会角色、社会责任、社会义务等)越来越关注。

(3)大学生的自我认识以肯定性评价为主。从总体上看,现代的大学生看到的更多是自己的优势、优点。从一定意义上说,这一状况显示了当代大学生的自信、积极向上的心理状态。但同时,过分看重自己的优势,而看不到自己的缺陷,这也可能走向另一个极端,即盲目自大、目中无人的心理状态,而这对大学生的发展是极为不利的。

(4)大学生的自我评价从高估走向平衡。以往西方心理学家的研究认为,青年学生对自己的评价有过高评估的倾向。从我国大学生的实际情况来看,低年级的学生自我评估的过高倾向比较明显,但是经过大学中的学习、观察和体验,自我的评价趋于平衡,对自己的评价越来越客观、现实。

2. 大学生自我体验的特点

(1)大学生自我体验的发展水平渐趋稳定。大学生的理想和现实往往发生矛盾、冲突,但是经过大学的学习和生活,自我体验趋于稳定。

(2)大学生的自我体验较为强烈。大学生在自我评价提高的基础上,责任感、义务感、自尊心增强,在学习和各项活动中争强好胜,一旦受挫和失败就会产生内疚和压抑的情绪,成功与失败都会引起大学生强烈的情绪反应。

(3)大学生的自我体验敏感性较高。处在青年期的大学生对涉及自我的一切事物都非常敏感,特别是在与异性的接触中情绪有明显的波动。

3. 大学生自我控制的特点

(1)大学生自我控制能力与自我监督能力日渐提高。大学生的自我控制已经发展到由自觉提出的动机、目的来调节和防止活动的任意改变,坚持实行制订的行动计划。

(2)大学生自我控制的社会性增加,大学生更多地用社会标准要求自我。调查研究发现,大多数学生希望做一个能够为社会做贡献、适应时代发展、德才兼备、富有开拓精神、肩负重任的人,而只有少数大学生认为自己只能做一个普普通通、没有远大理想的人。

(3)从高估和低估自我向平衡发展。大学生由于自我评价与自我体验发展不平衡,有时表现出高估自己的倾向,有时候又会低估自己。通过在大学生活和学习中经历更多的困难,积累经验,不断地成长,两者由不平衡向平衡发展。

拓展训练 | **悦纳自己**

活动目的:悦纳自己

活动材料:纸、笔

活动流程:

1.请每位同学在纸上写出自己的优点。

2.自由组队,8位同学一组,每位同学由组内其他成员轮流指出身上的优点。

3.小组交流:当表达自己的优点时,你的感受是什么?当你听到别人说你的优点时,你的感受是什么?当指出别人的优点时,你的感受是什么?

二、大学生自我意识的偏差

大学阶段,自我意识形成的过程是一个将理想自我和现实自我重新整合的过程,呈螺旋式上升的趋势。大学生自我意识发展的主旋律虽然是积极的、健康的,但也存在不平衡、不成熟的一面,往往会出现以下偏差:

(一)自负

心理案例

王某是一名大二学生。他认为自己聪明过人、才能超群,爱在同学面前夸耀自己,别人越关注自己,就越兴奋。他认为自己关注的问题都是哥德巴赫猜想式的,很少有人问津。他对同学有比较强烈的支配欲,爱支配他人而不愿意受他人支配。对同学提出的还谈不上批评的意见,心里总是不能接受,内心十分反感,还经常为此发怒。他看不到自己的缺点和不足,盲目地为"十全十美"的自我而陶醉,既没有异性朋友,也没有同性朋友。

案例中的同学出现了自负心理,高估自我,放大自己的长处,缩小他人的长处,人际交往模式是"我好,你不好!""我行,你不行!"这容易产生盲目乐观的情绪,自以为是,不易处理好人际关系,常对自己提出过高的要求,承担超出能力范围的任务、义务,因无法完成而导致失败。

(二)自卑

心理案例

> 张某从小家庭贫困,上了大学之后,看到宿舍的同学用名牌化妆品,穿名牌的鞋子和衣服,经常觉得自己很丑,穿衣打扮比不上别人。她觉得跟别人不是同一层次的,不敢与舍友一起玩耍,对人冷漠。在大学里,她感觉大学生活毫无意义,每天过得不快乐。她不敢交男朋友,不敢勤工俭学,怕被别人瞧不起,不敢申请国家助学金,害怕别人在背后议论她。但是经济压力又非常大,她数次产生了想退学的念头。她最近入睡困难,经常做噩梦,老是梦到别人知道她贫困后嘲笑她。她醒来之后总觉得梦里的场景非常真实,感到特别痛苦,情绪低落,以至于在校园里也无心学习。

案例中的同学产生了非常强烈的自卑感,自卑感是对自己不满、否定的情感,往往是自尊心屡屡受挫的结果。过度自卑常常表现为自我评价低,过分敏感、多疑,消极地看待问题,遇到事情习惯性地往坏处想,消沉、自我掩饰、不愿意改变、难以接受新事物,等等。过度的自卑感不仅会影响大学生正常的学习和生活,而且也不利于大学生人格全面、健康地发展。

(三)以自我为中心

心理案例

> 小陈是一名大三学生,性格外向,心直口快,但说话不注意时间和场合,也不看相处对象的性格特点,经常随心所欲,出口伤人。他情绪多变,喜怒无常,和朋友相处的时候,走路要走在中间,谈话的时候,只谈论自己喜欢的话题,丝毫不顾及其他人的感受,做事情也不考虑后果,想做什么就做什么,想怎么干就怎么干。

以自我为中心的人凡事都从自我出发,只关心自己,遇事先替自己打算,很少站在别人的角度考虑问题,不顾忌他人的感受和需要;盛气凌人,喜欢把自己的意识强加于人,习惯让别人迁就和服从自己。以自我为中心的人,一般人际关系不和谐,容易遇到挫折。

(四)叛逆

心理案例

> 小何是一名大一学生。读小学时,为人老实,非常听父母和老师的话,是别人眼中的"乖孩子"。上初中之后,妈妈还是像过去一样没完没了地唠叨,就连一件小事也总是千叮咛万嘱咐,小何一听就烦。到了初三的时候,小何开始和家长对着干。他进入大学之后,不相信他人,行事我行我素,对于学校和班级的要求,他都要唱反调。学校要求新

型冠状病毒疫情期间不能随意出校门,他就翻墙外出;学校要求不能旷课,他就早退;学校要求假期非必要不留校,小何本可以回家,但他偏选择留校。

逆反心理是大学生自我意识发展过程中的一种非理性心理。案例中的同学出现了过度逆反的心理。有强烈逆反心理的学生,对正面宣传做反面思考,对榜样和先进人物无端否定,消极情绪成分大,为"反抗"而反抗。过分的逆反心理阻碍了大学生学习新的或正确的经验,不利于大学生健康地成长、成才。

(五)从众

心理案例

小美是一名大一新生。入校前,她做了很多的学习计划和生活规划:要拿奖学金,要考很多证书,课余时间要参加勤工俭学……她对自己的大学生活充满期待。进入大学后,一切那么新奇,舍友来自全国各地,彼此关系融洽。可是,慢慢地,她开始感觉有些不适。舍友爱玩,每周末都邀约出游,可这打乱了她的学习计划,但她觉得自己一个人落单不好,只好结伴同行;舍友爱美、爱打扮,今天买漂亮的衣服,明天"淘"化妆品、护肤品,小美的经济状况一般,可又担心舍友觉得自己"老土",只好咬咬牙提前预支了生活费。最近,她又发现舍友都换了新手机,这可怎么办?她开始犹豫不决。

所谓从众,就是在群体的影响和压力下,个体放弃自己的意见而采取与大多数人相一致的行为,即通常所说的"随大流"。盲目从众容易导致大学生心理的矛盾冲突,引起心态的失衡。

三、大学生自我意识的完善

心理案例

小赵在学校是学生会主席,学习成绩非常好,多次获得国家、学校奖学金。大学期间他利用课余时间参加了很多活动和比赛,获奖无数。小赵性格沉稳,做事认真负责,深受老师与同学的喜爱和信任。尽管如此,他仍然时常感到有一种自卑的心理困扰着自己,觉得自己没有什么过人的优点和长处,与人交往的时候不自信,甚至说话的时候都会脸红。

📱 微课

自我经营从大学开始

大学生的成长虽然受客观的环境和教育条件的限制,但更取决于其自我意识是否健全。自我意识制约着人格的形成的发展,在人格的优化中发挥着强大的动力功能,对人的心理健康起着很重要的作用。健全的自我意识是人类自身内在的一种成功机制,也是大学生心理健康的重要标尺。健全的自我意识有如下标准:

第一,能够正确评价自我,有自知之明,既知道自己的优势,也知道自己的劣势。

第二,能够实现自我认识、自我体验和自我控制的协调一致。

第三,能够积极地肯定自我,并与外界保持一致。

第四,能够实现理想自我与现实自我的统一,有积极的目标意识和内省意识,积极进取,促进社会文明和进步。

(一)客观认识自我

全面正确地认识自我是培养健全自我意识的基础。大学生可以运用以下方法看清自己眼中的"我"和别人眼中的"我",从而提高自我认识的水平。

1. 比较法

他人是反映自我的镜子,是个人获得自我认识的重要来源。确立合理的参照系和立足点对建立正确的自我认识来讲尤为重要;要明确跟别人比较的是行动前的条件,还是行动后的结果;明确跟他人比较是看相对标准还是绝对标准;明确比较对象是与自己条件相类似的人还是心目中的偶像,等等。

在缺乏明确标准时,人们常常和自己相似的人做比较。此时,要注意相比较的对象应与"我"有同质性、相似性和可比性,应注意结果的比较。有"自知之明"的人能从中用心地向别人学习,在集体活动中培养归属感,获得足够的经验,然后按照自己的需要去规划人生道路。

2. 经验法

大学生应该参与到更多的社会活动中去,只有积极地参加社会实践活动,在实践中不断地积累经验,发现自己的不成熟之处和解决实际问题能力的不足,进而不断自觉地调整自己、修正自己和提高自己,才能达到真正的自知。

3. 反省法

"吾日三省吾身",不断地反思,不断地通过自我观察、自我分析等方法检查自己的言行举止,可以使自我认识变得更加客观和稳定。

延伸阅读 乔韩窗口理论(周哈里窗)

美国心理学家周·勒夫特和哈里·英厄姆提出了关于人的自我认知的"乔韩窗口(周哈里窗)理论"。他们认为每个人的自我都由四个部分组成:公开的我、盲目的我、秘密的我、未知的我,见表2-2:

表2-2

区域	自知	自不知
他知	A.公开的我	B.盲目的我
他不知	C.秘密的我	D.未知的我

公开的我:自己很了解、别人也很了解的部分,比如,我是一名大学生等。
盲目的我:别人看得很清楚、自己却不了解的部分,比如,我的一些习惯性动作等。

秘密的我：自己了解但别人不了解的部分，属于个人隐私，比如，内心的苦楚等。

未知的我：代表我们自己不知道，别人也不知道的领域，有时通过一些契机可以激发出来。

每个人的自我都是由这四个部分组成的，但每个人的四个部分的比例是不同的，而且随着人的成长和生活阅历的丰富，自我的四个部分的比例会发生改变。我们人生成长的目标就是不断地减少"盲目的我""秘密的我"和"未知的我"，扩大"公开的我"的领域，那样，我们对自己的认识就更全面，就可以更好地发挥出自己的潜能，我们的生活就会更加的真实和有建设性。

（高忠有，高燕，李旸.阳光·青春·梦想——大学生心理健康教育[M].上海：上海交通大学出版社，2019.）

（二）积极悦纳自我

悦纳自我就是一种乐于接受自己、喜欢自己，承认自己价值的积极的心理状态。悦纳自我是发展健全的自我意识的核心和关键。要做到悦纳自我，需要做到以下几点：

1. 增强自信心，强烈的自信和理智的努力能激发潜能，促进成功。成功后的愉悦又可以使大学生进一步增添自信，并欣赏自己，实现良性循环，将自己的闪光点构成亮丽的人生风景线。

2. 不苛求自己，恰当地认同自己。

3. 人都有缺点，悦纳自我需要正视自己的短处，既努力"扬长"，也要注意"补短"，把自己的"短板"补长。

4. 注重过程而非结果，成功和失败是相辅相成的，成功的果实只有在辛苦的努力中才能慢慢成熟，这一过程要经历许多的失误和挫折。如果一个人一遇到挫折就心灰意冷，便永远也体验不到成功的喜悦。

延伸阅读　　十条增强自信心的方法

一、平常走路时要挺胸抬头。

二、经常对着镜子练习大声讲话。

三、练习当众发言，勇于表达自己的观点。

四、不要总是想着自己的不足或缺陷。

五、提醒自己要面带微笑。

六、不要过多地指责别人。

七、要记住多数人喜欢的是听众。

八、为人坦诚，不要不懂装懂。

九、经常积极地从正面描述自己。

十、要正确分析事情的主观和客观原因，经常感受成功的体验。

（资料来源：张海涛.大学生身心健康理论与实务[M].镇江：江苏大学出版社，2018.）

(三)有效控制自我

自我控制是完善大学生自我意识的又一个有效的途径。自我控制就是大学生以主动的姿态,对自己进行约束和改变,包括改变自己的心理品质、行为方式、思想理念等,通过不断地改变来完善"现实我",使其越来越接近"理想我"。

大学生可以从以下几个方面进行自我控制:

1. 把自己的感情出口放宽。
2. 在任何情境中,都尝试从积极乐观的角度看问题。
3. 对生活环境中的一切多欣赏、少抱怨,有不如意的地方想办法去改善,"行动起来"是最好的自我控制的方式。
4. 设定积极而又可行的生活目标。

延伸阅读　放下自我设限的枷锁

"我配不上他""我当不了班干部""我怕考不上"……诸如此类的话你对别人或自己说过吗?犹如笼子里的人,自己把自己局限起来,这就是自我设限。

从心理学角度讲,自我设限就是在自己心里默认了一个高度,这个"高度"常常暗示自己:这有多么困难,我不可能做到,成功概率几乎为零。默认心理高度是人无法取得成功的重要原因之一,它如一块石头,在人生及事业成长道路上,阻碍着人们前行。

有些事在人们不清楚它到底有多难时,即没有自我设限时,反而能做得更好,这就是人们常说的"不知者无畏"。

(资料来源:隋美荣.心理健康教育[M].济南:济南出版社,2018:75.)

(四)理性塑造自我

作为大学生应该有远大而崇高的目标,但要注意目标应该制定在自己的能力范畴之内,通过实现一个个小的目标,逐步实现人生的崇高理想。在完成目标的过程中,也可以增强大学生自我控制的自觉性和主动性。健康的自我既注重自我又不固守自我,而是积极主动地为整个社会服务,担当历史重任。大学生既要注重自我价值的实现,又要把个体自我价值实现的过程与社会的发展联系起来,在为他人、社会服务中实现自我的价值,这一过程也是人格不断健全的过程。

延伸阅读　三重门

从前有一位王子,他问他的老师——一位年长的智者:"我的生活之路将是什么样的呢?"智者回答说:"在你的生活之路上,你将遇到三道门,每一道门上都写有一句话,到时候你看了就明白了。"

于是,王子启程了。不久,他就遇到了第一道门,上面写着"改变世界"。王子想:我要按照我的理想去规划这个世界,将那些我看不惯的事情统统改掉。于是,他就这样去做了。几年之后,王子又遇到了第二道门,上面写着"改变别人"。王子想:我要用美好的思想去教化人们,让他们的性格向着更正确的方向发展。再后来,他又遇到了第三道门,上面写着"改变你自己"。王子想:我要使自己的人格变得更完美。于是,他就这样去做了。

一天,王子见到了他的老师,王子说:"我已经看过生活之路上的三道门了。我懂得,与其改变世界,不如改变这个世界上的人,而与其去改变别人,不如去改变我自己。"智者听了,微微一笑,说:"也许你现在应该向回走,再回去仔细看看那三道门。"

王子将信将疑地向回走。远远的,他就看到了第三道门,可是和他来的时候不一样,从回来的这个方向看,门上写的是"接纳你自己"。王子这才明白他在改变自己时为什么总是生活在自责和苦恼之中,因为他拒绝承认和接受自己的缺点,所以他总把目光放在自己做不到的事情上,忽略了自己的长处,他因此学会了欣赏自己。王子继续向回走。他看到第二道门上写的是"接纳别人"。他这才明白自己为什么总是怨声载道,因为他拒绝接受别人和自己存在差别,所以他总是不去理解和体谅别人的难处,他因此学会了宽容别人。王子又继续向回走。他看到第一道门上写的是"接纳世界"。王子这才明白他在改变世界时为什么失败连连,因为他拒绝承认世界上有许多事情是人力所不能及的,忽略了自己可以做得更好的事情,他因此学会了包容世界。这时智者已经等在那里了,他对王子说:"我想,现在你已经懂得什么是和谐与平静了。"

(资料来源:《环球时报》2007年3月28日)

思考与训练

1. 通过本节的学习,你认为自己的自我意识存在哪些偏差?
2. 你如何实现自我意识的完善?

第三节 揭开人格的面纱

学习目标

1. 了解人格的定义及特征。
2. 了解气质与性格的内涵、区别及联系。

课堂互动 在荣誉与诚实中做选择

王方是班级学习委员,学习成绩一直名列前茅,年年都拿奖学金。一次考试,试卷发下来,王方发现成绩大大出乎他的意料。怎么回事?是不是老师改错了?可是他反复检查了几遍,都没问题。怎么办?这样的成绩恐怕会影响这学期的奖学金。他突然发现,由于自己没有认真审题,只在判断对的题后面打"√",没在错的题后面打"×",而足足被扣了10分之多。这扣分扣得太"冤枉"了,他心有不甘。作为学习委员,奖学金都拿不到,岂不是很没面子?他的内心在激烈斗争着。此时,他趁着没人注意,悄悄地把需要打"×"的地方补上,然后将试卷递给老师……

第二章 悦纳自我 完善人格

老师看着王方的眼睛问道:"真是这样吗?"王方茫然地点点头,内心却难以平静。老师迟疑了一下,还是把分数改了过来。

王方如愿拿到了奖学金。可是,他却高兴不起来。他觉得仿佛有无数双眼睛无时无刻不在盯着他,犹如精神枷锁,挥不去、抹不掉,让他痛苦、愧疚不堪。

思考与讨论

如果是你,你会怎样选择?你认为自己是一个怎样的人?你想成为怎样的人?

当外界事物作用于感觉器官时,人们总要认识它,在认识它的同时又会产生对它的态度,这就会引起人们的情绪、激发人们的行动。这就是人的认识、情绪和情感、意志活动。每个人都通过这些心理活动认识着外界事物,反映着这些事物和自己的关系,体验着各种感情,支配着自己的活动。但是,个人在进行这些心理活动的时候,都表现出了与他人不同的特点。有人思维敏捷,有人思维迟钝;有人善于记住事物的形象,有人容易记住抽象的概念;有人意志坚强,有人意志薄弱;有人脾气暴躁,有人脾气温和;有人大公无私,有人自私自利。这说明每个人都有自己的心理特点,这些独特的心理特点构成了一个人不同于他人的心理面貌。个体之间心理面貌的差异表现在心理品质上就是人格差异。了解人格,就更能理解什么原因导致一些人成为乐观主义者,而另一些人成为悲观主义者,为什么有些人是开朗外向的,而另一些人却是害羞内向的。处在人格"定型"阶段的大学生,了解人格特点,不断完善自己的人格是非常重要的。

一、人格的定义及特征

人格,也称为个性,是各种心理特征的总和。换句话说,在心理学中,人格是指个体所具有的与他人相区别的独特而稳定的思维方式和行为风格,它是一个人在与社会相互作用过程中所形成的一个相对稳定的动力系统和组织结构。它包括需要、动机、兴趣、能力、气质、性格、自我调控系统等,其中,气质和性格是人格的重要方面。在不同时间和不同地点,人格都影响着一个人的思想、情感和行为。它具有以下特征:

(一)独特性

人格与先天的遗传有很大的关系,具有生物属性,但同时,人格又受后天的环境和教育等因素的影响,形成不同的人格特点。"龙生九子,各有不同"描述的就是人格的独特性,每个人都具有自己的人格特色,每个人都是不同的、独特的个体,就像世界上没有两片一模一样的叶子。

(二)稳定性

人格形成之后,就很难发生改变。"江山易改,本性难移"描述的就是人格的稳定性。比如,某大学生性格活泼开朗,他不仅在家庭中表现活泼,而且在学校里也比较活跃,同时在工作中也比较善于交际,人格不随时间和情境的改变而轻易改变。

(三)功能性

外界环境刺激是通过"人格"才起作用的,也就是说人格对个人行为具有调节功能。

因此，一个人的行为总会打上其人格的烙印。同样面对挫折，坚强的人不会灰心，怯懦的人则会一蹶不振。一事当前，有的人先从大局出发，维护社会和集体的利益；有的人则只考虑自己的利益，甚至不惜牺牲集体和他人的利益。所以，人格能决定一个人的行为方式，甚至能决定一个人的成败。

(四)整体性

人格的整体性是指人格的多种成分构成一个有机的整体，它具有内在的一致性，彼此之间处于和谐统一的状态，受自我意识的调控。人是复杂的，人格也是复杂的，当一个人的人格结构的各方面和谐时，呈现出的是健康的人格，反之，则可能出现"人格分裂"。

拓展阅读　　埃里克森的人格发展八个阶段理论

人格心理学家埃里克森提出，人生的每一个阶段都要面对一种特有的心理危机。这些危机解决与否，关系着我们是否可以顺利获得某种品质。人生八个人格阶段和相应的心理品质分别是：

第一阶段：婴儿期(0~1.5岁)，信任对不信任。婴儿在这个阶段的主要任务是满足生理的需要，发展信任感，克服不信任感，体验着希望的实现，这一阶段最重要的是母亲的关爱。

第二阶段：儿童期(1.5~3岁)，自主对羞怯和怀疑。这一阶段的儿童主要是获得自主感，体验着意志的实现。除了养成适当的大小便习惯外，还渴望探索新的世界。这一阶段，儿童最重要的是获得父母的包容和鼓励，如果父母包办一切或者经常嘲笑孩子，则会让儿童产生羞怯和怀疑的心理。

第三阶段：游戏期或学前期(3~6岁)，主动对内疚。这一时期，孩子的主要发展任务是获得主动感，克服内疚感，体验着目标的实现。这个阶段的游戏执行着自我的功能，在解决各种矛盾中体现出自我治疗和自我教育的功能。个人在未来社会中的工作与经济上的成就与这个阶段的主动性发展程度相关。如果这一阶段父母总是严厉地批评孩子，不让他们玩游戏，不鼓励他们提问，会让孩子认为积极主动地参加活动是一件错误的事情，从而产生内疚感。

第四阶段：学龄期(6~12岁)，勤奋对自卑。这一阶段的主要任务是获得勤奋感，克服自卑感，体验着能力的实现。在这个阶段，如果儿童在技能学习上获得成功并得到赞扬，他们就会形成勤奋的倾向。如果儿童的努力总是遭到贬低或嘲笑，他们就会怀疑自己的能力，从而产生自卑感，大多数人对学习和工作的态度和习惯都源于这个阶段。

第五阶段：青春期(12~18岁)，角色认同对混乱。在这个阶段，青少年的主要任务是形成统一的自我认知。本阶段要求青少年把自己过去的经历、目前的处境和对未来的想象统合起来，统一自我，即角色认同。无法完成本阶段目标的人会陷入角色混乱当中，无法确定自己是谁，无法对自己有正确的认知，不知道未来的目标是什么。

第六阶段：成年早期(18~25岁)，亲密对孤独。本阶段个体会感到生活中有亲近他人、分享爱和友谊、建立亲密关系的需要。如果在这一阶段没有和他人建立起亲密关系，很多人会陷入深深的孤独感。

第七阶段:成年中期(25~65岁),繁衍对停滞。在这一阶段,个体开始关心社会,承担社会责任,关心和培育下一代的成长。如果过度关心自己的需求和舒适,则会陷入空虚,甚至怀疑生命的意义。

第八阶段:老年期(65岁以后),自我整合对绝望。在这个阶段,自我整合是一种长期锻炼出来的智慧和人生哲学延伸到自己的生命周期以外并与新一代的生命周期融合为一体的感觉。否则,就会对人生感到厌倦和失望。

埃里克森认为,在每一个发展阶段中,解决核心问题之后所产生的人格特质都包括积极和消极两个方面,如果各个阶段都保持向积极品质发展,完成各个阶段的任务,就会逐渐形成健全的人格,反之则会产生心理危机,形成不健全的人格。

二、气质——人格的动力特征

气质与我们常说的脾气、秉性或性情相似,是与生俱来的、稳定的个人心理活动的动力特征,主要指心理活动的强度、速度、稳定性和灵活性等方面的特点。

(一)气质的特征

气质作为一种人格特征,表现在人的行为和活动中,我们可以从以下几个方面来考察某种气质类型的特征:

1. 感受性和耐受性

感受性高者,很弱的刺激他就能感受到,因而他对较强刺激的耐受性就比较低;感受性低者,较强的刺激他才能感觉得到,因而他对更强刺激的耐受性就比较高。

2. 反应的敏捷性

反应的敏捷性是指神经活动过程中,灵活性的外在表现,它表现在反应的快慢,如动作、思维、言语、记忆、注意力转移的速度等方面。

3. 可塑性

可塑性是指根据环境的变化改变自己的行为以适应外界环境的可塑程度,它也是神经过程中灵活性的表现。

4. 情绪的兴奋性

情绪的兴奋性是指情绪表现的强弱程度。有的人情绪兴奋性高而抑制能力低;有的人情绪兴奋性低但对情绪的控制能力较强。情绪的兴奋性可以表现神经过程的平衡。

5. 指向性

指向性是指人的言语、思维、情感和动作反应是表现于外还是表现于内。表现于外叫外向性,表现于内叫内向性。外向性是兴奋过程强的表现,内向性是抑制过程强的表现。

(二)气质的类型

上述各种特性的不同结合,就构成了各种不同的气质类型:

1. 胆汁质

胆汁质的人感受性低而耐受性高,能忍受强的刺激,能坚持长时间的工作而不知疲劳,精力旺盛,行为外向,情绪的兴奋性高,但心境变化剧烈,脾气暴躁,难以自我克制。

2. 多血质

多血质的人感受性低而耐受性高,行动敏捷,行为外向,容易适应外界环境的变化,善于人际交往,容易接受新生事物,但注意力容易分散,兴趣多变,情绪不稳定。

3. 黏液质

黏液质的人感受性低而耐受性高,反应速度慢,情绪兴奋性低但平稳,举止平和,行为内向,注意力集中,做事踏实,但容易循规蹈矩,不善言谈,交际适度。

4. 抑郁质

抑郁质的人感受性高而耐受性低,而且情绪兴奋性更弱,严重内向,胆小孤僻,敏感多虑,反应迟缓,防御反应明显。

事实上,属于单一气质类型的人很少,大多数人都属于混合类型。但无论如何,每个人气质都有其所长,也有其所短,不要对任何人对号入座,应该从实际出发,认真分析,客观对待。

延伸阅读　　气质与神经活动

苏联生理学家和心理学家巴普洛夫认为,人的高级神经活动有兴奋和抑制两个基本过程,它们又有强度、平衡性和灵活性三个基本特性。神经过程的强度是指神经细胞能够接受的刺激强弱程度,以及神经细胞持久工作的能力强弱程度。神经过程的平衡性是指兴奋和抑制两种过程的力量是否均衡,有平衡和不平衡之分,且不平衡又有兴奋占优势或抑制占优势两种情况。神经过程的灵活性是指兴奋和抑制两种过程相互转化的难易程度,有灵活和不灵活之分。

巴普洛夫经过大量的实验表明,两种基本神经过程的三个基本特性之间的不同组合,构成了高级神经活动的四个主要类型,即强而不平衡的兴奋型,强而平衡、灵活的活泼型,强而平衡、不灵活的安静型,神经过程弱的抑制型。

巴普洛夫认为,兴奋型相当于胆汁质,活泼型相当于多血质,安静型相当于黏液质,抑制型相当于抑郁质。高级神经活动与气质类型见表2-3。

表2-3　高级神经活动与气质类型

神经过程的基本特性			高级神经活动类型	对应的气质类型
强度	平衡性	灵活性		
强	不平衡		兴奋型	胆汁质
强	平衡	灵活	活泼型	多血质
强	平衡	不灵活	安静型	黏液质
弱			抑制型	抑郁质

(资料来源:郭念锋.心理咨询师(基础知识)[M].北京:民族出版社,2005.)

第二章 悦纳自我 完善人格

三、性格——人格的心理特征

性格是指一个人对待现实的稳定态度和习惯化的行为方式,其在一定生物因素基础上,通过个人与环境的相互作用而逐步形成和发展起来。

人的性格是社会化的过程,形成之后比较稳定,并且贯穿于人的一生。但"近朱者赤,近墨者黑"也说明了性格是可以塑造的,性格形成后,生活环境的重大变化会带来性格特征的变化。

性格与气质作为人格的主要方面,既相互区别又相互作用和联系,其区别表现在:首先,性格主要由后天经历、环境等因素决定,是在社会生活实践中逐渐形成的。而气质主要由先天的神经活动类型特点决定,与性格相比具有更强的稳定性;其次,气质反映一个人的自然属性,无好坏之分,而性格则反映一个人的社会属性,有明显的社会道德评价意义,反映了一个人的道德风貌,有优劣之别。个体之间人格差异的核心是性格的差异,"性格决定命运"讲的就是这个道理。

性格与气质的联系表现在:首先,气质使性格带有某种独特的色彩;其次,气质可以影响性格的形成和发展速度;最后,性格对气质也产生一定的影响,在一定程度上掩盖和改造气质的某些特征,使之服从于生活实践的需要。

延伸阅读 格　局

一只蚂蚁拖着一穗麦芒,它发现无法拽进窝里,就把麦芒拖到一边,为其他蚂蚁让路。

这,就是一个生命的格局。

格局是一种气度,是一种情怀,是心灵里的山高水阔,是精神深处的天地澄明。有大格局,才会成就人生的大气象、大意境、大趣味。但无论多大的格局,首先要有一种容纳、一种尊重,胸怀里要盛下世界,心底里能装下他人。也基于此,太自私的人,没有格局;太无情的人,也不会有格局。

中国人在建筑上是讲究大格局的。门楣要高,屋宇要广,庭院要深,然后,杨柳堆烟,帘幕无重数。其实,这也是每一个人喜欢的人生格局。襟怀要大,气象要大,三千里驿站与亭台,八千里疏云和淡月,在国人看来,格局一大,内心就会宏阔,精神就会逍遥,灵魂就会奔逸、自由。

跟有大格局的人交往,有通透的快感。那感觉,仿佛你走在幽暗里,突然间,整个世界的窗户,为你一扇一扇打开,然后,阳光匝地,风烟俱静。

大格局,说到底,是大眼界、大智慧、大涵养、大气度。也因此,小肚鸡肠的人、睚眦必报的人、锱铢必较的人,都难有大格局。心眼小、仇恨大、计较多,都会是心性的泥淖,难以让人清丽出尘,步入大格局的宏大境界。

不要在利欲熏心的人那里找格局,也不要在追逐权力的人那里找格局。一个内心被钱权诱惑和迷乱的人,是不会有格局的。真正的格局,只生长在恬淡的心境里。若一棵树长在旷野,风徐徐地吹,云含情地过,花香偷眼,流水迷离,但它依旧是一棵树,坚守在旷野里,四野疏阔,八风不动。

才大而器小的人,有格局,但格局终会促狭;才微而德盛的人,有格局,且格局会越来越寥廓。才能会使格局的内在丰富,德行会让格局的外延宽广。有大才大德的人,即便是眉宇方寸之地简单的一念流转,也可见大格局澎湃。

欲望是格局的大敌。无论多大的格局,一经欲望和贪婪咬噬,就会眼界短浅,就会襟怀窄小,就会肚量褊狭。一个人,若从大格局中滑落下来,属于生命的最炫目的光亮也就萎落了。之后,无论他再拥有多少,也再难见雍容华美的大气象了。

金岳霖深爱着林徽因,却宁愿,隔着一生的距离守望。在他人生的最后,有人想得到他跟林徽因的种种故事。他说:"我所有的话,都应该同她自己说,我不能说。"顿一下,他接着说:"我没有机会同她自己说的话,我不愿说,也不愿意有这种话。"

我想,这该是这个世界爱的大格局了。这来自灵魂的格局,令人唏嘘不已。

[资料来源:《青年博览》2012(10).]

> **思考与训练**

你的气质属于哪一种类型?气质和性格有哪些区别与联系?

第四节 塑造健全人格

学习目标

1. 了解大学生人格特点。
2. 认识人格发展中常见的冲突。
3. 掌握塑造健全人格的方法。

课堂互动 人格魅力

有一年秋天,北京大学新学期开学,一个外地来的学子背着大包小包走进了校园,实在太累了,就把行李放在路边。这时正好一位老人走过来,年轻学子就拜托老人替自己看一下行李,自己则去办理入学手续,老人爽快地答应了。一个小时过去了,直到学子归来,老人还在尽职尽责地看守。学子谢过老人,就此别过。几日后,北大举行开学典礼,这位年轻学子惊讶地发现,主席台上就座的副校长季羡林,正是那天替自己看行李的老人。

(资料来源:连榕,张本钰.大学生心理健康[M].2版.北京:北京师范大学出版社,2016.)

> **思考与讨论**
>
> 支撑高尚人格的基础是什么?身份?地位?金钱?权力?还是其他?怎样成为一个有人格魅力的人?

著名思想家、剧作家、诗人歌德说:"只有伟大的人格,才有伟大的风格。"一个人的人格发展状况,体现着一个人的精神面貌和素质,影响着人的社会生活品质。大学生处于"人格再造期",了解自己的人格特点,塑造健全的人格是大学生培养健康心理的一项重要任务。

人格是一个人素质的重要体现,也是一个人心理状况的集中反映。人格完善是不断认识自我、提升自我、超越自我的过程。这个过程影响着人的社会生活品质。大学生正处于青少年晚期,这一时期的人格尚未真正定型,具有较强的可塑性和可调节性。因此,这一时期是大学生积极塑造健全人格,促进自身成长成才和赢得精彩人生的重要契机。

一、大学生人格的特点

(一)道德感和责任感强烈

大学生群体积极向上,表现出高涨的爱国热情、喜欢奉献、爱做好事、乐于助人,对待学习和生活比较积极主动,对待实习工作也是认真负责。但也存在人格发展中不平衡、不充分的现象,个别大学生道德感、责任感缺失,为人处事带有功利性、目的性,自私自利。

(二)良好的适应性

大学生面对新的环境表现出了良好的适应性,能将社会需求和自身发展结合起来。大学生进入大学后视野变得开阔,思维活跃,敢于开拓进取。他们的活力、智力和创造力都得到了较充分的发挥和发展,不少大学生已经不再局限于大学校园,而是搭上"互联网+"的快车,与时代和社会紧密相连,从而增强了社会驾驭能力,为将来走向社会做好了心理和能力上的准备。

(三)情绪体验细腻

大学生的情绪体验比较细腻,尤其对爱情的向往表现出了情绪丰富多彩的人格特点。多样的情绪体验,使情绪的稳定性与波动性、外显性与内隐性并存,也表现出了情绪的两面性。积极的人格表现在情绪稳定、和谐,能够合理地控制自己的情绪上;消极的人格表现在情绪波动较大、负性情绪较多、持续时间较长上。

(四)人际交往范围扩大

大学生对社会角色逐渐适应,人际交往的范围较中学的范围扩大。在人际交往中,大学生往往表现出热情、尊重他人、真诚、有良好的团队合作能力等人格特点,但要注意一些不利于人际关系的人格特点,如以自我为中心、追求完美等。

(五)良好的开放性

大学生群体有良好的开放性,乐于接受新鲜的事物,对新知识的渴望、对新事物的接受、对新观点的接纳,都表现出了大学生开放性的人格特点。好奇心强,有很好的创新能力,勇于拼搏、紧跟潮流、追求时尚、与时俱进是大学生较为突出的人格表现。

没有一个人可以说自己的人格完美无缺，人格的自我完善应贯穿于生命的始终。大学生优良的人格特征应该是活泼而不轻狂、认真而不刻板、勇敢而不莽撞、坚定而不执拗、豪爽而不粗鲁、好强而不逞强、机智而不多疑、果断而不冒失、谦让而不软弱、稳重而不寡断、谨慎而不胆怯、老练而不世故、自信而不自负、自珍而不自傲、自谦而不自卑。

延伸阅读　健康人格的标准

一、和谐的人际关系

人际关系最能体现一个人人格健康的程度，是检验人格健康的试金石。人格健康的人乐于与他人交往，能与他人建立亲密关系，与人相处时，尊敬、信任等积极态度多于嫉妒、怀疑等消极态度。人格健康的人常以诚恳、公平、谦虚及宽容的态度尊重他人，同时也受到他人的尊重和接纳。

二、良好的社会适应能力

人格健康的人能和社会保持良好的密切接触，以一种开放的态度，主动关心社会、了解社会，观察所接触的各种事物和现象。在认识社会的同时，乐观的人常常能看到生活光明的一面，对前途充满希望和信心，对自己所从事的工作或学习抱有浓厚的兴趣，表现为观察敏锐、注意力集中、想象丰富、充满自信、勇于克服困难。

三、正确的自我意识

正确的自我意识，表现在认知上就是正确地认识自己，客观地评价自己；表现在情感上就是自尊、自信、自豪、有责任感、悦纳自己；表现在意志上就是能够自我监督、自我调节、努力发展身心潜能。缺乏正确自我意识的人常常表现为自我冲突、自我矛盾、自视清高、妄自尊大，做力所不能及的事，自轻自贱、妄自菲薄，甘愿放弃一切可以努力的机遇。

四、良好的情绪控制能力

人格健康的人情绪反应适度，具有调节和控制情绪的能力，能经常保持愉快、满意、开朗的心境，并富有幽默感。当消极情绪出现时，能合情合理地宣泄、排解、转移和升华情绪。

五、有效地运用智慧和能力

人格健康的人对生活和工作充满热情，并有强烈的创造动机，能将能力有效地运用其中，从而勇于创造、善于创造，经常有所发现、有所建树。成功又会带来满足和愉悦，并形成新的兴趣和动力，使生活更加充实。

六、个体心理和谐发展

人格健康的人的气质和性格、兴趣和爱好、需要和动机、智商和才能、理想和信念、人生观和价值观都能和谐发展。他们内心协调统一，言行一致，能正确认识和评价自己的所作所为是否符合客观需求，是否符合社会道德准则，能及时调整个体与外部世界的关系。

总之,人格健康的人,其人格的各个方面是统一的、平衡的。上述标准不仅是衡量一个人人格健康的尺度,也是每个人完善自己人格的努力目标。

(资料来源:李秀锦,李慧.大学生心理健康教程[M].北京:北京出版社,2017.)

二、大学生人格发展常见的冲突

人格发展常见的冲突是介于心理学中人格障碍和正常人格的一种状态,是不良的倾向。常见的冲突有拖延、懒惰、急躁、虚荣、抑郁等。

(一)拖延

拖延是指在要完成的事情面前,主动选择的、非理性的长期拖延行为,不到最后一刻不去行动,明明知道可能产生的负面结果,但仍然选择拖延。楚翘等(2010)研究表明,目前在大学生群体中,大约有80%~95%的大学生认为自己有拖延的问题,不到最后一刻不交作业,不到最后截止日期不写论文,不到考试不复习,等等,这些其实都是拖延的表现。

(二)懒惰

在生活中,大部分学生表现得比较懒散,熬夜打游戏、睡懒觉、课余时间追剧,把大部分的时间花在娱乐项目上,很少把精力全部投入到学习中,得过且过的生活。常常看到大学生踩着铃声进教室,上课期间手机不离手,有很多同学在课堂上睡觉的现象。这种懒散、懒惰的现象在大学生群体中非常普遍。

(三)急躁

急躁是常见的人格当中的不足,常常表现为遇到不顺心的事情会情绪激动、盲目行动,急于达到目的。急躁的人在生活上冲动、缺乏耐心、竞争意识强,情绪经常处于紧张状态;在学习上急于求成,想要在最短的时间内掌握知识,一旦效果达不到预期,就表现得很愤怒、泄气,影响自己的身心健康;脾气暴躁,容易与同伴发生冲突,很难维持良好的人际关系。

(四)虚荣

虚荣往往与自尊心和自卑感联系密切,虚荣指过分看重荣誉,有的大学生爱盲目攀比,比名牌、比化妆品、比家庭,好大喜功、爱吹嘘等。其实虚荣心是一种自尊心的过分表现,是为了取得荣誉和引起关注表现出来的一种不正常的社会情感。有的时候还会表现为自卑,过分地在意他人的评价,与人交往时喜欢抬高自己、贬低别人,在物质和精神上寻求他人的认可。

(五)抑郁

随着社会压力的增大,大学生群体中出现抑郁情绪的学生越来越多。抑郁是常见的情绪问题,容易产生消极情绪,常常伴有痛苦、自卑、羞愧等情绪体验。对于大多数同学来说,抑郁情绪来得快、去得快,很大一部分人能够积极地调整,使自己恢复到健康状态,但有一部分人可能由于敏感、内向、睡眠障碍、生活中有重大事件的发生等,长时间处于抑郁状态,甚至患上抑郁症。

延伸阅读　　怎样摆脱拖延症？

拖延症近些年走进了大众的视野,不少大学生都表示自己有拖延症。其实,拖延不是一个简单的时间管理问题,而是由人们的情绪、认知以及一系列外在因素共同影响所导致的问题行为,但不少心理学的研究也发现,人们的习惯性拖延是可以被改善的。

一、自我接纳

接纳是应对和管理情绪的第一步,也是非常重要的一步。很多时候,面对新的任务时,我们往往会产生焦虑、抑郁的情绪,尤其是碰到自己不擅长、有困难的任务时,拖延就会更严重。任务完成或者失败后会因为之前的拖延行为而不断地指责自己,下次接到任务时,又会重复这样的行为和情绪,陷入恶性循环。因此,我们要先学会接纳自己的负面情绪,用鼓励和原谅代替自我指责,改善的过程需要更多的自我关怀,如及时意识到自己又开始拖延,而自己又在努力地改变它,这本身就说明了有进步,有自我觉察和决心改变的意识,并找到影响自己拖延的因素,从而做出改变。当新的任务来临时,也尝试用这种方式解决,用良性循环代替恶性循环。

二、改变认知

不合理的认知不但会导致拖延加重,还会影响情绪。我们可以尝试当任务来临时,记录拖延时的感受、内心想法以及可替代的想法,如:

感受:焦虑、害怕。

内心想法:一旦这个作业做得很差,我就会拿不到毕业证,无法毕业的话我就会被周围的人嘲笑。

可替代的想法:首先,这个作业还没有开始,大家也都没开始准备;其次,我问过其他同学,他们也表示这次的作业有点难;最后,我可以尝试多搜集一些资料,或者去询问老师以更好地完成作业。所以,即便是作业完成得不太好,最多是成绩不理想,不会拿不到毕业证的。更重要的是,明白不能因为一次的失败,否定一个人的价值。

三、设立可行的目标

在设立目标时,不要有过高的期望,尽量设置一些合理的、可行的目标,减少未来因自我怀疑和焦虑产生的拖延。

四、分解任务

将一个大的目标拆分为若干个小任务时,每个任务都是可以实现的。每实现一个小任务,会增强自信心,从而逐步实现大的目标。

五、及时奖赏

多思考完成任务后带来的好处,每完成一次小任务时给自己一些奖励,这样就会帮助自己战胜拖延。

最后,不要给自己"贴标签",只要拖延没有严重危害到你的正常生活、学习、工作,不要太把它放在心上,不要把它看成一种问题,放松心态,才能更好地解决问题。

[资料来源:李兹良.基于心理学视角的高职学生"拖延症"应对策略[J].安徽职业技术学院学报,2017(16).]

三、大学生健康人格的塑造

(一)树立正确"三观"

人格实际上是一个人的世界观、人生观、价值观在日常生活中的体现。大学阶段是年轻人在成长过程中接受大量外界信息和广泛内容的时期,社会转型期的文化和价值多元化在一定程度上影响了大学生人格的培养。少数大学生持功利主义、实用主义心态,导致以自我为中心、狭隘、急躁等人格问题日渐增多。因此,学校和社会应该用相对稳定和统一的社会规范和社会价值标准对大学生进行教育,指引正确的方向。同学们也要充分认识到树立正确的世界观、人生观、价值观对塑造健康人格的重要性,汲取中华优秀传统文化的精华,以理性态度学习和理解社会主义和共产主义世界观、人生观、价值观和构建人类命运共同体的深刻内涵。

(二)增进自我认识

认识自我才能完善自我。同学们应当经常进行自我反省,对自我的言行、思想及他人对自己的反应进行反思,分析自己存在哪些优点与不足,记下分析的结果,以便更清晰地了解自我、提示自我,并与今后的反省或分析结果相对照,了解自己哪些方面进步了或退步了。明确人格塑造的目标,知道自己应该坚持或发扬什么品质,淘汰或改进什么品质,做到扬长避短、择优劣汰。但需要注意的是,要避免过度追求完美,客观接纳自己的"不完美",并努力发挥自身潜能和个性特长,培养自主精神和人格的独立性,增强自信心,不断地完善自我。

(三)融入集体、社会

人格形成和发展的过程,也是人们社会化的过程。人在与他人互动沟通的过程中,能更好地以他人的人格特征或信息反馈为参照,见贤思齐,全面、客观地认识自身人格的长处与不足。通过人际交流,可以从他人那里获得改善自身人格的力量或帮助。具有优良人格特征的交流对象,往往也是个人完善自身人格最直接的学习榜样。对人格所做的调整是否合适、到位,在很多情况下也只有在与他人交流的过程中才能得到检验。俗话说,"当局者迷,旁观者清",在现实生活中,很多同学看不清自己的弱点和局限,不知道自己的缺点在哪里,只有通过与他人的交流,得到他人的提醒和指导后,才能意识到自身需要改变和发展的地方。

(四)加强知识学习和文化熏陶

大学生的人格建设根植于知识和理性的基础之上。正如瑞士心理学家卡尔·古斯塔夫·荣格所说:"文化的最后成果是人格",学习科学文化知识的过程也就是人格优化的过程。培根说过:"读史使人明智,读诗使人灵秀,数学使人周密,科学使人深刻,伦理学使人庄重,逻辑修辞之学使人善辩,凡有所学,皆成性格。"说的就是这个道理。一个内心丰富的人,当自己的情绪出现困扰的时候,他能够根据自己的知识储备和价值判断,进行自我分析、自我调节,实现自助。因此大学生不能只局限于专业学习,还应该好读书、读好书,做到科学精神与人文理念并重。

微课

依赖型人格的自我疗法

(五)培养良好习惯

行为决定习惯,习惯决定性格,性格决定命运。一个人的行为是其人格的外化,个体的人格特征都是经过长期努力形成的。因此,大学生要注意平时的一言一行,从身边的点滴做起,做个有心人,这是健康人格养成的重要途径。同时,实践是人格发展的必经之路,一个人的勤奋、坚忍、乐观、细致等人格特征都是经过长期实践形成的。大学生要积极参加各种有益于身心健康的实践活动,真正在实践中受到教育,获得成长。

拓展训练 自我和谐量表

下面是一些个人对自己看法的陈述,请仔细阅读每一道题目,根据自己的实际情况进行作答。选项中,1代表完全不符合;2代表比较不符合;3代表不确定;4代表比较符合;5代表完全符合。

1. 我周围的人往往觉得我对自己的看法有些矛盾。
   A. 完全不符合　　B. 比较不符合　　C. 不确定　　D. 比较符合　　E. 完全符合
2. 有时我会对自己在某些方面的表现比满意。
   A. 完全不符合　　B. 比较不符合　　C. 不确定　　D. 比较符合　　E. 完全符合
3. 每当遇到困难,我总是首先分析造成困难的原因。
   A. 完全不符合　　B. 比较不符合　　C. 不确定　　D. 比较符合　　E. 完全符合
4. 我很难恰当地表达我对别人的情感反应。
   A. 完全不符合　　B. 比较不符合　　C. 不确定　　D. 比较符合　　E. 完全符合
5. 我对很多事情都有自己的观点,但我并不要求别人也与我一样。
   A. 完全不符合　　B. 比较不符合　　C. 不确定　　D. 比较符合　　E. 完全符合
6. 我一旦形成对某事物的看法就不会再改变。
   A. 完全不符合　　B. 比较不符合　　C. 不确定　　D. 比较符合　　E. 完全符合
7. 我经常对自己的行为感到不满。
   A. 完全不符合　　B. 比较不符合　　C. 不确定　　D. 比较符合　　E. 完全符合
8. 尽管有时会做一些不愿意的事,但我基本上按自己的意愿办事。
   A. 完全不符合　　B. 比较不符合　　C. 不确定　　D. 比较符合　　E. 完全符合
9. 我认为一件事好就是好,不好就是不好,没有什么可含糊的。
   A. 完全不符合　　B. 比较不符合　　C. 不确定　　D. 比较符合　　E. 完全符合
10. 如果我在某件事上不顺利,我就会怀疑自己的能力。
    A. 完全不符合　　B. 比较不符合　　C. 不确定　　D. 比较符合　　E. 完全符合
11. 我有几个知心的朋友。
    A. 完全不符合　　B. 比较不符合　　C. 不确定　　D. 比较符合　　E. 完全符合
12. 我觉得我所做的很多事情都是不该做的。
    A. 完全不符合　　B. 比较不符合　　C. 不确定　　D. 比较符合　　E. 完全符合
13. 不论别人怎样说,我的观点决不改变。
    A. 完全不符合　　B. 比较不符合　　C. 不确定　　D. 比较符合　　E. 完全符合

14. 别人常常会误解我对他们的好意。
    A. 完全不符合   B. 比较不符合   C. 不确定   D. 比较符合   E. 完全符合
15. 很多情况下我不得不对自己的能力表示怀疑。
    A. 完全不符合   B. 比较不符合   C. 不确定   D. 比较符合   E. 完全符合
16. 我的朋友中有些与我截然不同的人,但这并不影响我们的关系。
    A. 完全不符合   B. 比较不符合   C. 不确定   D. 比较符合   E. 完全符合
17. 与朋友交往容易过多地暴露自己的隐私。
    A. 完全不符合   B. 比较不符合   C. 不确定   D. 比较符合   E. 完全符合
18. 我很了解自己对周围人的情感。
    A. 完全不符合   B. 比较不符合   C. 不确定   D. 比较符合   E. 完全符合
19. 我觉得自己目前的处境与我的要求相距太远。
    A. 完全不符合   B. 比较不符合   C. 不确定   D. 比较符合   E. 完全符合
20. 我很少去想自己所做的事是否应该。
    A. 完全不符合   B. 比较不符合   C. 不确定   D. 比较符合   E. 完全符合
21. 我所遇到的很多问题都无法自己解决。
    A. 完全不符合   B. 比较不符合   C. 不确定   D. 比较符合   E. 完全符合
22. 我很清楚自己是什么样的人。
    A. 完全不符合   B. 比较不符合   C. 不确定   D. 比较符合   E. 完全符合
23. 我能很自如地表达所要表达的意思。
    A. 完全不符合   B. 比较不符合   C. 不确定   D. 比较符合   E. 完全符合
24. 如果有足够的证据,我也可以改变自己的观点。
    A. 完全不符合   B. 比较不符合   C. 不确定   D. 比较符合   E. 完全符合
25. 我很少考虑自己是一个什么样的人。
    A. 完全不符合   B. 比较不符合   C. 不确定   D. 比较符合   E. 完全符合
26. 把心里话告诉别人不仅得不到帮助,还有可能招致麻烦。
    A. 完全不符合   B. 比较不符合   C. 不确定   D. 比较符合   E. 完全符合
27. 在遇到问题时,我总觉得别人都离我很远。
    A. 完全不符合   B. 比较不符合   C. 不确定   D. 比较符合   E. 完全符合
28. 我觉得很难发挥自己应有的水平。
    A. 完全不符合   B. 比较不符合   C. 不确定   D. 比较符合   E. 完全符合
29. 我很担心自己的所作所为会引起别人的误解。
    A. 完全不符合   B. 比较不符合   C. 不确定   D. 比较符合   E. 完全符合
30. 当我发现自己在某些方面表现不佳时,总希望尽快弥补。
    A. 完全不符合   B. 比较不符合   C. 不确定   D. 比较符合   E. 完全符合
31. 每个人都在忙自己的事,我很难与他们沟通。
    A. 完全不符合   B. 比较不符合   C. 不确定   D. 比较符合   E. 完全符合

32. 我认为能力再强的人也可能会遇上难题。
　　A. 完全不符合　　B. 比较不符合　　C. 不确定　　D. 比较符合　　E. 完全符合
33. 我经常感到自己是孤立无援的。
　　A. 完全不符合　　B. 比较不符合　　C. 不确定　　D. 比较符合　　E. 完全符合
34. 一旦遇到麻烦,无论我怎样做都无济于事。
　　A. 完全不符合　　B. 比较不符合　　C. 不确定　　D. 比较符合　　E. 完全符合
35. 我总能清楚地了解自己的感受。
　　A. 完全不符合　　B. 比较不符合　　C. 不确定　　D. 比较符合　　E. 完全符合

计分方式：

量表的得分为其包含的项目分直接相加,分量表包含的项目为：

(1) 自我与经验的不和谐性：1、4、7、10、12、14、15、17、19、21、23、27、28、29、31、33 共 16 项。

(2) 自我的灵活性：2、3、5、8、11、16、18、22、24、30、32、35 共 12 项。

(3) 自我的刻板性：6、9、13、20、25、26、34 共 7 项。

分数解析：

将自我的灵活性反向计分,再与其他项目分数相加。得分越高,表示自我和谐度越低,容易因为对环境的不适应或逃避而自我僵化,或因不能改变而产生无助感。一般来说,低于 74 分为低分组,74~102 分为中间分组,103 分以上为高分组。

类型解析：

"自我与经验的不和谐性"反映的是自我与经验之间的关系,包含对能力和情感的自我评价,自我一致性,无助感等,它所产生的症状更多地反映了自我对经验的不合理的期望。

"自我的灵活性"可以警示自我概念的刻板和僵化。

"自我的刻板性"不仅同质性信度较低,而且与偏执有显著联系,使用仍然在探索中。

思考与训练

在日常生活中,你有过哪些人格冲突？你将如何克服人格冲突？请为自己制订一套完整的健康人格训练计划。

第三章

驾驭情绪 快乐生活

有人说，生活就像一杯白开水，如果你加一点糖，它便是甜的，如果你加一点盐，它便是咸的，如果你加一点醋，它便是酸的……酸甜苦辣的人生便是这样由我们自己选择和调制的。在酸甜苦辣的生活中，我们的心情也是波澜起伏的。在大学生丰富多彩的生活中，情感体验复杂而丰富，时而开心欢笑，时而烦恼哭泣，生活中的这种喜怒哀乐就是情绪的表现。情绪在生活中，扮演着重要的角色，它影响着人们的日常行为，也影响着人们的身心健康。

第一节 正确认识情绪

学习目标

1. 了解情绪的内涵及情绪的种类。
2. 了解情绪的状态及情绪对身心发展的影响。

课堂互动 失控的情绪

一天上会计课的时候，林老师给班里学生分发期中测试卷。林老师说："本次的期中测试整体良好，大家对会计实操的掌握情况很不错，我们班有一半以上同学的分数在80分以上，还有好几个同学取得100分。不过，仍然有几个同学的分数在及格线以下，希望他们接下来能加倍用功，到期末考试时，成绩可以有大的提升，毕竟会计实操是很严谨的一门课程，同学们一定要学会、学实。"帅大志从林老师的手上接过试卷，便安静地回到自己的座位。正当他小心翼翼地把试卷翻开时，分数却被同桌小吴偷看到。小吴很不客气地嘲讽说:"名字又帅又有志,分数却跟身高一样低。"帅大志这次只考了50分,不到及格线,心情本来就很糟糕,听到小吴的暗讽后,他的情绪突然失去控制,他用力把小吴推倒在地上,并且不断地挥拳揍他。小吴万万没有想到平常安静的帅大志今天会有这样的反应,在他完全没有心理准备的情况下,只能大声呼叫林老师。林老师转身一看,吓了一大跳,帅大志正在对准小吴奋力挥拳,林老师立刻大声地喊道:"帅大志,马上停手!"这声音虽然震撼住了整个班的同学,但是帅大志像没有听到一样并没有停手。直到林老师跑到他们中间制止,这场殴打才勉强停止。小吴除了被帅大志打了十几拳之外,他所戴的眼镜也被打掉在地上摔碎了。

思考与讨论

帅大志为什么会突然情绪爆发?什么是情绪?

一、情绪的内涵

什么是情绪呢?《现代汉语词典》释义为"人从事某种活动时产生的兴奋心理状态;或指不愉快的情感"。简单地说,情绪是人对客观事物的态度体验及相对应的行为反应。它以个体的需要和愿望为中介,是反映客观事物和个体需要之间内在联系的一种心理活动。"体验"是情绪的基体特征。当客观事物符合个体的需要或者愿望时,就能引起积极的情绪体验,如获得奖学金时会感到开心;被老师、朋友肯定时会感到欣喜;完成一件自己坚持很久的事情时会感到幸福等。当客观事物不符合个体的需要和愿望时,就会产生消极的情绪体验,如被误解时的无奈,考试失败时的烦恼,失去至亲时的悲痛,受到愚弄时的愤怒等。

情绪是由认知层面上的主观体验;身体层面上的生理唤醒;语言、行为表现上的外部表现这三部分构成的。个体对不同情绪状态的自我觉察就是主观体验,如意识到自己很开心,感觉到自己很烦恼,体会到生活很艰辛等。情绪的生理唤醒指的是产生情绪时所伴随的一系列生理反应,如愉悦、轻松、欣慰的时候心跳节律平和、正常,恐惧、愤怒、烦躁、焦虑的时候心跳节律加速、呼吸加快、血压上升等。情绪产生时身体各部分的肢体语言的量化形式就是情绪的外部表现,包括面部表情、神态、语音语调、动作姿势等,如高兴时的手舞足蹈,害羞时的脸红心跳,震惊时的目瞪口呆,痛苦时的捶胸顿足,悲伤时的痛哭流涕等。

二、情绪的种类

我国古代医学把情绪分为喜、怒、忧、思、恐、悲、惊,称为七情,现在心理学家们有着不同的标准,一般把情绪分为快乐、愤怒、悲伤、恐惧四种基本情绪。

(一)快乐

快乐是指人的需求得到了满足,于是生理、心理上产生一种紧张解除时的情绪体验。快乐是一种感受良好时的情绪反应,常见的成因包括健康、安全、爱情和性快感等。快乐的程度可以分为满意、喜悦、欢喜、狂喜等。

(二)愤怒

愤怒是指事物不符合自己的需要或者自己受到挫折的时候产生的挫伤的情绪反应。这种反应促使我们进行自我保护,让我们在任何有价值的事物受到无理侵犯的时候产生愤怒,从而保护自己及属于自己的事物,并且维持和保护生理、心理的平衡。愤怒的程度可以分为不满意、厌恶、愤怒、狂怒等。

(三)悲伤

悲伤是指失去所钟爱的对象或者期待的目标落空而产生的哀痛、忧伤的情绪体验。悲伤作为一种负面基本情绪,包含沮丧、失望、气馁、意志消沉等情绪体验。悲伤程度取决于失去的东西的重要性和在内心位置的大小。根据悲伤的程度,可将其分为遗憾、失望、难过、悲伤、极度悲痛等。

(四)恐惧

恐惧是周围不可预料的因素导致的无所适从,从而产生的惊慌害怕、惶惶不安的情绪体验。恐惧是只有人与动物才有的一种特有现象,人类在感到恐惧后的常规反应是大量释放肾上腺素,从而使我们的机体进入应激状态,比如出现心跳加快、血压上升、呼吸加深加快、供血量增大、瞳孔扩大等。恐惧的程度可以分为惊奇、害怕、惊骇、恐怖等。

情绪有积极和消极之分。一般而言,需要得到满足就会引起积极的情绪,如喜爱、感恩、快乐、好奇、振奋、激情、意志、信心等,它对人生的成功具有积极的促进和推动作用。需要得不到满足就会引起消极情绪,如嫉妒、恐惧、自卑、愤怒、仇恨、压抑、紧张、暴躁、猜疑、惭愧等,它对人生的成功起消极作用。

你是否有过这样的体验:心情好的时候,看什么都顺眼、舒心,连对之前不喜欢的人也多了几分好感,原来看不惯的事也可以接受了;心情不好的时候,再美的风景也无心欣赏,再可口的饭菜也难以下咽。由此可见,并非所有的情绪对我们都是有利的,因此,认识情绪,进而管理情绪,是十分有必要的。

延伸阅读　成吉思汗的飞鹰

有一次,成吉思汗带着一帮人出去打猎,他们一大早便出发,可是到了中午仍没有收获,只好意兴阑珊地返回帐篷。成吉思汗心有不甘,便又带着皮袋、弓箭以及心爱的飞鹰,独自一人走回山上。烈日当空,他沿着羊肠小道向山上走去,一直走了好长时间,越来越口渴,但他找不到任何水源。

良久,他来到了一个山谷,见有水从石缝中一滴一滴地流下来。成吉思汗非常高兴,就从皮袋里取出一只金属杯子,耐着性子用杯子去接一滴一滴流下来的水。当水接到七八分满时,他高兴地把杯子拿到嘴边,想把水喝下去。就在这时,一股疾风猛地把杯子从他手里打了下来,刚到口边的水被弄洒了,成吉思汗不禁又急又怒。他抬头看见自己的爱鹰在头顶上盘旋,才知道是它搞的鬼。尽管他非常生气,却又无可奈何,只好拿起杯子重新接水喝。

当水再次接到七八分满时,又有一股疾风把水杯弄翻了,又是他的爱鹰干的好事!成吉思汗顿生报复心:"好!你这只老鹰既然不知好歹,专给我找麻烦,那我就好好整治一下你这家伙!"于是,成吉思汗一声不响地拿起水杯,再一次接着一滴滴的水。当水接到七八分满时,他悄悄取出尖刀,拿在手中,然后把杯子慢慢地移近嘴边。老鹰再次向他飞来,成吉思汗迅速拿出尖刀,把鹰杀死了。

不过,由于他的注意力集中在杀老鹰上面,却疏忽了手中的杯子,杯子掉进了山谷里。成吉思汗无法再接水喝了,不过他想到:既然有水从山上滴下来,那么上面也许有蓄水的地方,很可能是湖泊或山泉。于是他拼尽力气向上爬,他终于攀上了山顶,发现那里果然有一个蓄水的池塘。成吉思汗兴奋极了,立即弯下身子想要喝个饱。忽然,他看见池中有一条大毒蛇的尸体,这时才恍然大悟:"原来飞鹰是要救我的命,正因为它刚才屡屡打翻我的杯子,才使我没有喝下被毒蛇污染了的水。"然后成吉思汗明白了一个道理:永远不要在发怒的时候处理任何事情。

[资料来源:张娜.步步为营,情境生辉——《成吉思汗和鹰》重难点突破[J].考试周刊,2015(57).]

三、情绪的状态

在某种情境的影响下,我们根据情绪发生强度的大小、持续时间的长短、紧张的程度,把情绪分为心境、激情、应激三种状态。

(一)心境

心境是一种相对微弱但持久的情绪状态。比如绵绵柔情、闷闷不乐、耿耿于怀等,心境具有长期性和弥漫性,也是我们常说的心情。比如一个人工作出色,取得不错的业绩,他就会觉得心情愉快、轻松,遇到同事他会笑脸相迎,回到家后会与家人谈笑风生,走在路上看到的景物也觉得很美;当他遇到挫败心情郁闷时,无论是走在路上,还是在家里,他都会情绪低落,并且会觉得周围的一切也都是充满伤感的。

(二)激情

激情是一种强烈的、爆发性的、持续时间短促的情绪状态。这种情绪状态通常是由对个人有重大意义的事件的刺激引起的。重大喜事之后的狂喜、强烈委屈之后的暴怒、惨痛失败之后的绝望、至亲的人离开之时的极度悲哀、突发灾害之时的异常恐惧等,都是激情状态。激情容易使人产生"意识狭窄"现象,但是经过恰当的处理,也可以成为激励个体积极活动的有利推动力。

(三)应激

应激是在出乎意料的紧迫与危机的情况下个体产生的高速且高度紧张的情绪状态。应激最直接的表现就是精神紧张,是机体的生理、心理对各种过强的不良刺激反应的总和。心理学上将具备超负荷、冲突、不可控制性三个基本特点的刺激物称为应激源,比如汶川地震导致的家破人亡,新冠疫情暴发而导致的病毒蔓延等。个体在应激的情况下可以产生急中生智、紧急脱险等积极反应,也可能产生思维迟钝、惊慌失措、意识下降等消极反应。一般情况下,已有的经验、良好的个性品质等都可以促使应激向积极的一面发展。

延伸阅读　　渔夫的故事

从前,海边有一个渔夫,他每天上午会在海边和朋友聊天、打鱼,中午回家吃饭,下午和老婆睡个午觉,晒晒太阳,在咖啡店来一杯咖啡,傍晚孩子放学回来,全家享受天伦之乐,他很满意他的生活。有一天,有位富有的商人来到了海边,看到他打鱼打得很起劲儿,跟他聊了起来,并且给了他一些人生的"教导"。

富商说:"你以后不仅早上要打鱼,下午也要打鱼。而且你一次不要只是放一条鱼线,你可以同时多放几条。"

渔夫:"为什么?"

富商:"因为这样可以多赚钱。"

渔夫:"然后呢?"

富商:"赚够了钱,你就可以买条船,雇用一些人来帮你干活。"

渔夫:"然后呢?"

富商:"然后你就可以有很多渔货,卖到各地去,赚更多的钱。"

渔夫:"然后呢?"

富商:"然后你就可以买船队,到真正的海洋上去打鱼,再赚更多的钱。"

渔夫:"然后呢?"渔夫搔搔脑袋。

富商:"然后你就可以退休,在家里每天过得轻松愉快,高兴打鱼的时候就打鱼,下午你就可以喝喝咖啡,和老婆孩子快乐地生活啦!"

渔夫微笑着说:"那样的生活和现在的生活有什么不同呢?那就是我现在的生活啊!"

(资料来源:马前锋.心灵驿站——情绪调控[M].上海:上海科技教育出版社,2000.)

四、情绪对自我身心发展的影响

情绪就像影子一样,时刻陪伴着我们。在日常的学习、工作中,情绪随着我们学习、工作的状态而改变,生活中的喜、怒、哀、乐都是我们情绪的表现,也是我们生活中不可缺少的一部分,实际上情绪在人类的生理和心理健康的调节上,发挥着极其重要的作用。国内外的学者在讨论心理健康的标准的时候,都以情绪稳定作为其重要的标准之一。他们认为,一个平常乐观、开朗、自信的人,在产生负面情绪的时候,能够较好地进行自我调节,合理宣泄情绪,能较快地调整好负面情绪,使自己迅速回到健康水平。而一个平常消极、悲观的人,在产生负面情绪的时候,调节、控制情绪的能力较差,容易产生心理健康问题。

(一)情绪影响人们的个性发展

一个长期生活在抑郁、忧郁或恐惧环境下的人,他的情绪不能得到很好的调整和控制,容易性格古怪,人际交往的能力较差,适应环境的能力较差,导致遇到困难不能很好地寻求社会援助而加重情绪困难的恶性循环,从而影响个性发展,在人群当中不受欢迎。而一个长期生活在自由、包容、尊重与爱的环境下的人,遇到情绪困扰的时候,能够较好地寻求社会援助,能够较好地调整情绪状态,因而有较好的人际关系,能够较好地应对生活中的困难,容易养成乐观、自信的个性,在人群中较受欢迎。

(二)情绪影响人们对自我的认识和评价

一个人处于消极情绪时,容易变得暴躁、烦躁、焦虑,在对待事或者物的态度上容易夹杂负面情绪而偏离本意。同时负面情绪缠身的时候,个人容易降低对自我的评价,暂时缺乏自信,会做出"我总是失败的""我没有能力"这样负面的归因。而一个人处于积极乐观的情绪状态的时候,容易变得喜悦、欢快、自信,在对待事或者物的时候,都是用乐观的心态对待,看到的也是阳光灿烂的一面,容易做出"我越来越棒""我离成功越来越近"这样正面的归因,因而表现出自信、乐观。

(三)情绪影响人们的认知思维水平

一个人在消极情绪的状态下,正常的学习、思考、生活能力都受到影响。在消极的情绪下,容易变得紧张、恐惧、烦躁等,焦虑紧张的情绪不进行适当的调节会形成"习得性无助",造成对于某一问题"总是"无法解决的困境,这些负面情绪会阻碍问题解决的速度,从而影响学习效率和生活水平。而乐观平静的情绪有助于冷静思考,促进思维的拓展,提升学习效率和学习质量,找到解决问题的方法与途径。

(四)情绪影响人们的生理健康

现代医学研究表明,良好的情绪可使机体生理机能处于最佳状态,使身体的免疫抗病系统发挥出最大效应,如愉快、喜悦等积极乐观的情绪,有助于疾病的预防和痊愈。许多医学家认为,积极的情绪本身就是自己的良医。因此,有的心理学家把情绪称为"生命的指挥棒""健康的寒暑表"等。而消极的情绪容易影响身体健康水平,如愤怒、焦虑、怨恨、忧虑等消极情绪,如果强度过大或者持续的时间过长,容易出现失眠、厌食、脱发,甚至神经衰弱等系统失调的症状,突然、强烈、持久的精神打击还会引起精神障碍。人在激动时皮肤会潮红发热,在紧张或愤怒时皮肤会苍白冰冷。人的情绪如果发生剧变,还可能导致皮肤过敏等。消极情绪容易导致神经系统功能的失调,降低自身的机体免疫力,对身体器官产生消极影响,从而出现某些器官或者系统性疾病。

延伸阅读 情绪与健康

我国自古就有喜伤心、怒伤肝、思伤脾、忧伤肺、恐伤肾之说,可见祖国医学非常重视人的情绪与健康的关系。现代医学研究表明:情绪与心血管疾病、泌尿系统功能、呼吸系统疾病、内分泌系统疾病、新陈代谢功能等都存在密切的关系。当人们情绪激动达到高潮的时候,植物神经系统中的交感神经系统会变得极度兴奋,并大量释放肾上腺素,从而导致心跳突然加速、血压急速升高。如果一个人刚好患有冠心病的话,冠状动脉突然强烈地收缩,容易引起心肌梗死,出现生命危险;如果一个人刚好患有高血压,容易导致脑血管破裂,引起脑溢血而危及生命。另外由于长期的情绪不稳定,大脑对皮肤的调节功能受到干扰,容易引起皮肤阵发性剧痒,从而导致神经性皮炎,比如荨麻疹等。

(资料来源:叶素贞,曾振华.情绪管理与心理健康[M].北京:北京大学出版社,2007.)

思考与训练

1. 请阐述心境、激情和应激的区别以及这些情绪状态受哪些因素的影响?
2. 思考一下,情绪对人们的身心健康有何影响?

第二节　做好情绪管理

学习目标

1. 了解大学生情绪的特点及常见的情绪问题。
2. 掌握不良情绪的调节方法,学会做情绪的主人。

课堂互动　栅栏上的钉子

有一个小男孩总是不能控制好自己的情绪,经常无缘无故地乱发脾气。有一天,他的爸爸递给他一大包钉子并告诉他,他每发一次脾气就用铁锤在他家后院的栅栏上钉一颗钉子。

第一天,小男孩生气了37次,于是他在栅栏上钉了37颗钉子。

渐渐地,小男孩发现,控制自己的脾气比在栅栏上钉钉子轻松多了,于是他慢慢地学着控制自己的脾气。

过了几个礼拜,小男孩发脾气的次数越来越少了,每天他在栅栏上钉钉子的次数也逐渐减少了。

最后,小男孩变得不爱发脾气了。

他把自己近期的转变告诉了父亲。他的父亲又对他说:"现在开始,当你每次想发脾气而又控制住的时候,你就从上面拔一颗钉子下来。"过了一段时间,小男孩把上面的钉子都一一拔了下来。

父亲拉着他的手来到栅栏边,对他说:"儿子,你做得很好,但是,你看一下,那些钉子虽然都被拔掉了,可还是在栅栏上留下了许多小孔,这栅栏再也回不到原来的样子了。当你因情绪不好而向别人发过脾气之后,你伤害别人的言语就像这些钉子一样,会在他们的心中留下伤口。无论你说多少次对不起,做多少弥补,那些疤痕都会永远存在。"

(资料来源:马建青.大学生心理健康教程[M].杭州:浙江大学出版社,2012.)

思考与讨论

发脾气就可以解决问题吗?这个故事给予我们什么启示?

一、大学生情绪的特点

大学阶段是年轻人心理成熟的重要时期,也是情绪内容趋于深刻和丰富,情绪表达趋于隐秘,情绪变化趋于稳定的时期,其情绪表现具有以下特征:

(一)丰富性与波动性

大学阶段的重要心理变化是自我意识的不断发展,随着各种社会的高层次需要不断地出现且强度逐渐增强,这一发展在情绪上表现为情绪活动的对象、内容增多,大学生出现较多的自我体验,自我尊重的需要强烈,自卑、自负情绪活动表现明显。情绪的波动性是指在学习、生活中的一些小事件,也较易引起大学生情绪的波动,表现为心境变化比较频繁,情绪起伏较大、时好时坏,容易从一个极端走向另一个极端。

(二)强烈性与冲动性

大学生处于青年期,年轻气盛,对所有事情都充满激情,同时又对外界事物较敏感。对符合自己信念、观点和理想的事件迅速产生强烈的肯定情绪;对不符合自己信念、观点和理想的事件,则迅速表现出否定、反对的情绪。他们的情绪来得快,平息得也快,带有明显的两极性。在遇到突发事件或者外部事件的刺激时,情绪容易被激发,做出感情用事的行为,如打架斗殴、离校出走、因情感挫折而自杀等,这都与大学生情绪的强烈性和冲动性相关。

(三)延续性与心境化

大学生的情绪一旦被激发,即使刺激消失,情绪状态有所缓和,但其持续影响的时间较长,会转化为心境,对其后续的活动产生持续影响。比如一次考试的成功、一场比赛的胜利所引起的快乐体验会在大学生心中持续一段时间,并扩散到其他事物上,仿佛一切都染上了幸运的色彩。相反,一旦染上忧愁的心境,则可能好几天都闷闷不乐,干什么事情都提不起精神。

(四)压抑性与隐蔽性

大学生随着年龄的增长,思想阅历的不断丰富,处事越发成熟、稳重,情绪控制也较得当,情绪反应也较隐秘。他们逐步学会在一定的情景下控制、隐藏、掩饰自己的愤怒、忧伤、恐惧等情绪,形成外在表现和内心体验不一致的特点。例如,明明对某人的行为极为不满,但在外表上却装作若无其事,甚至满意的样子;对异性同学明明有好感,内心很想接近,但出于自尊或其他原因,反而在行为上表现得疏远、冷淡甚至回避。大学生虽然在心理上存在这种闭锁性,但同时也存在希望被人理解和关注的强烈愿望,他们的真心话和真情,在遇到知己的时候,也会倾诉和表达出来。

拓展训练　自我探索:情绪类型

情绪类型分为三种:理智型、冲动型、平衡型,不同类型情绪的人会有不同的行为方式,不妨测试一下你的情绪是哪种类型。

1. 如果要你选择,你更愿意:
A. 和许多人一道工作,亲密接触(3分)
B. 和一些人一起工作(2分)
C. 独自工作(1分)

2. 当你为解闷而读书时,你喜欢:
A. 选择真实的书,如史书、传记及纪实文学(1分)
B. 纪实加虚构的读物,如历史小说或带有社会背景细节的小说(2分)
C. 幻想读物,如浪漫的或荒诞的小说(3分)

3. 你对恐怖影片反应如何?
A. 不能忍受(1分)
B. 害怕(3分)
C. 很喜欢(2分)

4. 哪种情况最符合你?
A. 关心他人的事很少(1分)
B. 关心熟人的生活(2分)
C. 对他人的生活细节很有兴趣,而且爱听新闻(3分)

5. 当你去外地时,你会:
A. 为亲人们的平安感到心安(1分)
B. 陶醉于自然风光(3分)
C. 希望去更多的地方(2分)

6. 你看悲剧电影时哭或觉得要哭吗?
A. 经常(3分)
B. 有时(2分)
C. 从不(1分)

7. 你遇到朋友时,通常是:
A. 点头问好(1分)
B. 微笑、握手和问候(2分)
C. 拥抱他们(3分)

8.如果在车上有个烦人的陌生人要你听他讲自己的经历,你会怎样?

A.显出你颇有同感(2分)

B.真的很感兴趣(3分)

C.打断他,看自己的书(1分)

9.你是否想过给报纸的专栏投稿?

A.绝对不想(1分)

B.有可能想(2分)

C.想过(3分)

10.在一次工作会见中,你被问及私人问题,你会怎么样?

A.感到不快和气愤,拒绝回答(3分)

B.平静地说出你认为合适的话(1分)

C.虽然不快,但还是回答(2分)

11.你在咖啡厅里要了一杯咖啡,这时你发现邻座有一位姑娘在哭泣,你会怎么样?

A.想说些安慰的话,但却羞于启齿(2分)

B.问她是否需要帮助(3分)

C.换一个座位(1分)

12.你在一对夫妻家参加聚餐,他们在你面前激烈地吵起来,你会怎样?

A.觉得不快,但是无能为力(2分)

B.赶快离开(1分)

C.尽力为他们排解(3分)

13.你何时给朋友送礼物:

A.仅仅在节日和生日时(1分)

B.全凭感情,当你感到他们特别亲切时(3分)

C.在你觉得愧疚时或忽视他们时(2分)

14.某个你刚认识的人对你说了些恭维的话,你会怎样?

A.感到窘迫(2分)

B.谨慎地观察他(1分)

C.非常喜欢听,并开始喜欢他(3分)

15.如果你因为一些事感到不顺心而带着不快的情绪去上班,你会:

A.继续不快,并显露出来(3分)

B.工作起来,把烦恼丢在一边(1分)

C.想尽力理智些,可是却控制不住地发脾气(2分)

16.如果你生活里的一个重要关系破裂了,你会:

A.感到伤心,但尽可能正常地继续你的生活(2分)

B.至少在短时间内感到痛心(3分)

C.无可奈何地摆脱忧伤之情(1分)

17. 你家里闯进一只迷路的小猫,你会:

A. 收养并照顾它(3分)

B. 扔出去(1分)

C. 想给它找个主人,找不到就让它安乐死(2分)

18. 对于信件或纪念品,你会:

A. 无情地丢掉,甚至在你刚收到它们时(1分)

B. 将它们保存多年(3分)

C. 每两年清理一次这些东西(2分)

19. 你是否因内疚或后悔而感到痛苦?

A. 是的,甚至为了很久以前的事(3分)

B. 偶尔是这样(2分)

C. 不,我从来不后悔(1分)

20. 当你必须同一个显然很羞怯或紧张的人谈话时,你会:

A. 多少受到他的影响而感到不安(2分)

B. 觉得有意思,并且逗他讲话(3分)

C. 稍微有点生气(1分)

21. 你喜欢的小孩是:

A. 在他们还小,而且有点可怜巴巴的时候(3分)

B. 在他们长大了的时候(1分)

C. 在他们能与你谈话,并且形成了自己的个性时(2分)

22. 当你的配偶抱怨你花在工作上的时间太多了,你会怎样?

A. 解释说这是为了你们两人的共同利益,然后仍像以前那样去做(1分)

B. 试图把时间更多地花在家庭上(3分)

C. 对两方面的要求感到矛盾,试图使两方面都令人满意(2分)

23. 看完特别好的演出之后,你会:

A. 用力地鼓掌(3分)

B. 勉强地鼓掌(1分)

C. 加入鼓掌,可是觉得很不自在(2分)

24. 当你拿到一份母校出版的刊物时,你会:

A. 扔掉之前通读一遍(2分)

B. 仔细阅读,并保存起来(3分)

C. 没有看就丢进垃圾桶(1分)

25. 你在马路对面看到一个熟人,你会:

A. 走开(1分)

B. 穿过马路和他问好(3分)

C. 向他招手,如果他没有反应,便走开(2分)

26.当你听说一位朋友误解了你的行为,并且在生你的气,你会怎样?
A.尽快和他联系,做出解释(3分)
B.让他自己清醒过来(1分)
C.等待一个好机会再联系,但对误解的事不说什么(2分)

27.你怎样处置不喜欢的礼物?
A.马上扔掉(1分)
B.热情地保存起来(3分)
C.把它们收起来,仅仅是赠者来的时候才摆出来(2分)

28.你对具有煽情性的大规模公众仪式的感觉如何?
A.冷淡(1分)
B.感动得流泪(3分)
C.使你窘迫(2分)

29.你有没有毫无理由地觉得害怕?
A.经常(3分)
B.偶尔(2分)
C.从不(1分)

30.下面哪种情况与你最相符?
A.我十分在意自己的感情(2分)
B.我总是凭感情做事(3分)
C.感情没什么要紧,结局才是重要的(1分)

测评分析:

30～50分　理智型情绪

特点是冷静而有克制力,情绪非常稳定,善于用理智支配一切,感情适度。主要弱点是对他人的情绪缺乏反应。目前需要松弛自己。

51～69分　平衡型情绪

特点是情绪水平一般,有时会感情用事,有时也会克制自己,一般情况下能够得体地处理各种事件。

70～90分　冲动型情绪

特点是重感情,热情而有朝气,善解人意,但喜欢自我炫耀,需要克制自己。

(资料来源:林永和.心理素质拓展[M].北京:国家行政学院出版社,2011.)

二、大学生常见的情绪问题

(一)生气

大学生的情绪正处于不稳定期,而生气是他们在日常学习、生活中最常见的情绪反应之一。在他们的学习、生活中,往往会遇到各种不顺心的事情,使他们的情绪受到影响而容易出现生气的反应。大学生容易生气与他们具有强烈的自尊心有关,也与他们不成熟的自我认识有关。例如,有的大学生在课堂上被老师点名回答问题却答不上来时,会感觉自己在同学中很丢脸,放学后在与同学的交流中易产生生气的情绪,影响正常的人际交往。

(二)抑郁

抑郁是一种愁闷的心境,会出现心烦、厌恶、痛苦、对任何人或事物都不感兴趣等情绪体验。在日常的学习、工作、生活中,有一些人偶尔会出现抑郁情绪,这属于正常现象。但一个人如果长时间处于持续抑郁的情绪状态,则可能引发抑郁症。一般来说,性格内向孤僻、多疑多虑、不善交际的人更容易产生抑郁的情绪。情绪抑郁的人对学习、生活漠不关心,不能从他人或事物上得到快乐体验,不喜欢与人交流,经常独自一人,喜欢把自己封闭在房间里。所以,大学生要学会多开导自己,多与身边的人谈心,积极与人交往,多参加课外活动,认识更多的人,使自己远离抑郁情绪的困扰。

(三)焦虑

焦虑是由紧张、害怕、担忧等情绪混合而成的负面情绪体验,指个体对未来可能发生的某种威胁情境或某种不良后果而产生的紧张不安的情绪。

大学生的焦虑主要体现在:为紧张忙碌的学习而担忧;为人际交往的复杂而忐忑;为恋爱的不确定而迷茫;为毕业、就业的压力而惶恐;为自我形象而焦虑等。

(四)嫉妒

嫉妒是指他人在某些方面胜过自己而自身一时无法提高,从而引发自己不快甚至痛苦的情绪体验。

嫉妒是一种否定的情绪体现,也是一种可怕的情绪状态,它既否定了自己本身也否定了他人。它所带来的痛苦、悲伤、猜疑、怨恨、报复、不满足等负面情绪会导致大学生在心理和生理上出现不良反应,从而影响身心健康。因此,大学生在学习和生活中,需要树立正确的世界观、人生观、价值观,正确地看待自己和他人。

(五)冷漠

冷漠是指对发生在自己身边或者与自己相关的人和事漠不关心的情绪状态。处于冷漠情绪的大学生,在行为上表现为对生活没有热情和兴趣;对学习漠然处之,无精打采;对周围的同学漠不关心;对集体活动无动于衷等。

冷漠是一种对现实的自我逃避的退缩性心理反应,虽然它本身带有一定的防御性质,但是它会导致当事者萎靡不振、退缩躲避和自我封闭,并严重影响当事者的身心健康。克服冷漠情绪,首先要从建立责任意识入手,逐步建立起自己的人生目标,同时应开展人际交往,积极投入学习、工作和生活中来。

延伸阅读 为什么痛哭过后,心里会觉得舒畅

哭泣是人类特有的情绪表达方式。婴儿出生时,用哭喊的方式宣告自己的到来,也表达出自己离开母亲子宫来到陌生环境的不适应。人类越进化,就越远离自然,连情绪也一样。

哭泣是人类高度进化的行为,和语言一样,只有人类才有真正意义上的哭泣。尽管悲和哀是最强大的"催泪弹",但除此之外,喜、怒、惧都能让人落泪,太害怕了会哭,太高兴了会哭,太感动了还会哭,当然,还有幸福的哭泣。应该说,所有这些都是人类正常的行为反应。

眼泪可以发送自我保护的信号,它会模糊自身的视线,防止自己对别人做出攻击性行为;能显示自己的脆弱,让对方降低戒心和敌意,不会随便做出伤害我们的行为。

有实验证明,由情绪引发的泪水中含有儿茶酚胺的成分。儿茶酚胺是一种大脑在情绪压力下会释放出的化学物质,过多的儿茶酚胺会引发心脑血管疾病,严重时,甚至还会导致心肌梗死。所以当我们痛苦时,伴随泪水涌出的不仅仅是坏心情,还有足以危害到我们心脏健康的"毒素"。

哭泣是情感的宣泄,想哭的时候,不必忍耐,此时将眼泪及时排除不仅可以让你的身心放松,更能给你的身体和心理"排毒"。所以,莫要"强颜欢笑,把泪吞"!适时的哭泣也是勇敢的表现。

(资料来源:原田玲仁.每天懂一点好玩心理学[M].西安:陕西师范大学出版社,2009.)

三、大学生不良情绪的调适

(一)不良情绪的危害

情绪是在不同的情境中产生的,适宜的情绪体验对个体有着积极的促进和保护作用。但过度的愤怒、痛苦、悲伤等消极情绪体验则会严重影响个体的身心健康。

"人生不如意事十之八九。"在竞争激烈的当代社会,所有人都要面对来自学习、工作、生活等多方面的压力。沉甸甸的压力容易导致大学生情绪欠佳,学习效率降低,生活质量减退,甚至引发疾病等不良后果。而且不良情绪没有得到合适的处理,还会传染和转移给身边的人,对身边的人造成伤害。现实生活中,我们常因为生活中的各种压力产生负面情绪,这些负面情绪如果没有得到合理宣泄,容易影响情绪状态和身体健康。

现代医学研究表明,冠心病、癌症、高血压、神经症等都与心理因素有着紧密的联系,而其中最直接的心理因素就是不良情绪状态。研究表明不良心理因素对民众健康的危害甚至不低于病菌的影响,许多研究表明,紧张、焦虑、恐惧等不良情绪是身体健康的大敌。长时间的不良情绪也会给身边的人带来伤害。情绪会传染,当你开心、愉悦时,你的好情绪可以传递给身边的朋友,同样的,当你因为某些事情而冲动、愤怒、烦躁时,身边的朋友也可能因为你的负面情绪而变得闷闷不乐。

延伸阅读 不同看法的情绪变化

有一个年轻人失恋了,一直摆脱不了失恋的打击,情绪低落,已经影响到了他的正常生活,他没办法专心工作,因为无法集中精力,头脑中想到的都是前女友的薄情寡义。他认为自己在感情上付出了,却没有收到回报,自己很傻、很不幸。于是,他找到了心理

第三章 驾驭情绪 快乐生活

医生。心理医生告诉他,其实他的处境并没有那么糟,只是他把事情想象得太糟糕了。在给他做了放松训练,减少了他的紧张情绪之后,心理医生给他举了个例子:"假如有一天,你到公园的长凳上休息,把你最心爱的一本书放在长凳上,这时候走来一个人,径直走过来,坐在椅子上,把你的书压坏了。这时,你会怎么想?"

"我一定很气愤,他怎么可以这样随便损坏别人的东西呢!太没有礼貌了!"年轻人说。"那我就告诉你,他是个盲人,你又会怎么想呢?"心理医生耐心地继续问。"哦,原来是个盲人。他肯定不知道长凳上放着东西!"年轻人摸摸头,想了一下,接着说,"谢天谢地,好在只是放了一本书,要是油漆或是什么尖锐的东西,他就惨了!""那你还会对他愤怒吗?"心理医生问。"当然不会,他是不小心才压坏的嘛,盲人也很不容易的,我甚至有些同情他了。"

心理医生会心一笑:"同样的一件事情——他压坏了你的书,但是前后你的情绪反应却截然不同,你知道是为什么吗?""可能是因为我对事情的看法不同吧!"对事情不同的看法,能引起自身不同的情绪。很显然,让我们难过和痛苦的,不是事件本身,而是对事情的不正确的认知和评价。

[资料来源:文西中公教育网《正确理解艾里斯的合理情绪疗法(ABC)理论》]

(二)正确对待不良情绪

心理学上有一个"踢猫效应",引用案例描述如下:某公司董事长为了重新整顿公司事务,向员工许诺自己将每天早到晚回。然而,有一次,他看报看得太入迷,不知不觉已快到上班时间,为了不迟到,他在马路上超速驾驶汽车,结果被警察逮个正着,并开了罚单,最终还是误了上班的时间。这位董事长烦躁无比,回到公司时,为了转移其他同事的注意,他将销售部经理叫来办公室训斥一番。销售经理无缘无故挨训之后,愤怒无比地走出董事长办公室,将秘书叫到自己的办公室,并找了件小事对她挑剔一番。秘书无缘无故被叫去挑剔,一肚子火气,为了发泄情绪,她就故意找接线员的茬。无奈的接线员垂头丧气地回到家,对正在玩的儿子大发雷霆。儿子莫名其妙地被父亲痛斥之后,也变得很恼火,便跑出门外,看到自己的猫蹲在门口,便狠狠地踢了一脚自己家的猫。

当不良情绪产生时,不合理的处理方式所产生的消极影响不容小觑,就如"踢猫效应",负面情绪、消极情绪不仅影响了自己,也间接伤害了周围无辜的人,特别是身边最亲近的人。要正确处理不良情绪,首先得先了解不良情绪产生的原因。大学生最常遇到的困扰有环境不适应、人际交往困惑、学习成果不佳、感情遇挫和就业压力等。在这些困扰面前,首先我们要正视它们,学会分析和判断不良情绪产生的原因。其次要学会换位思考和换个心态对待困扰,埋怨、生气等都解决不了问题,只会让不良情绪蔓延,因此应该冷静下来寻找解决问题的办法。最后应该将重心放在处理问题的过程中,明确过程比结果更重要,学会苦中作乐,并感受每一次战胜困难的过程中所收获的成长的喜悦和自我超越的感动。掌握了正确处理情绪的方法,我们才能平稳地度过压力和情绪困扰的难关。

> **延伸阅读**　　**爱地巴跑圈**
>
> 　　在古老的西藏,有一个叫爱地巴的人,每次生气和人起争执的时候,就以很快的速度跑回家去,绕着自己的房子和土地跑3圈,然后坐在田地边喘气。爱地巴工作非常努力,他的房子越来越大,土地也越来越广,但不管房子和土地有多大,只要与人争执生气,他还是会绕着房子和土地跑3圈,爱地巴为何每次生气都绕着房子和土地跑3圈?所有认识他的人心里都很疑惑,但是不管怎么问他,爱地巴都不愿意说明原因。
>
> 　　直到有一天,爱地巴很老了,他的房子和土地已经很广大,他又生气了,拄着拐杖艰难地绕着土地跟房子走起来,等他好不容易走完3圈,太阳都下山了,爱地巴独自坐在田边喘气。他的孙子在身边恳求他:"阿公,您已经年纪大了,这附近也没有人的土地比您的更大,您不能再像从前那样,一生气就绕着土地走啊!您可不可以告诉我这个秘密,为什么您一生气就要绕着土地走上3圈?"
>
> 　　爱地巴禁不起孙子的恳求,终于说出隐藏在心中多年的秘密,他说:"年轻时,我若和人吵架、争论、生气,就绕着房子和土地跑3圈,边跑边想,我的房子这么小,土地这么小,我哪有时间、哪有资格去跟人家生气,一想到这里,气就消了,于是就把所有的时间用来努力工作。"孙子问:"阿公,您年纪大了,已变成最富有的人,为什么还要绕着房子和土地走?"爱地巴笑着说:"我现在还是会生气,生气时绕着房子和土地走3圈,边走边想,我的房子这么大,土地这么多,我又何必跟人计较?一想到这里,气就消了。"
>
> 　　爱地巴的孙子听后,若有所思地点点头:"阿公,我明白了,无论是以前还是现在,您在绕圈的时候,可以让自己边冷静边思考,这样可以避免在生气的时候做出不理智的决定。"
>
> （资料来源:肖瑶.大学生心理健康教育[M].青岛:中国石油大学出版社,2018.）

(三)掌握不良情绪的调适方法

1. 合理宣泄法

通过说、写、哭、唱、跳等方式把情绪合理地表达出来的方法,叫作情绪宣泄法,对不良的情绪,要寻找合适的途径进行宣泄,每个人因为个体不同,喜欢的方法也不一样。

(1)倾诉调节法。倾诉是一种能力,培根说过:"把自己的快乐告诉朋友,你将得到两个快乐,把自己的忧愁倾诉给朋友,你将分掉一半忧愁",所以当我们遇到开心的事情时,我们要学会分享,遇到困惑的时候也要学会倾诉。找他人谈心,让心中的苦闷、忧郁、烦恼、惆怅向外"流淌",这是我们拥有健康心态的积极策略。要想拥有积极乐观的情绪状态,我们就要学会倾诉、敢于倾诉,在倾诉中释放内心的痛苦,在倾诉中缓解心中的苦闷。我们也要学会寻找合适的倾诉对象,我们的同学、朋友、亲人等都是可以倾诉的对象,我们适度地对他们倾诉,会让他们觉得自己被尊重、被重视,从而还会增加彼此间的感情,因此不必担心你的倾诉会给对方造成困扰。同时,"当局者迷,旁观者清",别人的开导,更容易使你豁然开朗。

(2)运动调节法。运动是抑制不良情绪的良方,体育运动可以使人的注意力发生转移,同时畅快淋漓地流汗也可以让身心更加放松。第一,运动具有调节紧张情绪的作用,能改善生理和心理状态,恢复体力和精力。第二,运动能增进身体健康,使人精力充沛地投入到学习、工作中。第三,运动可以舒展身心,有助于睡眠及消除压力。第四,运动可以陶冶情操,保持健康的心态,充分发挥个体的积极性、创造性和主动性,从而提高自信心,使个性得到健康、和谐的发展。第五,运动中的集体项目与竞赛活动可以培养人的团结、协作及集体主义精神。

(3)放松调节法。放松作为良好的解压方式,越来越受到人们的欢迎。大学生常因学习压力、人际关系问题、就业压力、恋爱困惑等因素的影响,而觉得身心疲惫、精神紧张,通过适度的放松调节,可以较好地缓解身体紧张,恢复良好的生理和心理状态。常见的放松疗法有呼吸训练法、音乐调节法和催眠法等。

自我放松的方式简单易学,自己在家里或宿舍里就能做,主要流程如下:①以舒适的姿势坐好,保持身体的平衡;②用鼻子深深地、慢慢地吸气,再用嘴巴慢慢地呼出来;③想象身体各部位的放松;④想象自己在轻柔的海滩上漫步,暖暖的阳光照在身上,海风轻轻地吹拂脸颊……

拓展训练 肌肉放松训练

1.呼吸放松:穿宽松的衣服,以舒适的姿势平躺,用鼻子吸气、口腔呼气。前三次呼气时,轻轻说"放松",默数"1、2、3",呼气时默数"1、2、3、4、5"。训练呼吸平稳,将所有注意力集中于呼吸和数数上,每天训练2次,每次5分钟。

2.面部放松:睁大双眼,使眼眶肌肉紧张,保持10s,然后放松;嘴角尽力后拉,保持10s,然后放松;牙关紧咬,保持10s,然后放松;用舌头抵住上颚,使舌头紧张,保持10s,然后放松。

3.颈部肌肉放松:绷紧颈部肌肉,保持10s,然后放松。

4.肩部肌肉放松:尽量用力向上耸肩,保持10s,然后放松。

5.臂部肌肉放松:握紧拳头,使双肩及前臂肌肉紧张,保持10s,然后放松;侧平举双臂做扩胸状,体会臂部肌肉的紧张,保持10s,然后放松。

6.胸部肌肉放松:双肩用力后压,使胸部四周肌肉紧张,保持10s,然后放松。

7.背部肌肉放松:双肩用力前收,体会背部肌肉紧张,保持10s,然后放松。

8.腹部肌肉放松:尽量收腹,使腹部肌肉紧张,保持10s,然后放松。

9.腿部肌肉放松:绷紧双腿,并膝上抬,好像两膝盖之间夹着一枚硬币,保持10s,然后放松;双脚向前绷紧,体会小腿部的紧张,保持10s,然后放松;双脚向上用力弯曲,保持10s,然后放松。

10.脚趾肌肉放松:脚趾用力向下弯曲,保持10s,然后放松;脚趾尽量向上弯曲,而脚踝不动,保持10s,然后放松。

以上10步,都要充分体会肌肉紧张之后舒适、放松的感觉,比如酸、热、软等感觉,每次用10~20s去体会。

(资料来源:万春,张林.大学生心理健康教育[M].长春:东北师范大学出版社,2017.)

2. 情绪转移法

当你因某事烦恼时,不妨努力使自己暂时忘记它,把注意力转移到自己感兴趣的事或有益于个人未来发展的事情上去。研究表明,听音乐、阅读、运动、旅游、画画、练习书法等都是调节情绪的有效方式。倾听优美的音乐、阅读优秀的文学作品都能陶冶情操,使内心宁静;登高望远,欣赏大自然的美景可以使人心旷神怡、心胸开阔。

情绪转移法,一方面,可以中止刺激因素的不良作用,防止不良情绪的蔓延,另一方面,参与新的活动,特别是自己感兴趣的活动,能达到增进积极情绪体验的效果。

3. 情绪 ABC 理论

微课 理性情绪 ABC

知名心理学家、北京师范大学教授郑日昌做客《师说》,其主讲的《情绪管理——压力应对》告诉人们:人人都能管理好情绪,人人都能从容地面对压力,需要做的只是改变一下看问题的角度,学会一些能让自己放松的方法。有时候,同一件事情,只要我们改变心态,对它的看法就会完全不同,这就是心理学上的情绪 ABC 理论的观点。情绪 ABC 理论的创始者美国心理学家埃利斯以 A 表示诱发性事件,B 表示个体针对此诱发性事件产生的一些信念,即对这件事的一些看法、解释,C 表示个体产生的情绪和行为的结果。埃利斯认为,引起不良情绪 C 的不是诱发事件 A,而是对 A 的态度和信念 B。正是我们常有的一些不合理的信念,使我们产生情绪困扰,如果这些不合理的信念日积月累,还会引起情绪障碍。

情绪 ABC 理论中,同一件事,人们的看法不同,情绪体验也不同。比如,同样是失恋了,有的人放得下,认为未必不是一件好事,而有的人却伤心欲绝,认为自己今生可能都不会有爱情了。再比如,在工作面试失败后,有的人可能会认为,这次面试只是试一试,不通过也没关系,下次可以再来,有的人则可能会想,我精心准备了那么长时间,竟然没通过面试,我是不是太笨了。这两类人因为对事情的看法不同,他们的情绪体验当然也不同。对于一个失恋后放不下的人来说,失恋只是一个诱发事件,结果是他的情绪低落,生活受到影响,无法专心工作,而导致这个结果的,正是他的信念——认为自己付出了,就一定要收到对方的回报。假如换一个想法——对方这样不懂爱的人不值得自己去珍惜,如今对方的离开可能避免了以后对自己造成更大的伤害,那么他的情绪体验显然就不会像如今这么糟糕。因此,当你情绪不好的时候,换个想法,就能换个心情。

延伸阅读 心境

苏格拉底还是单身汉的时候,和几个朋友一起住在一间只有七八平方米的房间里。尽管生活非常不方便,但是,他一天到晚总是乐呵呵的。

有人问他:"那么多人挤在一起,连转个身都困难,有什么可乐的?"

苏格拉底说:"朋友们在一块儿,随时都可以交换思想、交流感情,这难道不是很值得高兴的事儿吗?"

过了一段日子,朋友们一个个成了家,先后搬了出去。屋子里只剩下了苏格拉底一个人,但是他每天仍然很快活。

那人又问:"你一个人孤孤单单的,有什么好高兴的?"

苏格拉底说:"我有很多书啊!一本书就是一个老师。和这么多老师在一起,时时刻刻都可以向它们请教,这怎不令人高兴呢?"

几年后,苏格拉底也成了家,搬进了一座大楼里。这座大楼有七层,他的家在最底层。底层在这座楼里是最差的,不安静、不安全,也不卫生,上层的人老是往下面泼污水、丢死老鼠、破鞋子、臭袜子和杂七杂八的脏东西,那人见他还是一副喜气洋洋的样子,好奇地问:"你住这样的房间,也感到高兴吗?"

"是呀!"苏格拉底说,"你不知道住一楼有多少妙处啊!比如,进门就是家,不用爬很高的楼梯;搬东西方便,不必费很大的力气;朋友来访很容易,用不着一层楼一层楼地去找……让我特别满意的是,可以在空地上养一丛一丛的花,种一畦一畦的菜,这些乐趣呀,数之不尽啊!"

过了一年,苏格拉底把一层的房间让给了一位朋友,这位朋友家有一个偏瘫的老人,上下楼很不方便。他搬到了楼房的最高层——第七层。每天,他仍是快快活活的。

那人揶揄地问:"先生,住七层楼也有许多好处吧?"

苏格拉底说:"是啊,好处可真不少呢!仅举几例吧:每天上下几次,这是很好的锻炼机会,有利于身体健康;光线好,看书、写文章不伤眼睛;没有人在头顶干扰,白天、黑夜都非常安静。"

后来,那人遇到苏格拉底的学生柏拉图,他问:"你的老师总是那么快乐,可我却感到,他每次所处的环境并不是那么好呀。"

柏拉图说:"决定一个人心情的,不在于环境,而在于心境。"

(资料来源:段鑫星.告别蓝调布鲁斯:大学生心理咨询实录之情绪管理[M].北京:科学出版社,2008.)

4. 正念疗法

正念是以一种特定的方式来觉察当下的一切,即有意识地觉察一切,活在当下而又不作判断。如果让心念任意滋长,那我们的各种心念都会浮现出来,包括那些反映忧郁、愤怒、哀怨、贪婪、嫉妒等消极情感的心念。痛苦的产生源于我们放任这些消极的心念出现,并不断将其强化。但如果我们有意识地摆脱这些心念,我们就将削弱这些消极心念所带来的不良影响,可以让心情恢复平静。同时,有医学研究表明,坚持练习某些类型的正念,还有助于提升免疫力,改善心血管系统,缓解神经性头痛、腰痛等。

很多时候,坏心情不会无故找上门,多数是自己将消极情绪揽在身上。心理学研究发现,如果一个人老是想象自己进入某种情境,感受某种情绪,那么这种情绪十有八九就真的会到来。反之,如果你想象自己的心情很好,并且表现出开心的样子,那么,你的心情也就真的会变得明朗、愉悦起来。

延伸阅读　　笑的力量

美国加州大学副教授诺曼·卡曾斯由于器官结缔组织严重损伤而行动艰难。医生认为这是一种不治之症,他得知这一消息后,冷静地想:"悲观会导致生病,快活有益于治疗",为了活得开心,他想出了一个奇妙的自我治疗方法:让自己微笑。

他借来了大量的喜剧幽默录像带,每天观看。他高兴地发现,10分钟的大笑,竟然能缓解疼痛,能使他安静地睡上两个小时。后来他索性看几个小时就睡几个小时。自己还安排了以"吃饭""大笑""睡觉"为主要内容的每日三部曲。

10年过去了,诺曼·卡曾斯奇迹般地活了下来,而且身体越来越好。他采用的方法就是笑疗法。笑是精神上的消毒剂,这种方法也可以叫作精神消毒法。

笑是调节身心的重要方法。笑可以使人心情舒畅、精神愉快,从而驱除疲劳、治病防病,并通过调节情绪,保持良好的心境。

(资料来源:叶素贞,曾振华.情绪管理与心理健康[M].北京:北京大学出版社,2007.)

思考与训练

1. 思考一下调适不良情绪的方法有哪些?
2. 结合情绪 ABC 理论阐述怎样进行有效的情绪管理?

第三节　培养健康情绪

学习目标

1. 了解大学生健康情绪的标准。
2. 掌握情绪管理技巧,培养积极情绪。

课堂互动　　我的心情有谁知

小王来自农村,中学时,他每次考试都名列榜首,是全校的焦点。他凭着优异的成绩考上了大学。到了大学,他突然有了很强的落差感,没人再关注他过去的辉煌,同学们更喜欢关注体育、娱乐、时事新闻、时尚等资讯,而这些资讯小王觉得自己很匮乏。十几年来,他始终把学习放在第一位,对其他信息了解甚少。可现在,大家感兴趣的他了解不多,插不上嘴,他感到自己越来越不被同学接纳。加上小王性格较内向,不能较好地与他人交流沟通,他的内心感受其他同学并不知道。虽然他想通过考取优异的成绩引起大家的注意,但总有人比他考得更好,加上大学看重的是综合测评,各项评奖、评优都不是单纯地看学习成绩,还要结合社会工作等表现。第一学年,他比别人花更多的时间学习,好几门专业课成绩也很不错,但是因为社会活动太少,综合测评总分并不高,差点与奖学金失之交臂。他将无奈和烦恼都藏在心中,没有合适的渠道释放自己的情绪。慢慢地,他体验不到快乐,觉得没什么事能引起自己的兴趣,也越来越不想与别人接触,常常自责、感到内疚,感受不到自己的价值。渐渐地,他开始反应迟钝,缺乏专注力。大二时他的学习状态越来越糟糕,一次考试不及格给他带来了毁灭性的打击,他觉得自己的生活再也没有什么意义了,几乎丧失了对生活的信心。

(资料来源:王换成,付洪涛.心理健康教育[M].长春:东北师范大学出版社,2018.)

思考与讨论

小王为什么会对自己的生活越来越没有信心?在遇到问题的时候,他的情绪体验是怎么样的?

健康的情绪培养,对于大学生人格的完善和身心的健康发展都具有重要的作用。因此,大学生应当主动培养自己健康的情绪,养成活泼开朗的性格,让自己在大学生活中过得快乐、有意义。

一、大学生情绪健康标准

健康的情绪是健全人格的必要条件之一。一般而言,情绪的目的性恰当,反应适度,不带有幼稚、冲动的特征,符合社会规范的要求,就是情绪健康的标准。

(一)心理学家瑞尼斯等人提出情绪健康的六项指标

1. 发展出某些技巧以应付挫折情境。
2. 能重新解释和接纳自己与情绪的关系,不会一直自我防卫,能避免挫折并安排替代的目标。
3. 知道某些情境会引起挫折,可以避开并寻找替代目标,以获得情绪满足。
4. 能找出方法缓解生活中的不愉快。
5. 能认清各种防卫机制的功能,包括幻想、退化、反抗、投射、合理化、补偿,避免成为错误的习惯,以致防卫过度,造成情绪困扰。
6. 能寻求专家的帮助。

(二)心理学家索尔指出情绪健康的八个特点

1. 独立,不依赖父母。
2. 增强责任感及工作能力,减少被外界接纳的渴望。
3. 去除自卑情结、个人主义及竞争心理。
4. 适度的社会化与教化,能与人合作,行为符合个人道德。
5. 成熟的性态度,能组织幸福的家庭。
6. 培养适应能力,避免敌意与攻击。

7.对现实有正确的了解。
8.具有弹性以及适应力。

对大学生来说,健康的情绪具体表现:一是积极、正向的情绪占主导地位。情绪的基调是积极、乐观、愉快、稳定的;二是对不良情绪具有自我调控的能力,如及时整理情绪、合理地宣泄情绪;三是能适时、适地、适度地表达自己的情绪;四是理智感、道德感、美感等高级的社会情感能得到良好的发展。

延伸阅读　　狐狸与葡萄

有一群狐狸来到葡萄地,看到了挂在葡萄架上的葡萄。

第一只狐狸:它发现葡萄架远远高于它的个头。它站在下面想了又想,觉得机会难得,不想就此放弃。想了好一会,它发现了旁边有一个梯子,他回想起农夫用梯子的画面,学着农夫的样子爬上梯子,成功摘到了葡萄。

第二只狐狸:它也发现自己的个头远远矮于葡萄架,无法摘到葡萄吃。于是,它心里想,这个葡萄看样子就很酸,吃到了牙齿也难受,还不如不吃。于是,它心情愉悦地离开了。

第三只狐狸:它站在葡萄架下面仰望着葡萄,心想,我吃不到葡萄,别的狐狸也一样吃不到,如果是这样的话,我也没什么遗憾的,反正大家都一样。

第四只狐狸:一看到葡萄架比自己高,吃葡萄的愿望泡汤了,就破口大骂,并撕咬较低的葡萄藤,正巧被农夫遇见,农夫用铁锹把它打跑了。

第五只狐狸:它站在高高的葡萄架下,心情非常低落,它想为什么我吃不到葡萄呢,我的命运怎么这么悲惨啊,连吃个葡萄的愿望都无法满足,我的运气也太糟糕了。它越想越郁闷,最后郁郁而终。

第六只狐狸:它看到自己的能力与高高在上的葡萄架之间的差距,认识到以自己现在的水平和能力,吃到葡萄是不现实的了,于是它决定花点时间给自己"充下电",报了一个学习采摘葡萄的进修班,最后成了摘葡萄专家。

第七只狐狸:它心想,我自己吃不到葡萄,别的狐狸也一样吃不到,这是因为个体的力量有限,如果我们学习猴子捞月的合作精神呢?于是它动员所有想吃葡萄的狐狸合作,搭成狐狸梯,这样大家都吃到了甜甜的葡萄。

这七只狐狸分别有着什么样的"心态"?

第一只狐狸:能够较好地控制自己的情绪,冷静地面对问题,没有逃避,思考解决问题的方式,最后解决了问题。

第二只狐狸:拥有乐观的心态,擅长运用心理学当中经常提到的"酸葡萄效应",即以能够满足个人需要的理由,来解释不能实现自我目标的现象,这样的人常常心情愉悦。

第三只狐狸:典型的"阿Q"精神,运用心理学中的"投射",即把自己的愿望与动机归于他人,断言他人也有此动机和愿望,而这些往往都是超越众人能力范围的。

第三章 驾驭情绪 快乐生活

> 第四只狐狸：它的情绪易怒、暴躁，它的行为被我们称之为"攻击"，这是一种不可取的应对方式，于人于己都是有害无利的。
>
> 第五只狐狸：它比较悲观，总是往消极的一面想，久而久之容易出现抑郁症的表现，即以持久的心境低落状态为特征的神经性障碍。
>
> 第六只狐狸：它拥有较理智的情绪体验，擅长分析问题和采用问题指向应对策略，它能够正确分析自己与问题间的关系，找到解决问题的方案，是一种比较好的应对方式。
>
> 第七只狐狸：它拥有积极的心态，并擅长思考和寻找解决问题的办法，它懂得合作的道理，最终的结果是既利于自己，又利于他人。
>
> （资料来源：江明辉.心理健康教育与素质拓展[M].上海：上海交通大学出版社，2018.）

二、情绪管理技巧

(一)学会关心自己的情绪

随着社会的发展，工作和生活节奏加快，大学生面临的学业、人际交往、就业等压力与日俱增，伴随而来的心理压力容易让情绪出现较大波动。学会情绪管理要先关心自己的情绪，了解自己的情绪状态，关注自己的情绪变化，及时给自己解压，保持积极、稳定的情绪。总体来说要遵循"四不"原则：不责备、不委曲求全、不逃避、不遗忘。这样，才能做到不单纯地压抑和忽略情绪，也不会任由情绪驱使，伤人伤己。

(二)学会识别、评估和表达情绪

对情绪进行思考，分析情绪，找到情绪所代表的内心愿望和冲突，了解真正需要解决的问题是什么，并寻找解决问题的办法。

(三)学会接纳情绪

当问题一时难以解决，或者已经知道问题出在哪里，却暂时无法解决时，需要相信自我的恢复能力，给自己足够的时间修复伤痛，同时积极开拓生活中的其他领域，寻找多个支撑点。

三、培养积极情绪

(一)认识自己、欣赏自己

做自己情绪的主人，就没有谁能打败你。而要成为自己情绪的主人就必须不被周围的人和事所影响，即使有一些负面的评价和认识，也要保持清醒的头脑，要用正确的眼光看待和客观评价自己，用欣赏、肯定的心理鼓励自己。人无完人，坦然接受自己的不足，是对自我的肯定，而欣赏自己、肯定自己是人生的一种智慧。欣赏自己的人总能带着同样的眼光去欣赏别人，于是，欣赏自己的人很容易使别人的优点变成自己的优点，从而让自己变得更加优秀,成为一个积极、乐观、向上的人,无论遇到什么困难,都能有足够的力量去迎接挑战,赢得最后的胜利。

美国心理学家威廉·詹姆斯研究发现,一个没有受过激励的人,仅能发挥其20%～30%的能力,而当他受到激励时,其能力可以发挥到80%～90%。也就是说,同样一个人,在经过激励后,所发挥的能力和作用是被激励前的三到四倍。所以,我们不但要学会欣赏别人,还要学会欣赏自己,学会为自己点赞、加油。

(二)培养内心的平衡与宁静

情绪不是受自己主观意愿控制的,也就是说,想通过自己的想法,促使好的情绪产生是不太现实的,但只要我们常常有这种强烈的意愿——培养内心的平衡与宁静,那么不管遇到多大的风雨,我们都能更容易地控制自己的情绪。因此,要想获得积极情绪,培养内心的平衡与宁静是至关重要的。那么,如何才能修炼到这样的境界呢?关键在于平时养成超脱的胸怀,跳出问题的局限,多考虑大局,并承担自己的责任。

生活中,每个人都会遇到种种不如意的事情,有的人会为此大发雷霆,但事情并不会因愤怒而得到解决,反而会变得更糟;有的人则是遇到问题能保持镇定,能很好地控制自己的情绪,始终保持积极的情绪,泰然自若地面对各种困难,从容自如地解决各种棘手的问题。可见,培养内心的平衡与宁静是我们成为自己情绪的主人的重要条件。鱼儿的好心情,来自大海的广阔胸怀;花儿的好心情,来自大地的温暖怀抱;而我们的好心情,则来自内心的平衡与宁静。

(三)播撒快乐的种子

积极的情绪就像太阳普照大地一样,它带给人体适度的刺激,能反射性地引起大脑皮质和脑部兴奋度的提高,从而充分发挥我们的潜能。科学家对大脑进行研究发现,好心情能让大脑中"快乐中枢"的神经细胞之间建立起联结。如果好心情经常出现,这些联结就会渐渐地形成固定的联系。当我们再处于相似的情境中时,我们就可能产生积极的情绪。反过来,如果我们经常被一些消极情绪困扰,那么"快乐中枢"的神经联结就会因为缺少加强而渐渐消失,消极的神经联结反而得到加强,消极情绪在以后就会不断地涌现。

现实生活中,不少人每天都在抱怨自己没有别人过得幸福。其实,这个世界上没有绝对幸福的人,只有不肯快乐的心,想要拥有幸福、享受人生,就必须拥有一个乐观的心态。

延伸阅读　　至少我还有一双完美的腿

袖管空空的刘伟第一次出现在选秀节目现场时,全场震动,评委与观众都自发地站起来为他鼓掌欢呼。刘伟安静地脱鞋、抬脚,轻盈地移动脚尖,《梦中的婚礼》的旋律从他的脚底"潺潺流出"。

评委问他:"你是怎样做到的?"刘伟只说了一句话,这句话在最短时间里成了媒体流传的金句,"我觉得我的人生中只有两条路,要么赶紧死,要么精彩地活着。没有人规定钢琴一定要用手弹。"

第三章 驾驭情绪 快乐生活

在全国总决赛中,刘伟最终以一首边弹边唱的《You Are Beautiful》拿下冠军,他为自己做了最好的注解:"凭借自己的努力,把不可能变为可能。活着,爱着,梦想着……"

[资料来源:《三月风》2010(12).]

快乐具有"传染性",可以"传染"给身边的人。只有你自己乐观,才能带给身边的人快乐。积极乐观是一种主动的生活态度,对任何事都有足够的控制能力。积极的人并不会否认消极因素的存在,他只是懂得不让自己沉溺其中。他会在一时、一事中学会积极应对问题,即使在面临恶劣的情形时,他们仍能寻求最好的、最有利的结果。因为积极乐观者相信,积极乐观会改变一切。

拓展训练一　焦虑自评量表(SAS)

焦虑是一种比较普遍的精神体验,长期存在焦虑反应的人易发展为焦虑症。本量表包含20个项目,分为4级评分,请你仔细阅读以下内容,根据最近一星期的情况如实回答。

填表说明:所有题目均共用答案,请在A,B,C,D下划"√",每题限选一个答案。

姓名:　　　　　　　　　　　　　　　　性别:□男　　□女

选项:A 没有或很少时间;B 小部分时间;C 相当多时间;D 绝大部分或全部时间。

1. 我觉得比平时容易感到紧张或着急。	A B C D
2. 我无缘无故感到害怕。	A B C D
3. 我容易心里烦乱或感到惊恐。	A B C D
4. 我觉得自己可能将要发疯。	A B C D
*5. 我觉得一切都很好。	A B C D
6. 我手脚在发抖。	A B C D
7. 我因为头疼、颈痛和背痛而苦恼。	A B C D
8. 我觉得容易衰弱和疲乏。	A B C D
*9. 我觉得心平气和,并且觉得安静地坐着是一件容易的事。	A B C D
10. 我觉得心跳得很快。	A B C D
11. 我因为一阵阵头晕而苦恼。	A B C D
12. 我有晕倒发作,或觉得要晕倒似的。	A B C D
*13. 我吸气和呼气都感到很容易。	A B C D
14. 我感到手脚麻木和刺痛。	A B C D
15. 我因为胃痛和消化不良而苦恼。	A B C D
16. 我常常要小便。	A B C D
*17. 我的手脚常常是干燥温暖的。	A B C D
18. 我感到脸红发热。	A B C D
*19. 我容易入睡并且一夜都睡得很好。	A B C D
20. 我做噩梦。	A B C D

计分方式：

正向计分题 A、B、C、D 按 1、2、3、4 分计；反向计分题(标注 * 的题目题号：5、9、13、17、19)按 4、3、2、1 计分。总分乘以 1.25 取整数，即得标准分。

分数解析：

低于 50 分者为正常；50～60 分者为轻度焦虑；61～70 分者为中度焦虑，70 分以上者为重度焦虑。

[资料来源：陶明，高静芳.修订焦虑自评量表(SAS-CR)的信度及效度[J].中国神经精神疾病杂志,1994,20(5).]

拓展训练二　抑郁自评量表(SDS)

填表 3-1 注意事项：请仔细阅读每一条题目，然后按照自己最近一周的实际情况，在对应的方格里划"√"。

表 3-1　　　　　　　　　　　抑郁自评量表(SDS)

项目内容	偶尔	有时	经常	持续
1.我觉得闷闷不乐,情绪低沉。				
2.我觉得一天之中早晨最好。				
3.我一阵阵地哭出来或是想哭。				
4.我晚上睡眠不好。				
5.我的胃口跟以前一样。				
6.我跟异性交往时像以前一样开心。				
7.我发现自己体重下降。				
8.我有便秘的烦恼。				
9.我的心跳比平时快。				
10.我无缘无故地感到疲劳。				
11.我的头脑像往常一样清楚。				
12.我觉得经常做的事情并不困难。				
13.我感到不安,心情难以平静。				
14.我对未来抱有希望。				
15.我比以前更容易生气或激动。				
16.我觉得决定事情很容易。				
17.我觉得自己是个有用的人,有人需要我。				
18.我的生活过得很有意思。				
19.假如我死了,别人会过得更好。				
20.平常感兴趣的事情我照样感兴趣。				

计分方式：

正向计分题 A,B,C,D 按 1、2、3、4 分计；反向计分题按 4、3、2、1 计分。

反向计分题号：2、5、6、11、12、14、16、17、18、20。

总分乘以 1.25 取整数，即得标准分。

分数解析：

按照中国常模，SDS 标准分的分界值为 53 分，低于 53 分者属正常群体，53～62 分者为轻度抑郁，63～72 分者为中度抑郁，72 分者以上为重度抑郁。

[资料来源：舒良.自评抑郁量表和抑郁状态问卷(Self-Rating Depression Scale and Depression Status Inventory)[J].中国心理卫生杂志,1999(增刊).]

思考与训练

1. 大学生情绪健康的标准是什么？
2. 如何培养自己积极的情绪？

第四章

激发潜能 有效学习

学习，对于每一个人来说都是一个终身课题。学习是学生的第一要务，步入大学校园，开启全新的学习生活，要了解大学学习的特点，端正学习态度，找准学习的方向，注意排解学习中的困扰与烦恼，也要掌握有效的学习方法与策略，激发学习的潜能，培养良好的学习能力，提高学习的效率，真正成为学习的主人。

第一节 成为学习的主人

学习目标

1. 了解学习的相关概念、特点、能力要素。
2. 了解影响学习的非智力因素。

课堂互动 学习为了啥

上大学之后，宁宁很少把时间和精力放在学习上。宁宁觉得现在上学也就是为了以后能找个好一点儿的工作，感觉现在所学的知识在生活中很难运用得到，对以后找工作没什么大的帮助。她心情不好的时候就不愿意听课，而且对有些课的内容不感兴趣，上课的时候会玩手机，注意力分散。她没有什么学习方法，将自己的学习成绩归因于试卷的难易程度、运气等；没有明确的学习目标，对未来没有规划，很迷茫。

[资料来源：李琴义.大学生学习心理问题的个案分析[J].现代交际,2018(11).]

第四章 激发潜能 有效学习

> **思考与讨论**
> 本案例中的宁宁为什么对学习没有太大兴趣？大学生对学习应该持有什么样的态度？

一、学习的概念

学习的概念有广义和狭义之分。广义的学习是指人和动物在生活过程中通过实践训练而获得的，是由经验引起的相对持久的适应性的心理变化，即有机体以经验方式引起的对环境相对持久的适应性心理变化。狭义的学习是指学生在教师的指导下，有目的、有计划、有组织、有系统地掌握知识、技能，发展智力、培养能力、塑造个性和思想品德的过程。

二、大学生学习的特点

现在很多家长和教师为了鼓励学生努力读书，经常用"现在苦一点儿，累一点儿，只要上了大学，你爱怎么玩就怎么玩"等类似的观点来教育学生。于是不少学生考上大学后，就认为万事大吉了，学习不再是主要任务。于是，他们将大部分时间和精力用在休闲娱乐和发展个人兴趣爱好上，其结果是学习成绩一团糟。

和以往相比，大学的学习到底有什么不同呢？

(一)自学成为最主要的学习方式

大学生在入校之前，都有十多年的中小学的学习经历，中小学学生的一切活动都是在教师的安排和指导下进行的，学生要做的就是集中精力跟上教师的步伐，而进入大学后，他们接受的则是专业化的教育，与以往大有不同。

大学教师为了阐明学科理论的体系，往往旁征博引，所以课堂教学内容信息量较大，要想扎实地掌握这些知识，要靠学生课下自己去阅读、钻研和理解，因此，自学能力成为决定大学生学习效果的重要因素。

在学习方法上，要从中学阶段以记忆为主的再现型向以理解为主的应用型转变，在时间安排上要有较强的计划性，能合理制订学习计划，能对学习活动进行自我调控等，否则，或是忙乱不堪，不得要领；或是浪费时间，所学甚少。

(二)学习更具有自主性和创新性

大学生在完成专业性课程学习任务的前提下，可以根据自己的成长目标和实际需要，挖掘自己在某一方面的潜能，发展自己的兴趣爱好和特长，有意识地扩充某些知识，大学生也可根据自己的兴趣爱好，跨学科、专业选修某些专业课程，有目的、有计划地自修某些课程或从事某些具有探索性质的研究活动。

随着学习的深入，大学生的批判和创新意识越来越强，不再轻信教师课堂中的内容、书本上现成的结论，不迷信专家、学者的有关论述，更相信通过自己的独立思考能够探索出新的独特的结论，很多大学生会在课堂上和教师讨论某些学术问题，在课下更是与同学激烈辩论，这种独立批判的创新意识是非常可贵的学术研究精神，应积极保持。但也要避免出现盲目自信和认知片面的情况发生，因此大学的学习不仅要求大学生理解、掌握、巩固知识,还要在学习中培养独立思考和探索创新的精神。那些死记硬背、墨守成规、缺乏灵活性和创造性的大学生将会较多地感受到挫折。

(三)学习途径的多样性

在中小学阶段,课堂学习是学生学习知识的主要途径,而在大学,除了课堂之外,还有多种学习方式和途径丰富大学的学习生活。大学生可以在图书馆或资料室查阅文献;可以参加教师组织的科研课题活动;可以聆听各种学术报告和讲座。此外,大学中各种社团活动与校园文化活动不仅锻炼了大学生的实践能力,还丰富了大学生的知识。随着现代教育技术在大学校园中的普及,网络也成为大学生的一种新的学习平台,大学生可以利用网络并通过网上查询、交流等形式进行学习活动。除了校内的多种学习途径外,大学生还可以将学习和社会实践相结合,进行各种社会调查和咨询服务,在社会实践中学习,这些活动不但可以提高大学生的学习积极性,还能提高他们独立学习和工作的能力,为他们将来顺利地进入社会取得事业成功打下坚实的基础。

美国人力资源心理学家赫伯特说,未来的文盲已经不是不能阅读的人,而是没有学会学习的人,而学会学习的实质就是要形成良好的学习心理。有些初入大学的学生正是由于没有形成良好的学习心理,才阻碍了知识的获得与智能的发展,甚至是整个心理活动的混乱。

延伸阅读 古代圣人的学习之道

一、孔子的学习之道

我国古代伟大的教育家孔子(前551—前479年),在学习上主张"学而时习之""温故而知新"。在学习时,要学、思结合:"学而不思则罔,思而不学则殆"。就是说,光学习而不积极思考,就会迷茫而不知所向;如果思考不以学习为基础,就会流于空想,会带来知识上的危机。因为学习是人类独特的活动,是人类知识的继承活动。这种继承不能是简单的重复和模仿,要通过独立思考,学、思结合,才能在接受前人知识的基础上,有所创造,有所发展。

二、祖冲之的学习之道

我国南北朝时的数学家祖冲之(429—500年)的学习方法是:"搜拣古今"。搜指搜索,博采众长,广泛地学习研究;拣是提炼,把各种主张拿来研究,再经过自己的消化、提炼。他就是用这样的方法进行学习和研究,最后创立了自己的学说。因为他的祖先在南方做官,而且一家有几代人研究历法,祖父又掌管朝廷的土木建筑,也懂得一些科学技术,所以祖冲之从小就有机会接触家传的科学知识。由于他思维敏捷、勤奋好学,又有好的学习方法,博览群书,广采各家精华;不因法古而墨守成规,主张在实践中去检验真理。正因为如此,他在天文历法、机械和数学三个方面取得了杰出的成就。

三、朱熹的学习之道

我国宋朝著名的教育家朱熹(1130—1200年),总结先秦时期教育家们的学习之精髓,提出"为学之序"是:博学之,审问之,慎思之,明辨之,笃行之。"学、问、思、辨以穷理,笃行以体事。"他主张"读书有三到,谓心到、眼到、口到。心不在此,则眼看不仔细,心眼既不专一,却只漫浪诵读,决不能记。记亦不能久也。三到之法,心到最急。心既到矣,眼口岂不到乎"。他认为:读书之法,在循序而渐进,熟读而精思。要举一而反三,问一而知十,及学者用功之深,穷理之熟,然后能融会贯通,以至于此。他的弟子将朱子读书法归纳为以下六条:循序渐进、熟读精思、虚心涵泳、切己体察、着紧用力、居敬(收心、集中注意)持志。

[资料来源:张连霞.名人与学习方法[J].时代数学学习(七年级),2007(Z1).]

三、大学生学习的能力要素

(一)自学能力

大学的学习更加强调个体在学习活动中的自觉性与能动性。因此,自学是大学生学习的一个重要能力,特别是在强调素质教育的今天,具备自学能力的学生可以学到更多的知识和技能。培养良好的自学能力,需要:

1.增强自信。有些大学生认为只有天才才能够自学成才,而自己并不是天才。实际上,只要智力正常,一般大学生都具有自学的能力,只有自觉能力强弱、学习快慢之分,但并非成不了才。

2.培养正确的学习动机和稳定的情绪。学习的动机很重要,动机不正确,激励不了自己去面对困难,遇到困难往往会退缩,阻碍自身潜能的发挥。面对困难与挫折,良好的情绪同样重要,大学生应做到不患得患失,胜不骄、败不馁。

3.学会独立思考。这是培养自学能力的关键。不仅要能发现问题、分析问题,还要能解决问题。回答好"是什么""为什么""怎么做",思考得越多、越深入,收获也就越大。

4.找到适合自己的自学方法。比如:读书笔记法、实践体验法、交流讨论法等。

(二)记忆能力

记忆能力是指人们把收集到的信息和资料储存与再现的能力。记忆的过程包括识记、保持、再认和再现几个方面。记忆是人类基本的能力之一,没有记忆就不能积累和保存知识,也就难以使认识更加深入和全面,无法更好地学习和工作。

1.端正态度和积极思考,对自己的记忆力抱有信心。只有这样才能充分调动脑细胞,使知识掌握得更加扎实。

2.科学用脑,注意张弛有度。科学研究表明,人的大脑分为左、右半脑。左脑主要是负责语言、数字、逻辑、运算和加工的系统;右脑与知觉和空间有关,主要是负责美术、音乐、空间的知觉辨认系统。一般情况下,左、右半脑各司其职,但又彼此相互补充,既分工又合作。兴奋、抑制是大脑工作和休息的表现,因此不注意科学用脑,就会对感兴趣的事情长抓不放,对不感兴趣的事情不闻不问,让大脑长期处于兴奋或抑制状态,记忆效率就会下降,导致记忆力消退。

3.多方面刺激大脑接收外在信息。在学习时,充分调动身体的各个感官来刺激大脑,把听、说、读、写等结合起来,效果会比单一的感官刺激好得多。

4.及时重复。遗忘属于正常的心理现象。心理学家研究表明:遗忘会先快后慢、先多后少,到一定的时间后几乎不会遗忘。因此,为防止遗忘、增强记忆力,就必须及时重复记忆,还要克服怯场心理,情绪勿过分焦虑或抑制,可运用口诀、歌谣、形象记忆等方法、技巧。

(三)观察能力

观察是人们认识一切事物的起点,是一种有目的、有准备、有组织的知觉活动。观察能力是指人们发现和认识事物本质特征的能力,是获得成功、捕捉机遇的前提条件,也是影响人成功的智力因素。培养良好的观察能力,需要:

1.对从事的专业具有浓厚的兴趣。兴趣是最好的老师,也是观察的前提。

2.养成仔细观察、反复观察的习惯,从而透过现象看本质,找到事物的本质特征。

3.观察的同时要勤于思考,多问为什么。

(四)创新能力

创新是一切事物发展的动力和源泉。创新能力是指创造出前人未曾有过的事物、成果和未曾做过的事业的能力。培养良好的创新能力,需要:

1.有强烈的主体意识。具有主体意识的大学生在面对新生事物时能独立思考,有自己的主见,不盲目崇拜、迷信权威。

2.精神专注,思维活跃,逻辑严密,富有想象力。遇事浅尝辄止,思维不活跃,逻辑不严密,想象力不丰富,就无法使自己的思想进入较深的领域,就不能打破常规和陈旧思维定式,很难使人的思想境界得到提升,就不能够做到视野开阔、博览群书。创新需要广博的知识,一方面,知识越丰富,大脑接收的信息刺激就越强烈,能力也就越强;另一方面,具备广博知识的人,其大脑更容易产生新奇的想法和独特的见解,更能做到有所创新。

四、影响学习的非智力因素

心理学家研究表明,影响大学生学习成绩的主要因素是学业中的非智力因素,主要包括兴趣、情感、意志、性格、态度等。

(一)兴趣

"兴趣是最好的老师",这句话充分说明了兴趣与学习的关系。浓厚的兴趣能推动个体进行探索性的学习,进而在学习中主动克服困难,排除干扰。

兴趣与努力是不可分割的,二者是大学生成才的两个重要方面。努力是通往成功的必经之路,兴趣可以通过后天的培养,从而使这条路走得更顺利。大学生可能对自己所学的专业不感兴趣,经过刻苦努力,取得了一定的成绩,也会激发起对专业知识的兴趣。大学生有了学习兴趣后,可促使他们刻苦钻研,向更高的目标迈进。因此,兴趣与努力相辅相成,共同促进学业进步。

(二)情感

我国古代著名教育家孔子将学习分为三个不同的层次,"知之者不如好之者,好之者不如乐之者"。这三个层次呈递进状态,"乐学"是最高层次的学习热情。情感与认识、需要之间相互影响,它是在认识和需要的基础上产生与发展起来的。情感虽然可以推动并加深人们的认识,调节人的客观需要,但是也会妨碍人们对事物的正确认识,产生不合理的情绪。当人对某一事物形成客观的认识,并与主观需要相一致时,就会产生积极的、肯定的情感,反之就会产生消极的、否定的情感。大学生必须明确学习目的,将学习活动、求知欲望当作自己的正当需要,这样才会产生热爱学习、立志成才的积极情感动力。

(三)意志

有学者曾对大学生的学习做出这样的描述:大学生差别最小的是智力,差别最大的是毅力。荀子提出"骐骥一跃,不能十步;驽马十驾,功在不舍;锲而舍之,朽木不折;锲而不舍,金石可镂"的观点;苏轼也说"古之立大事者,不惟有超世之才,亦必有坚忍不拔之志"。由此可见,意志在大学生的学习中起着举足轻重的作用。

(四)性格

陶行知先生从教育实践中得出,良好的性格特征主要包括以下四个方面:一是努力奋斗,"奋斗是成功之父";二是实事求是,"知之为知之,不知为不知";三是独立意识,"独立的意志,独立的思想,独立的生计与耐劳的筋骨";四是创新精神。一个具有优良性格特征的学生,可以保证其有正确的学习动机、稳定的学习情绪、持久的学习兴趣和顽强的学习意志,可以提高心智活动的水平,获得学业成功。

(五)态度

态度是指一个人对人、事、物或某种活动所持有的一种接近或背离、拥护或反对的稳定的心理倾向性。它包括认识、情感、意向三种。学生的学习态度是指学生在学习情境中表现出来的比较稳定的心理倾向。影响大学生学习态度的因素主要有教师的人格魅力,教师授课水平及授课过程中的形式、内容、方法等。研究表明,优秀的教师会成为学生心中的偶像,学生会有意无意地模仿教师的某些行为,对学习产生积极的态度。教师在不同教学形式与各种课堂活动情境下呈现出严谨而不失趣味的教学风格,易使学生产生积极的学习体验,从而形成积极的学习态度;消极的学习态度,往往伴随着枯燥的学习内容、呆板的教学形式和沉闷的课堂氛围。

> **延伸阅读** 二子学弈
>
> 弈秋,通国之善弈者也。使弈秋诲二人弈,其一人专心致志,惟弈秋之为听。一人虽听之,一心以为有鸿鹄将至,思援弓缴而射之,虽与之俱学,弗若之矣。为是其智弗若与?曰:非然也。
>
> 语释:弈秋是闻名全国的围棋高手,让他教两名学生下棋。其中一个学生专心致志地听从弈秋的教诲。另一个学生,虽然也在听讲,却总是想着有天鹅即将飞来,想着如何牵引弓箭把它射下来。他虽然跟专心的学生一起学习,成绩却相差很远。这是因为他的智力不及人家吗?我说:"不是这样的。"
>
> [资料来源:二子学弈.语文世界(小学生之窗),2011(2).]

> **思考与训练**

1. 大学生如何培养学习的自主性和创新性？
2. 非智力因素是如何影响大学生学习的？

第二节 排解学习的烦恼

学习目标

1. 了解大学生在学习中的主要心理问题与困扰。
2. 掌握排解学习烦恼的方法。

课堂互动 学习的烦恼

李某，女生，某大学社会科学专业学生。李某自幼学习上进，记忆力较强，深受老师的器重，每逢市里举行数学竞赛，老师都推荐她参加，这给她造成很大的精神压力。其实她本人对数学兴趣不浓，但因为学校和老师的器重，李某便觉得这是一种荣誉，是学校和老师对自己的信任，只好硬着头皮参加。某次数学竞赛前一天，她一夜没睡好，在考场上脑子很乱，心里发慌，原本复习过的内容也想不起来了，结果可想而知，她的成绩很不理想。从此以后，她就出现了睡眠障碍。

李某因对数学不感兴趣，而报考了社会科学专业。上了大学才发现，这个专业也要学习数理统计，这给她带来了沉重的心理负担。不仅如此，她还发现原来自己的记忆力好、善于背诵的优势在大学里似乎发挥不了多大的作用，其他专业课学习起来也很吃力。她开始担心考试过不了，毕不了业。可越担心，到考试复习阶段就越紧张，她十分焦虑，睡眠障碍更严重了，学习也失去了动力，学习成绩一落千丈。

她在学习中遇到了哪些困惑？

（资料来源：李明. 心灵方舟：大学生心理健康教育案例集[M]. 北京：清华大学出版社，2013.）

> **思考与讨论**
>
> 你对所学专业感兴趣吗？在学习中，你遇到了哪些困惑？

大学生在学习中产生的心理问题与困扰多种多样，主要表现在学习动机、学习方式、考试焦虑等方面。

一、调节不当的学习动机

学习动机又称"学习的动力"，是推动学生进行学习活动，指引、激励学生学习的内在驱动力。它并不是单一的结构，学生的学习活动是由各种不同的动力因素所组成的整体系统所引起的,其心理因素包括:学习的需要,对学习的必要性的认识及信念;学习兴趣、爱好或习惯等。从事学习活动,除了要有学习的需要外,还要有满足这种需要的学习目标。二者是学习动机的重要构成因素。

心理案例

案例一

一位来自经济困难家庭的学生自述:因高考发挥失常,选择了一个自己不太满意的学校和专业,来到大学后,心中感到失落和茫然,学习没有动力,生活没有目标。有时候想到家境困难和年迈的父母,也恨自己不争气,可就是找不到奋斗的目标和学习的动力,学习上得过且过,生活上马马虎虎,漫无目的。我该如何摆脱这种困境?

案例二

一位毕业班学生自述:一直优秀的我对自己要求很高。在大学,我为自己制定了详细的规划:成绩要好,能力要强;二年级要过英语四六级和托福考试,为将来出国留学做准备;三年级要入党,使自己的政治生命有所皈依……于是,在大学里我像一只陀螺不停地转。可是我却发现自己离预定的目标越来越远,我忽然怀疑起自己的学习能力,我感到自己在学习上的优势在慢慢减少,甚至多年积累起来的自信也受到怀疑。对未来,我忽然担心起来,我该怎么办?

上述两个案例,两位学生都因为学习动机不当产生了心理上的困扰,不同的是前者是学习动机不足,后者是学习动机过强。

动机不足,容易导致不思进取,安于享乐,荒废学业;动机过强,容易导致急功近利,事倍功半,欲速则不达。二者均不可取。

(一)学习动机不当的原因

1. 学习动机不足的原因

学习动机不足主要是由学习目标不明确,学习态度不端正,学习毅力不强,对专业不感兴趣,对自我的学习期望不足,对学习没有信心造成的。

2. 学习动机过强的原因

个体对学业期望过高,自尊心过强,对自己的学习能力缺乏恰当的估计,就会造成学业自我效能感下降,从而心理压力大,渴望学业成功而又担心学业失败,渴望外在的奖励与肯定,特别是由于学业优秀带来的心理满足使学生更看重自己的学习成绩,造成学习强度太大,从而引起心理疲劳。

(二)学习动机不当的自我调节

1. 学习动机不足的自我调节

(1)正确认识学习的价值与大学的学习目标,规划好自己的学业。
(2)调整心态,以积极的心态对待学习,用自身的意志战胜惰性。
(3)改进学习方法,提高学习效率。

2. 学习动机过强的自我调节

(1)正确认识自己的潜质,制定合适、合理的学习目标,同时要脚踏实地、循序渐进,不能好高骛远。

(2)转换表面的学习动机为深层学习动机,淡化外在奖励特别是学业成就的诱因,正确对待荣誉与学习成绩。

(3)端正学习态度,树立远大理想,根据情况适时调整长期目标,保持适度的学习热情,坚持不懈。

二、调整学习方式

从旧的学习方法向新的学习方法过渡,由应试教育的中学学习方式,过渡到大学教育中自主学习的学习方式。大学生不能及时调整学习方式,会不可避免地导致学习烦恼。

心理案例

一位学生向心理老师求助:老师,我从大一到现在,依然感觉自己没有进入良好的学习状态,完全没有高三时的学习激情。进入大学以后,学习情况发生了很多的变化,老师不再手把手地教了,作业也少了,考试也少了。开始我还感到轻松自在,可是,我现在很担心,这样下去能学到什么,自己想好好学,却又不知道该怎么学。

[资料来源:杨升. 浅析培养学生良好的学习心理状态[J]. 教师,2011(35).]

(一)学习方式问题的原因

死记硬背,等待老师划重点,以书本知识为中心的中学学习方式,难以适用于大学学习中理论与实践并重,知识与能力同步发展,强调主动探索、参与的学习模式。这种冲突、矛盾造成学生学习中的困惑、不适、混乱,还会进一步造成学生与老师的相互不理解,甚至出现相互责怪、批评的局面,进入一个恶性循环。许多大学生在学习方式上面临着一个大的转型,需要从多方面加以适应。

(二)学习方式问题的解决

学习方式的问题是大学生常见的问题,如何解决它是摆在大学生面前的一个重要议题,建议从以下几个方面来思考与改变:

1.寻找新的学习动力,克服没有学习目标的状态。

2.摆脱应试学习方式的束缚,做学习的主人。

3.适应大学的师生关系,变"老师找"为"找老师"。

4.学会管理时间,合理安排学习活动。

5.找到适合自己的学习方法。

三、缓解考试焦虑

考试焦虑是指由应试情景引起的紧张不安、忧虑、恐惧甚至逃避的心理状态。适度的焦虑会产生积极的效果,使应试者能较好地发挥自身正常水平,但焦虑程度过高或过弱都会降低学习效率。

第四章　激发潜能　有效学习

> **心理案例**
>
> 小王,某大学二年级学生。在中学的时候,他是一名优秀的学生,可是在大学里,经常考试成绩不理想。考试之前,他也认真复习了,可一到考试前几天,晚上就睡不好觉。一走进考场就会心慌,呼吸急促,脑子里不知在想什么。心里越急,大脑越不听使唤,以致思维混乱无法好好考试。走出考场时,一切又恢复正常,可为时已晚。

(一)大学生考试焦虑的原因

1. 考试本身

越是重要的考试,越容易产生考试焦虑;题目越难,越容易产生考试焦虑;竞争程度越激烈,越容易引发考试焦虑。

2. 学生的学业期望

一般而言,对学业期望越高的学生,对学习投入的精力越多,越看重学习成绩,因而对考试失败的恐惧越高,越容易产生考试焦虑;对学业期望较低的学生,满足于"60分万岁",一般不会产生考试焦虑。但学业期望较低的学生在面临可能不及格的情形时,也会产生考试焦虑。

3. 知识的掌握程度

一些学生平时学习不努力,一到考试前夕,才临阵磨枪、匆忙上阵,面对考试无从下手,便会产生焦虑。

4. 学生对考试关联因素的重视程度

考试成绩与大学生学业荣誉(如评奖、评优)、学业前途(如就业、升学)等密切相关。学生把这些看得越重,越容易产生焦虑。

(二)考试焦虑的调节

1. 正确看待考试

考试只是认识和检验自己学习效果的一种手段,因而不要把成绩看得过重,更不要把每次考试都与自己的前途命运联系在一起。要正确评估自己与考试的关系:一要增强自信,相信自己的能力;二要设定符合自己实际的合理目标。

2. 平时努力,积极备考

大多数学生的考试焦虑是由准备不充分引起的。学习无捷径可走,平时认真学习,牢固掌握知识,考前制订复习计划,对学过的知识进行全面、系统的复习,可有效降低考试前的焦虑。

3. 学会放松,缓解焦虑

可学习一些缓解焦虑的方法,如呼吸放松法:闭上眼睛,放松身体和思想,伸展四肢并变换身体的姿势,做几次缓慢的深呼吸,并在深呼吸中提醒自己"放松";积极暗示法:在答题过程中,如果感到紧张,可进行积极的自我暗示,如"我很棒""我一定能成功";转移注意力法:将注意力从消极方面转向积极方面,以重新确定目标,如积极参加体育锻炼,做些自己感兴趣的事,多与正能量的同学聊天等进行自我调节。

4. 进行心理咨询

如果觉得自己有考试焦虑,并且通过自我调节的方式无法调整,应积极寻求心理咨询师的帮助。

延伸阅读　　提高记忆力的六种方法

一、看一看自然景色

心理学家早就发现,自然对于我们人类有着许多神奇的作用,其中之一就是能够提高我们的记忆力。有人做了这样一个研究,让两组人完成同一个记忆任务,一组人在繁忙的大街上走一圈,另一组人在植物园里走一圈,结果发现后者的记忆效果超过前者20%。

你甚至都不要真的走到室外,只要看一看风景图片就会有效,尽管效果可能要打些折扣。所以,建议你在学习的地方放一些风景图片或绿色植物,这会有利于提高你的记忆力。

二、把痛苦写出来

人类完成复杂的工作,需要"工作记忆"。"工作记忆"有点像一个平台,我们把需要的知识、信息从大脑中提取出来放在这个平台上,工作完成以后再把它送回大脑中。良好的"工作记忆"很重要,它有助于提高我们的学习等复杂心理活动的效率。

心理学家发现一个间接提高"工作记忆"的有效方法是表达。你每个月花20分钟左右的时间,把最近发生在你身上的痛苦的事情写出来,会有效地提高你之后一段时间的"工作记忆"。有趣的是,心理学家还没有搞清楚其中的原因:为什么把痛苦的事情写出来能提高记忆的效果,而写其他的事情就没有这个效果呢?

三、把要记的内容大声说出来

小学生记东西会大声朗读,其实各位有所不知的是,大声说出来能够帮助我们记忆很多东西。比如,你是否会忘了某个重要的单词或者某个关键的公式,甚至一转身就忘了你要干的事情?建议你把要记的内容大声说出来。研究表明,这样做能够提高10%的记忆效果。

四、冥想

冥想的作用许多人都听说过,它能帮助我们提高认知能力,包括记忆力。许多人对冥想有点望而生畏,感觉它需要长时间的刻苦练习才能有效。实际上,每天抽20分钟来冥想就能有效地提高记忆和其他认知能力。

五、预测你的记忆力

心理学家发现,仅仅预测一下自己对某事的记忆能力,就能神奇地提高你的记忆力。它既对已经发生的事情有效,也对未来要做的事情起作用。比如,你早上记了

50个单词,你可以预测一下你有多大的可能会忘得一干二净。研究表明,对于某些事情而言,这个方法能够提高约50%的记忆效果。

六、用身体语言编码

我们不光用大脑思考,其实也可以用身体语言"思考"。比如,伴随手势,我们能够更好地理解对方的语言。实际上,我们也可以用手势等身体语言对记忆进行编码,有人教美国人学日语,结果发现在学习过程中用手势来帮助学习日语单词的人,一个星期后与那些没有用手势的人相比,能够多记住两倍的日语单词。

[资料来源:夜深.六种方法快速提高记忆力[J].高中生,2013(09).]

微课
教你如何记忆

思考与训练

1. 大学生如何培养积极向上的学习动机。
2. 请结合自身经历谈谈如何科学地缓解考试焦虑。

第三节　培养良好的学习能力

学习目标

1. 激发学习动机。
2. 掌握有效学习的方法与策略。
3. 提高自主学习的能力。

课堂互动　我该如何快乐学习

某大一男生自述:现在感到学习压力很大,注意力不集中,效率也很低,有时做一道题要花费很长时间,上自习看书总是走神。看到周围的同学学习都很刻苦,我也不敢懈怠,每天拼命学习。每天早上7点起床,有时早餐也来不及吃就上了教室;中午也舍不得休息,吃过饭,看一会报纸,就去看书;晚上要到12点甚至凌晨1点才睡,结果上课总是犯困。

上次我买了一本很好的数学参考书,心里很不想告诉别人,怕别人看见;但又担心别人发现后说我自私,心里很矛盾。中学时住在家里就没有这种情况出现,买了好书,放在家中,别人也不会发现。

有一次,觉得学习太累了,就一个人上街逛了半天,但心里也不舒服,想想又浪费了半天时间,现在是看书看不好,玩也玩不好。自己也制订过学习计划,但很难执行,在实际学习过程中基本没有做到过,比如说,下午计划做5道题,实际上根本做不了这么多题,计划也就没用了。

向父母诉说,他们叫我别担心,可我现在这样又怎能不担心呢?他们还建议我早上做题,我坚持了两个星期后,就放弃了,因为我早上要读外语,时间根本来不及。中学时,除了上体育课,也不怎么运动,只是每天要骑半个小时自行车上学和放学,那个时候学习也没现在这么累。

(资料来源:李明. 心灵方舟:大学生心理健康教育案例集[M]. 北京:清华大学出版社,2013.)

思考与讨论

本案例中的大学生为什么会学习压力大?你有同感吗?大学生要如何提高学习能力,轻松快乐地学习?

孟子曰:"君子深造之以道,欲其自得之也。自得之,则居之安;居之安,则资之深;资之深,则取之左右逢其原。故君子欲其自得之也。"在他看来,一个人想要获得高深造诣,要靠自己积极主动地学习,才能牢固掌握和积累丰富的知识,在应用知识的时候才能得心应手。在科学技术迅猛发展、信息量爆棚的现代社会,人们要赶上时代的步伐,培养学习能力是关键。

一、激发学习动机

学习动机作为推动学习的内部力量,在学习中起着重要的作用。一个有强烈学习动机的学生在学习过程中会表现出坚强的意志和认真的态度。那么,如何有效地激发学习动机呢?

(一)明确学习意义

很多大学生缺乏学习的积极性和主动性,是因为他们没有把现在的学习与未来的生活建立起联系,他们不知道为什么而学,对学习在人生发展中的重要作用和意义缺乏深刻的认识。大学是人生从校园走向社会的关键转型期,如果不珍惜这一时期,没有掌握扎实的本领,等到毕业时才发现"书到用时方恨少"已追悔莫及。因此,大学生要从"要我学"向"我要学"转变,真正认识到学习的价值,从根本上调动学习的积极性、主动性和自觉性。

(二)树立学习目标

目标犹如灯塔,指引人们前行。学习目标是人的努力方向,坚定的学习目标能催人奋进。大学生确立学习目标应注意三个方面:一是要根据社会对人才的需求以及自己的需要来制定目标;二是近期目标和长远目标相结合,重点放在近期目标的制定上;三是设定的目标要与自己的实际能力相一致。目标过高,与本身的能力差距太大,可望而不可即,对自己不仅没有激励作用,而且会使自己产生无力感;目标过低,缺乏挑战性,即使成功,强化作用也不大。既有挑战性又有可能实现的目标才是合理的。

(三)培养学习兴趣

学习兴趣是学习动机中带有强烈情绪色彩、活跃的心理成分,由兴趣引发的学习动机往往更深入、更持久。对专业充满浓厚兴趣的学生勤奋好学,乐此不疲,学业上自然容易取得成功。而取得成功又使他们对学习产生更加浓厚的兴趣,从而形成学习中的良性循环。一些大学生感到专业学习比较枯燥,是因为对专业内容存在认识误区。不要局限于课堂学习或自我想象来理解专业及职业前景,要多涉猎专业书籍,多与专业老师交流,多参加专业领域的讲座论坛,多了解学长、学姐的就业去向和职业发展,多参加校园创新创业和职业生涯规划大赛和参访行业企业,了解专业的社会需求与实际应用。通过各种途径拓宽视野,加深了解,不断培养专业认同感,激发学习兴趣。

拓展训练 | 大学生学习动机量表

仔细阅读每一条,根据自己最近一个月的感觉。必须逐条填写不可遗漏,每项只能选其一。

1. 如果别人不督促我,我极少主动地学习。
○是　　　　　○否

2. 在学习中遇到不懂的知识,我根本不想弄懂它。
○是　　　　　○否

3. 我读书时,需要很长的时间才能提起精神。
○是　　　　　○否

4. 我一读书就觉得疲劳与厌烦,只想睡觉。
○是　　　　　○否

5. 除了老师指定的作业外,我不想再多看书。
○是　　　　　○否

6. 我迫切希望自己在短时间内就能大幅度地提高学习成绩。
○是　　　　　○否

7. 为了把功课学好,我放弃了许多感兴趣的活动,如体育锻炼、看电影与旅游等。
○是　　　　　○否

8. 我常想自己不用花太多的时间,成绩也会超过别人。
○是　　　　　○否

9. 为了及时完成某项作业,我宁愿废寝忘食、通宵达旦。
○是　　　　　○否

10. 我常为短时间内成绩没能提高而烦恼不已。
○是　　　　　○否

11. 我觉得读书没意思,想去找工作。
○是　　　　　○否

12. 我花在课外读物上的时间比花在专业书上的时间要多得多。
○是　　　　　○否

13. 我常认为课本上的基础知识没啥好学的。
○是　　　　　○否

14.我平时只在喜欢的科目上下狠功夫,对不喜欢的科目放任自流。
○是　　　　　○否

计分与参考解释:

1~5题、11~14题选"否",记1分,选"是"记0分;6~10题选"是",记1分,选"否"记0分。得分越高说明学习动机水平越高。

[资料来源:李金霞,和娟.不同阶段大学生学习动机程度及其特点的研究[J].中国健康心理学杂志,2011,19(09).]

二、掌握有效学习的方法与策略

(一)大学生学习方法的培养

1.明确方向,强化目标

进入大学后,很多同学因为找不到像高考那样明确的方向而迷茫失落,自己所就读专业方向和自我兴趣不统一而导致厌学逃课,这在大学生中较为普遍。中学时代以应试教育为主导,使得大学新生普遍表现出明显的依赖倾向,独立性差,自主能力不足,因此和要求自律、自主的大学环境相冲突。这是导致当前大学生产生学习障碍的一大诱因。

学业的成功,主要在于方向正确、目标明确。进入大学,同学们要注意培养由目标主导的学习自主性,根据自身的不同发展阶段,科学地设定短期、中期、长期的学习目标,并朝着既定的目标锲而不舍地追求,建立全面而扎实的知识基础。

延伸阅读　　爱迪生的目标读书法

伟大的科学家爱迪生,童年时被视为"低能儿",只上过三个月学便离开了学校。十二岁那年,他当上了火车上的报童。火车每天在底特律停留几个小时,他就抓紧时间到市里最大的图书馆去读书。不管刮风下雨,从不间断。当时,他随着兴致所至,任意在书海里漫游,碰到一本读一本,既没有方向,也没有目标。有一天,爱迪生正在埋头读书,一位先生走过来问:"你已经读了多少书啦?"爱迪生回答:"我读了十五英尺高的书了。"先生听后笑道:"哪有这样计算书的?你刚才读的那本书,和现在读的这本完全不同,你是根据什么原则选择书籍的呢?"爱迪生老老实实地回答:"我是按书架上图书的次序读的。我想把图书馆里所有的书,一本接着一本都读完。"先生认真地说:"你的志向很远大。不过如果没有具体的目标,学习效果是不会好的。"这席话对爱迪生触动很大,是他确立学习方向的一个契机。他根据自己的爱好、兴趣和专业目标,把读书的范围逐步归拢到自然科学方面,特别注重电学和机械学。定向读书,终于使他掌握了系统而扎实的知识,从而成了伟大的科学发明家。

[资料来源:爱迪生:目标读书法[J].小学教学研究,2013(09).]

2.纠正认知,快乐学习

进入大学后,很多新生出现学习上的不适应,出现了学习心理上的"鸵鸟效应",以为在学习时间上和同学拼,就可在学习上取得竞争优势,而将休息、娱乐的时间看作对时间的浪费,并一味地在时间的大量付出中寻求学习竞争中的心理安慰,但实际效果却适得其反。

面对这种情况,应启发学生纠正一个错误的学习认知,即将休息、娱乐看成是对时间的浪费。要在比较分析中帮助学生树立正确的学习观念:即以学习为主要目的,而将休息和娱乐看成是有助于学习的一个重要手段,从而使得学习、生活主次分明,学习和娱乐互补互助,借此认知来消除他们学习注意力不集中,又认为休息和娱乐是浪费时间的心理困扰,同时,分析将娱乐看作以学习为主要目标的手段,也是一种对学习生活的有效调节手段,这一调节手段也是符合大脑记忆的科学规律的。

3. 让情绪与学习良性互动

本章开头的案例,从根源上来看,那位同学的困扰主要是由自身的情绪引起的,同时兼有对大学学习的不适应。大学和中学相比,环境不同,学习的内容、目标任务侧重不同,但她依旧以相同的方式和感受来看待,自然会引起内心的诸多不平,因此,产生了抵触情绪。不良的情绪又影响到学习,恶性循环就形成了。

在实际中,影响学生学习的因素有许多,如人际交往、情感、情绪障碍、方法选择、策略选择等,都会引起学生的心理不适,严重的会导致沉迷网络、消极避世,更有甚者休学、退学。学习本身有许多困难,最好的方法就是勇敢地冲上去,把困难消灭掉。克服困难,不仅是一个学习的过程,更是一个转变思维、发展思维的过程,换个角度,就是一片新的天空,对学习如此,对生活更是如此。

4. 主动适应,持之以恒

很多同学进入大学后往往会出现以下几种情况:一是由于高考时考入理想大学的目标没有实现,对所在大学有不满情绪,这为日后行为上的消极埋下了隐患;二是不以积极的态度去适应大学的学习方式,没有及时调整适合自己的学习方法,因而感觉大学的学习困难;三是缺乏目标,没有精神支柱,没有在大学生活中树立新的目标。这些因素,使得很多同学到网络中寻找安慰和寄托,既不能改变现实生活,也不能在根本上代替现实生活,相反,只能加剧现实生活中的不适应。

步入大学校园,学生要适时调整自己的角色定位,主动适应大学的学习生活,明确学习目标和发展方向,做好科学合理的学习规划,立志笃行、锲而不舍、久久为功,为将来实现自己人生目标打下坚实的基础。

> **拓展训练** 找出大学里最重要的学习目标
>
> 1. 目的:帮助学生明确大学里最主要的学习目标
> 2. 过程:
> (1)请在纸上写出你计划在大学期间所要完成的五件事以及学习目标。
> (2)你发现这些事与学习的相关性了吗?请满怀信心地体验和分享你对这五件事的期望与喜悦。

(3)现在有特殊事件发生,你必须在五件事中抹掉两项。请用笔把它们抹掉,体验一下你现在的心情如何?

(4)现在又有特殊事件发生了,请你再抹掉一件,心情如何?

(5)残酷的现实再一次降临,你还要抹掉一件,心情又如何?

(6)现在只剩下一件,这就是你五件事内最想干的,对你来说也是最重要的事,这就是你当前要为之奋斗的目标。

3.总结:我们要看到的不是失去的那四件事,而是剩下的那一件,在大学的时光里,最重要的目标在于把这一件事做好,当大学的时光结束时,这件事就是你对大学学习生活的一个交代,其他的四件事,你也可以妥善地安排和计划,让它们作为你大学学习生活的补充。

[资料来源:邓如陵.激发创造灵感:大学生学习心理辅导的目标追求[J].中国成人教育,2007(08).]

(二)大学生学习策略的培养

学习策略是指学习方法的使用或活动方式,是能使学习者提高学习效率的方法和技术。

1. 复述策略

复述策略是在记忆时为了保持信息完整而对信息进行重复的过程。

(1)整体识记与分段识记。对于篇幅较小或者内在联系密切的材料,宜采用整体识记法,即整篇阅读,直到记牢为止。对于篇幅较长或者较复杂的材料,宜采用分段识记法,即将整篇材料分成若干段,分别记牢,再识记整篇,至于段的长短,可根据自己对材料的熟悉程度而定。

(2)超额学习。超额学习是指在学习过程中,在知识已达到成诵后仍继续学习。一般而言,在适当范围内,超额学习的次数与记忆保持量之间呈正相关。但超额学习要讲究效率,研究表明,150%的超额学习效果最好,超过150%的学习就会出现"边际效用递减"现象。

(3)多感官协同并及时复习。德国心理学家艾宾浩斯等人发现,人类遗忘的进程先快后慢。人们在识记学习20分钟后就会遗忘40%左右的内容。如果过了很长时间再去复习,就相当于重新学习了。所以对新学习的内容一定要及时复习,特别是在学习当天加以复习,以减缓遗忘的进程。同时在具体识记时,要多运用眼、耳、口、手等多种感官协同进行诵读、背诵、提问、练习等方式的复习。心理学家做过一个实验,单凭听觉获得的知识一周后只能记住15%,单凭视觉获得的知识一周后只能记住25%,而视听结合所获得的知识一周后能记住65%。

2. 精细加工策略

为了更好地理解与识记正在学习的内容,把新知识和已有知识有效地联系起来,形成自己的记忆,这个过程就是精细加工。

(1)做记号。在学习时,对一些重点的句子或词进行标记,能加深对句子的理解,记得

第四章　激发潜能　有效学习

更牢。比如在重点词语下划线,标着重号;在有疑问的地方标上问号等。

(2)笔记法。"好记性不如烂笔头",在阅读和听讲中借助笔记可以有效地控制自己的知识加工过程,维持对学习的注意力与兴趣,也有助于概括新的知识和建立新旧知识的联系。

(3)图示法。将学习材料的主要内容用简图表示出来,以便理解与记忆。

(4)类比和比较法。将容易混淆的学习材料进行对比分析,经常进行"同中之异"或"异中之同"的练习。

(5)多疑善问法。"尽信书,不如无书。"保持一颗好奇心,对学习中的问题和疑点进行独立思考,大胆发问。

3.组织加工策略

是否掌握了一门专业学科,不是看学了多少知识,而是看能否掌握整个知识的结构。想要形成自己的知识架构,需要不断地构建新旧知识之间的内在联系,将分散的、孤立的知识集合成一个整体,这就需要用到组织加工策略。

(1)聚类组织法。即运用归纳的方法对材料的特征或类别进行整理。比如现在有的英语词汇书将单词进行归类,如分为学习、生活、社交、体育、娱乐等模块,这样有利于学生进行词汇记忆。

(2)概括组织法。学生可以用摒弃枝节、提取要义的方式组织新的学习内容,主要有两种方法。第一种为纲要法,即列提纲,用关键而简练的词语提取材料的要义和组织纲目要点。此方法有利于抓住学习材料的精髓,以便学生记忆。第二种为网络法,即制作结构网络图,用树状式连线方式表示材料种属关系的一种组织方法。思维导图是目前常用的一种工具,它是用一个中央关键词或想法以辐射线形式连接所有的代表字词、想法、任务或其他关联项目的图解方式。

延伸阅读　中外名人读书法

林肯的诵读法

美国前总统林肯的"诵读式"读书法有三种形式:

一、细读慢吟。他挑选精彩的作品慢慢地、细细地低声吟诵,悉心领会其意义、气势、节奏、韵味;

二、高声诵读。他常常高声而有感情地背诵拜伦等人的诗歌,使自己能深刻地领会这些作品并加深记忆;

三、读给别人听。他常把认为奇妙的诗念给他的秘书听。他不仅读得抑扬顿挫、极富感情,而且全身心地进入诗歌的美妙境界。

卢梭的"三步"法

"三步"读书法是一种科学地接受书本知识的好方法。它的实质是在广泛阅读的基础上,加以分析、比较,然后在批判基础上的积极吸收。"三步"读书法,即储存—比较—批判三个步骤。

一、储存,指广泛阅读,大量吸收。读书时采取拿来主义的态度,把所读每本书的观

103

点,兼收并蓄,不加分析,不加评论,全部装进脑子里。这是一个广泛地、系统地积累知识的过程。这步可以丰富知识,增大信息量,使我们能够"眼观六路,耳听八方"。

二、比较,指在储存基础上分析比较。卢梭常在旅途或闲暇的时间,回顾脑子里"储存"的知识,认真地分析比较、鉴别、判断,最后得出正确、可信的知识和观点。通过比较这一过程,可以明辨真伪、判断是非,为建立自己的观点与见解打下基础。

三、批判,指在前两步的基础之上,采取批判的态度,从而确立自己的立场、态度,吸取对自己有益的知识,扬弃错误的成分和无用的东西。这一步的实质是"去粗取精,去伪存真",做到真正汲取书中的精华,形成自己独特的见解。这是重要的一步,也是关键的一步,只有掌握"批判"这一步,才算是真正会读书了。

鲁迅读书九法

一、背书法。鲁迅说:"口诵,耳闻其言,目察其形,心通其义,三识并用,一字之功乃全。"

二、抄书法。鲁迅先生的日记中记载着:"写《谢承后汉书》毕,共六卷,约十万字。"在不到一个月的时间里,鲁迅抄写的古籍竟达十多万字。

三、多翻法。鲁迅说:"书在手上,不管它是什么,总要拿来翻一下,或者看一下序目,或者读几页内容。"

四、跳读法。鲁迅认为,读书要"先易后难",不钻牛角尖。书读多了,理解力就提高了,知识面就扩大了,从前不懂的疑问就会逐渐解决。

五、博览法。鲁迅认为,读书"必须如蜜蜂一样,采集过许多花,这才能酿出蜜来,倘若叮在一处,所得就非常有限,枯燥了"。

六、立体法。鲁迅对阅读文艺作品曾说过:"先看几种名家的选本,从中觉得谁的作品自己最爱看,然后看这个作家的专集,最后从文学史上看看他的历史位置。倘要知道得更详细,就看一两本这个人的传记,那便可以大略了解了。"

七、剪报法。鲁迅先生在治学中,非常重视资料的积累,剪报就是他积累资料的一种方法。鲁迅的剪报册贴得很整齐,分类很严格,每页上都有他简要的亲笔批注。

八、问读法。鲁迅认为,带着问题去全面地细读全书,边读边问,边问边读,逐渐深入,就能很有实效地读书。

九、五到法。鲁迅认为读书要五到:心到、眼到、口到、手到、脑到。

郭沫若的分类法

他把书分成四类:

一、为学习而读的书。比如各级学校开设课程的教材,这是青少年学生读书的重点。

二、为研究而读的书。当一人学有所成,并确定了要研究的专题时,就要围绕着它,以研究求索的态度读书。

三、为愉快而读的书。比如在闲暇之余,读些种草养花、诗词曲赋等轻松愉快的书。

四、为创作而读的书。即阅读国内外古代名著和当代名著,为从事文艺创作做准备。

[资料来源:《教子有方》2006(2).]

三、提高自主学习能力

自主学习是学习者自身产生的一种对学习的要求,是学习者发自内心的一种强烈的求知欲望。要实现大学生卓有成效的自主学习,成为学习的主人,一方面要求教育制度、教学管理、教学方法的模式要有利于大学生的自主学习,另一方面也要求大学生要认识到学习归根结底是要由自己主导完成的,进而学会自主学习。

(一)学习观念要由依赖性转变为自主性

大学新生入校后,刚刚从高中紧张得透不过气来的竞争中"松绑",一下子被表面上轻松的大学气氛所包围,很容易放松对自身的学习要求,时间长了如若还不能适应看似轻松自由,但实际上充满了紧张与竞争的大学学习气氛,就会在许多方面落伍。从以往毕业生的情况看,进入大学的适应期一般需要半年或一年,有的则需要一年半或两年。大学期间,如果前期的基础课没有学好,后面学习专业课就很吃力,以至于影响大学生今后的发展。这就要求大学生要积极主动地适应大学的学习、生活,独立地面对学业,主动规划自己的学习进程,包括制定学习目标、制订学习计划、学习时间、学习内容。总之,要非常有主见地对自己的学习、生活进行科学的安排,避免盲目性。

延伸阅读 一定要争气

童第周是我国著名的生物学家,他出生在浙江鄞县(今鄞州区)一个偏僻的山村里。因为家里穷,童第周17岁才进中学读书。他文化基础差,学习很吃力,第一学期期末考试,平均成绩才45分,校长要他退学或降级。童第周再三请求,校长才勉强同意让他跟班试读一个学期。

第二学期,童第周更加发愤学习。每天天不亮,他就悄悄起床,在校园的路灯下面读外语;夜里,同学们都睡了,他又到路灯下面去学习。值班老师发现了,关了路灯,叫他进屋睡觉,他趁老师不注意,又溜到厕所外边的路灯下面去看书。经过半年的努力,他的功课终于赶上来了,各科成绩都不差,数学还考了100分。童第周看着成绩单,心想:"一定要争气。我并不比别人笨,别人能办到的事,我经过努力,一定也能办到。"

童第周28岁的时候,得到亲友的资助,到比利时去留学,跟一位在欧洲很有名气的生物学教授学习。一起学习的还有从别的国家来的学生。旧中国贫穷落后,在世界上没有地位,外国学生瞧不起中国同学。童第周暗暗下了决心,一定要为中国人争气。

几年来,那位教授一直在做一项实验,就是把青蛙卵的外膜剥掉。这是一项难度很大的实验,不仅需要熟练的技术,还需要足够的耐心和细心。同学们谁都不敢尝试,那位教授自己做了几年也没有成功。童第周不声不响地刻苦钻研,反复实践,终于做成功了。那位教授兴奋地说:"童第周真行!"这件事震惊了欧洲的生物学界。童第周激动地想:"一定要争气。中国人并不比外国人笨。外国人认为难办的事,我们中国人经过努力,也能办得到。"

[资料来源:《教学设计》1996(9).]

(二)学习内容由被动接受转变为自主选择

就课程学习来说,目前我国大学实行的是学分制,大学生不仅要完成必修课,还要完成选修课的学习。大学生对待选修课的学习一般说来兴致较高,认为选修课可以开眼界、长见识,扩大自己的知识面,而且选修课的学习要求不严,大学生较少产生逆反心理,但选修课在大学生心目中的地位和分量毕竟不如专业课和公共课,大学生真正投入大量精力学习的不多。大学生学习选修课的目的比较模糊,学习动机不强,学习既不消极也不太积极,上课时注意力的集中程度不高,认知能力也不能充分发挥。因此,大学生对选修课的学习,应注意不要仅仅停留在浅层的了解和认知上,更要杜绝为了取得学分才选修某些课程和"选而不修"的不正常现象的发生。

延伸阅读　学会选择

有这样一则寓言:一头毛驴要吃草,毛驴左右两边各放着一堆青草、岂料,毛驴犯了难,先吃这一堆还是先吃那一堆呢?最后毛驴在犹豫不决中饿死了。

《聊斋志异》中的一则故事更耐人寻味:两个牧童进深山,入狼窝,发现两只小狼崽。他俩各抱一只分别爬上大树,两树相距数十步。片刻,老狼来寻子。一个牧童在树上掐小狼耳朵,弄得小狼嗷叫连天,老狼闻声奔来,气急败坏地在树下乱抓乱咬。此时,另一棵树上的牧童拧小狼的腿,这只小狼也连声嗷叫,老狼又闻声赶去……这样老狼不停地奔波于两棵树之间,终于累得气绝身亡。

驴饿死,狼累死,其原因是共同的:没有及时地做出选择。人也一样,人生中的每时每刻,其实都是在选择中度过的。有人这样说:品味人生,最大的愉快莫过于做出选择,最大的痛苦也莫过于做出选择,所以,每个人都应该学会选择。

[资料来源:《阅读与作文(初中版)》2013(4).]

(三)学习方式由单一性转变为多样性

中学的学习方式比较单一,主要是通过课堂学习来获取知识,而大学的学习要学会利用多种途径获取知识、锻炼能力。

1.利用课堂进行有效的学习。大学老师讲课风格与中学老师是截然不同的,要使自己进行有效的学习,则要主动探索大学老师的教学规律,力求找到教法和学法之间的平衡点。

2.利用学校的实验室和电教设备培养自己的实际操作能力和理论联系实际的能力。现在的大学教学内容所包含的信息量越来越大,仅凭坐在教室里苦读书是难以适应的。大学生必须通过多种渠道,获取大量的信息,并充分利用多种现代高科技教学手段来掌握、运用自己所学的知识来提高自己的能力。

3.利用图书馆来培养自主学习能力和提高自己的综合素质。很多学有所成的人都认为图书馆对他们的帮助是非常大的,但有些大学生由于没有这种意识,念了几年大学还不知道如何在图书馆、资料室查找自己所需的文献材料,这无疑是在浪费宝贵的教育资源。

4.参加社团活动,培养、锻炼自己的各种能力。

第四章　激发潜能　有效学习

5.参加社会实践,加强对社会的认识。认识个人与社会的关系;认清学习与职业的关系;等等。

6.选听讲座和报告。"所谓大学者,非谓有大楼之谓也,有大师之谓也。"在大学校园里,经常会有各种内容的讲座和报告,大学生要根据自己的需要,有选择性地听一些讲座和报告,拓宽自己的知识面和信息渠道。

延伸阅读　　身边的榜样:大国工匠"00"后王长伟

王长伟,男,2000年12月26日出生,共青团员,唐山劳动技师学院综合技术系2016级春招烹饪班的学生。初中时期的分流生,技能学习的天之骄子。

2016年春天,因文化课成绩不理想,他以一名分流生的身份,来到唐山劳动技师学院综合技术系,开始烹饪专业的学习。在职业教育的培育下,他仅用一年多的勤学苦练,就成了烹饪专业的佼佼者,在学院、市、省、国家级各类专业比赛中屡获殊荣。一名初中的分流生蜕变成技能学习的天之骄子。他用积极进取、昂扬向上的蓬勃朝气,在钻研技术、掌握技能的实践中,踏实勤勉、谦虚好学、执着痴迷,用行动展示着新时代高职学生的风采;他在圆梦大国工匠的道路上,书写出属于自己,也属于祖国的青春华章;他用学技报国的优异成绩,诠释职校学生的美丽。

博识强记,梦想起航

入学之初,他就拥有了自己的梦想——学到真技能、真本领,成为一个用技能报效国家、为国争光的人。他喜爱果酱画,但没有美术基础,他就照着图片先在纸上画。刚在盘子上画时,连他自己都看不出是什么,但兴趣鼓起他梦想的风帆。他恶补美术基础知识,制定学习任务,每天画一幅果酱画交给老师。经过一个月的潜心感悟、刻苦练习,他在学院举办的技能比武中,从开始的第三名一直到获得金奖,被授予"果酱画师"称号。随着职业成就感的慢慢提升,梦想开始起航。

执着梦想,砥砺奋进

王长伟在果酱画上的小有所成,为他的梦想插上了翅膀。第二学期开设雕刻课程后,他又有了新想法——把在纸上、盘子上画过的造型变成立体的形象。老师讲授基本要领时,他专心听、认真学,回家后反复练习。学艺的道路是艰难的。练习果蔬雕刻的过程中,需要耗费大量的原材料,他的家庭不富裕,他就利用周末去做小时工。在练习西瓜雕刻时,下刀稍微不当,西瓜就会炸裂开,手上伤痕累累是生活的常态。有时为了一个细节,他一遍遍地修改,每天练习到深夜。在院系领导、老师、家人的支持、鼓励下,他用自己的努力实现着亲人的期待,回报着学院和老师的培养,成为一个让老师骄傲的学生。

牛刀小试,初露锋芒

2017年暑假,王长伟参加了2017年中国技能大赛全国烹饪及餐厅服务职业技能大赛(河北赛区),获得了烹调银奖;参加了"西海岸杯"青岛大师赛获得了雕刻金奖。这些沉甸甸的奖牌,让他深深地认识到,自己虽然没有上完初中,但不一定就没有成功的机会。选择职业学校,选择学习技能,他选对了,做一个技艺精湛的工匠照样能实现自己的人生梦想。

(资料来源:隋美荣.心理健康教育(高职版)[M].济南:济南出版社,2018.)

教育家斯金纳曾说:"如果我们将学过的东西忘得一干二净时,最后剩下来的东西是教育的本质了。"所谓"剩下来的东西",其实就是自学的能力,也就是"举一反三"或"无师自通"的能力。在大学期间,学习专业知识固然重要,但更为重要的还是学习思考的方法,培养举一反三的能力。只有这样,毕业后才能适应瞬息万变的社会。

在大学期间,好的学习方法是在老师讲课之前就把课本中的相关知识琢磨清楚,然后在课堂上对照老师的讲解弥补在理解和认识上的不足。中学的学习更多的是追求"记住"知识,而大学的学习则要"理解"知识,并善于提出问题,对于每一个知识点,要多问几个"为什么"。事实上,很多问题都有不同的思路和观察角度,在学习知识或解决问题时,不要死守一种思维模式,不要让自己成为课本或经验的奴隶。只有这样,大学生潜在的思考能力、创新能力才能被真正地激发出来。

拓展训练　学生自主学习能力问卷调查表

1. 你在总结学习情况方面是怎么做的呢?
A. 经常总结,明确今后努力的方向
B. 有问题时找原因
C. 只是不断努力,用行动代替总结

2. 你在掌握学习方法方面是怎样的?
A. 有自己的一套方法
B. 经常借鉴别人的方法
C. 除了刻苦努力,没有什么方法

3. 在学习方面你对自己的信心是怎样的?
A. 充满自信
B. 比较有把握
C. 比较困难

4. 你有制订自主学习计划的习惯吗?
A. 已成习惯
B. 偶尔制订
C. 从来没有

5. 你在自主学习时,是否努力在规定的时间内完成预定任务?
A. 坚持努力
B. 时而努力
C. 不够努力

6.有关自主学习的方法,你属于何种情况?

A.经过一定时间的尝试,已掌握适合自己的学习方法

B.曾试着去实践别人介绍的学习方法,但一段时间后又放弃了

C.没想到采取别的学习方法,一直坚持自己效率不高的方法

7.你在课前预习的情况如何?

A.总是认真预习

B.有时预习

C.从不预习

8.你预习的基本方式是什么?

A.不轻易用教辅材料,先自主阅读新课,圈出疑难点,然后与同学交流

B.借助辅导材料和阅读教材,力求发现问题,并做笔记

C.单纯看一下课本,不做文字标注,也不圈出要点等

9.你上课时怎样做笔记?

A.记下上课内容的重难点

B.在课本上圈出笔记

C.抄下老师的板书

10.你参与课堂讨论的情况是什么?

A.积极投入

B.被动参加

C.不愿意参加

11.在小组互助合作学习过程中,你的收获大吗?

A.收获很大

B.收获较大

C.收获不大

12.老师上课让你回答问题时,你一般会怎样?

A.积极思考应答

B.看书或听同学的提示回答

C.不想回答

13.在老师讲课过程中,你的听课方法是什么?

A.边听边想边记,有疑问的地方在课内或课外与老师、同学讨论

B.边听边把老师要求记的记下来而已

C.只听不记

14.你怎样利用课堂笔记?

A.定期整理课堂笔记,把握重点,解决疑难问题

B.记下的重点内容或老师的提示,等到考试复习时再看

C.只是随意记下一点儿,没有多少利用价值

15.你做作业时,遇到问题的主要解决方式是什么?

A.完全靠自己思考解决

B.查阅有关参考书或请教别人

C.把同学做对的作业拿来抄一下

16.你遇到疑难问题的主要解决方式是什么?

A.及时查阅资料或寻求老师、同学的帮助,力求搞懂

B.寻找答案应付一下,万事大吉

C.置之不理,不求甚解

17.你如何对待错题?

A.先整理到错题集上,然后独立思考求解或结合老师的讲解查找失误的原因

B.做错题后,等待老师讲解

C.懒于动脑,置之不理

18.你如何利用双休日的时间?

A.自主学习(包括课外阅读),有计划地安排休闲娱乐,劳逸结合

B.主要是完成作业,很少有休闲娱乐时间

C.主要随意看书

结果分析:

选A得3分,选B得2分,选C得1分。

18~30分:自主学习能力一般;

31~33分:有较强的自主学习能力;

34~56分:自主学习能力非常强。

[资料来源:朱祖德,王静琼,张卫,叶青青.大学生自主学习量表的编制[J].心理发展与教育,2005(03).]

思考与训练

1.大学生如何保持学习动机?

2.分享一下自己是如何有效调节学习状态的。

第五章

与人为善 和谐相处

交往是人的本性需要。离开熟悉的家乡，踏入大学校园来到陌生的环境，开启全新的大学生活，每个人都渴望孤独时有人陪伴，迷惘时有人指点，快乐时有人共享，痛苦时有人分担，忧伤时有人安慰，气馁时有人鼓励，困难时有人帮助。通过人际交往，可以寻求心灵上的沟通，感情上的寄托。对于成长中的大学生来说，培养良好的人际交往能力，不仅是大学生活的需要，更是人生发展的重要课题。

第一节 搭建心灵的桥梁

学习目标

1. 了解什么是人际交往，及大学生人际交往的类型。
2. 了解大学生人际交往的作用。

课堂互动 你该怎么做——情景剧表演

活动情境： 你家附近新开了一家披萨店，你邀请好朋友去品尝。可是他说要帮助父亲整理花园，于是你决定带弟弟一起去吃。但是当你到达披萨店的时候，你看到好朋友正在和其他同学在那里一起吃披萨，此时你会怎么做：

A. 走到朋友面前，大声叫他骗子，然后愤怒地告诉他：你们的友情结束了。
B. 转移愤怒，用力将弟弟的盘子丢在桌上，并打翻弟弟的饮料。
C. 决定当作什么事情也没有发生，不对好朋友说什么，然后向前走去。
D. 晚上给好朋友打电话，了解情况，询问发生了什么。

表演要求: 如果上面的那个人是你,你会怎么做呢?请同学们三人一组,一起探讨接下来可能发生的剧情,讨论时间为 10 分钟,然后挑选三组同学上台展示剧情。

(资料来源:王华勤.梦想启航——大学生入学教育读本[M].厦门:厦门大学出版社,2014.)

> **思考与讨论**
>
> 如果是你,你将怎么做?遇到这样的问题,可能我们的处理方法各不相同,但解决困扰的方向,大体分为以下几种:A.表现出你的愤怒;B.把愤怒藏在心里;C.将愤怒转移到其他方面;D.试图解决冲突。在这四种处理方法中,哪一种方法才能更有效地处理问题而又不影响人际关系的维护呢?

人是一切社会关系的总和,任何人都不是完全独立的个体,都不可能独立地存在,每个人在不同的生活时期都离不开人际交往,如果一个人的人际交往顺利,那么他会感到心情舒畅,身心愉悦;而如果一个人的人际交往受挫,那么他会感到心情郁闷,周围的一切都会暗淡,产生烦恼、焦虑、忧虑等不良情绪。美国心理学家戴尔·卡耐基曾说:"一个人事业的成功,只有 15% 是靠他的专业技术,而另外 85% 要靠人际关系和处事的技巧。"对于大学生来说,良好的人际关系,不仅影响到他们的身心健康,还将影响到他们的学习、工作及生活的质量,可见人际交往在大学生活中是不可忽略的一部分,而如何处理好人际关系也是大学生不得不面对的一门必修课。

一、人际关系与人际交往

人际关系是指社会人群中因交往而构成的相互关联的社会关系,包括亲属关系、同学关系、朋友关系、恋人关系、师生关系等。而人际交往是指人际关系对象之间交往互动、沟通交流的过程。人际关系和人际交往是两个既有联系又有区别的概念。人际交往是人际关系实现的根本前提和基础,也是人际关系形成的途径,而人际关系则是人际交往的表现和结果。两者的区别在于人际交往侧重于人与人之间的联系与接触的过程,以及行为方式、程度等;人际关系侧重于在交往基础上所形成的心理状态和结果。从时间上看,人际交往在前,人际关系在后,人际交往是一个动态过程,而人际关系则具有相对的稳定性。

无论是在生活、学习,还是工作中,人与人之间的交往随处可见。从幼儿园、小学、中学,再到大学,大家对人际交往都不陌生,但如何处理好人际关系却是一门学问,也是一直困扰大多数人的问题之一。我国著名心理学家丁瓒先生曾说:人类的心理适应,最重要的就是对于人际关系的适应。

> **延伸阅读　人际关系与幸福**
>
> 追求快乐和幸福是人生活的根本目的,但怎么样才能得到快乐和幸福,或者说幸福最重要的支持因素是什么呢?
>
> 在日常生活中,金钱、地位、名誉、成功等似乎与个人的生活质量关系较大,因此许多人认为幸福是建立在这些要素的基础上的,但心理学家却否认了这种说法。心理学

第五章　与人为善　和谐相处

家通过广泛的调查和研究发现,良好的人际关系,尤其是亲子、夫妻、亲密朋友等关键的人际关系的融洽,才是人生幸福的最重要的影响因素。

金钱买不来幸福,成功、名誉和地位也带不来幸福。幸福从某种意义上说是一种生活态度和生活方式,只要我们对人真诚、友爱,对人关怀、体贴,对人理解和包容,我们就可能收获良好的人际关系,并最终获得幸福。

(资料来源:郭念锋.心理咨询师.基础知识[M].北京:民族出版社,2005.)

二、大学生人际交往的类型

人际关系是社会关系的一个侧面,是大学生情感联系的基本形式。大学生的人际关系网络由亲友关系、同学关系、师生关系、室友关系等多层关系组成。根据人际交往功能,可以分为以下几种类型:

(一)志同道合型

志同道合的人际关系类型,指的是和你交往的人与你具有相近的兴趣、爱好和共同的话题,与他们相处时会有心灵感应的感觉,也就是"默契"。你经常会感觉到自己想的事情,或者想说的话与对方的非常接近,经常有被触摸心灵的感觉。和志同道合的朋友交往会帮助你不断地进行自我认同,你愿意跟他们共享你的兴趣、人生目标或是喜好,且在共享的过程中,你会获得心理上的安全感和成就感,因为有他们,你更容易实现理想,并可以快乐地成长。

(二)互助进步型

互助进步型的朋友,会不断激励你、支持你,让你看到自己的优点。当你失落的时候,他们会鼓励你、引导你;当你被欺负的时候,他们会维护你;当你骄傲的时候,他们会批评你,引导你正确地认识事件。这类朋友可能会在某些领域具有丰富的经验,能经常在学习、生活等各方面给你提供许多建议,也可能是资历比你浅,需要你不断点拨、帮助的人,并且你在帮助他们的过程中,自己也获得成长。互助进步型的朋友,在你遇到挫折时,往往可以帮你分担一部分的心理压力,他们的信任也恰恰是你勇敢面对挫折、战胜挫折的"强心剂"。

(三)情感依附型

我们每个人都需要情感依附,这种依附在母婴时期就已表现出来,尽管婴儿出生后,身体和母亲永久分离,但是婴儿对母亲的情感依附依旧存在且很重要。随着不断成长,孩子对母亲的依附逐步减少,特别是步入大学后,开始减少对父母的情感依附,同时寻找新的情感依附对象。步入大学,远离家人,容易感到孤独和寂寞,有时候遇到困难还会觉得无助,这时大学生会向身边的同学、室友寻求温暖。大学生寻求情感依附的对象主要是兴趣相近的人、生活习惯相仿的人等,比如一起打球、吃饭、散步、逛街的人。大学生喜欢选择自己认为心胸宽广、热情温暖的人作为情感依附对象,因为这类人无论你何时找他们,都会热情相待,让你感到满足和平静,有时候他们只是简单地默默陪伴,都会让你觉得温暖和平静。

113

(四)社会功能型

大学生交往的对象各种各样,在学生会或者社团活动中,经常需要交往一些工作上的伙伴,这些伙伴会帮助大学生更快学习如何认清规则,学习如何组织活动,学习如何快速成为一名优秀的学生会干事或者优秀的社团成员等。这一类朋友可能没有那么亲密,但是却在你成长的路上能够帮助你更有效率地成长,他们有时候鼓励你、帮助你,有时候也可能因为利益冲突而打击你、诋毁你。与社会功能型的朋友相处,有助于让你学会判断真假朋友,学会判断是非对错,明白什么是交往挫折,让你更好地成长,为你以后更好地适应社会提供帮助。

延伸阅读 患难之交

有两个伙伴一起翻山越岭,到处游玩。他们一天比一天更了解对方,越来越要好,两人就约定:同生死,共患难,绝不互相遗弃。

事隔不久,他们在一条偏僻的小道上遇到一只大熊。在这危险关头,一个伙伴飞快地跑向路旁的一棵小树,爬了上去。树很小,另一个伙伴不敢再冒险爬上去了。他一看,再无其他出路,只好马上躺倒在地,屏住气,一动也不动,装得好像死人一般。这只饿慌了的大熊朝他俯下身子,用爪子把他翻过来、转过去,舔舔他的脸,看看他到底还有没有气。由于恐惧,这个伙伴早就吓得麻木了,全身的血液似乎都已凝结,以致真的变得冰冷、僵硬,如同死人。最后,这只熊只好从他身边走开了,因为熊是不吃死人肉的。

直到这头熊走远后,树上的伙伴才爬下来。他向树下装死的朋友打趣道:"哎,你刚躺在地上,熊伏在你耳朵边讲了些什么?"

"它给了我一些有益的忠告。"这个伙伴回答说,"我应时时提防那些不忠实的朋友,哪怕只发现他有一点不可靠的地方,也应该尽快地离开他。"说完,他毅然地离开了他的伙伴,径自走了。

感悟:共患难的朋友才是真正的朋友。遇到危险,只顾自己逃命,不顾别人死活的人,不是真正的朋友。到了关键时候能够给予你帮助和坦诚地指出你错误的朋友才最值得深交。

[资料来源:伊索.伊索寓言[M].于怀新,高美静,编译.石家庄:河北少年儿童出版社,2014.]

三、大学生人际交往的作用

(一)有助于提高大学生自我认识和自我完善水平

大学生的自我认识水平和自我完善水平是在一定的环境中,通过个人与他人相互作用、相互调整、相互认识,而逐步达到认识自我、完善自我的过程。具体来说,就是指从与他人的关系中认识自己的形象,包括他人对自己的评价和态度,也包括从与他人的比较中更好地认识自己和了解自己,即我们常说的"以人为镜"。正确地认识自己,并较好地了解周围的环境,才能更好地融入环境,形成并维护良好的自我形象和人格。同时恰当的自我评价和自我认识,能避免骄傲自大,又能避免产生自卑感。

(二)有助于大学生提升学习能力

大学生在学习专业知识的过程当中,遇到学习困惑的时候,可以请教身边的同学,在请教的过程中,既解决了自己求学路上的困扰,也建立了友谊。同时好学的同学在一起交往、交流,有助于提升他们的学习能力;优等生和后进生交流有助于帮助后进生更好地进步,也使优等生在帮助后进生的过程中获得成就感。在当今的信息时代,人际交往中的信息交流有利于启迪思维、开发智能。大学生在交往过程中获得的信息五花八门,在获得新信息时,他们喜欢交流讨论,在交流讨论的过程中,既能帮助他们分辨信息的可信度,也能促进其他同学对新知识的了解。

(三)有助于大学生走向社会

人际交往是大学生个人社会化的必要过程,大学生学习知识、技能和文化的最终目的也是走向社会、服务社会。因此,大学生的人际交往不仅仅可以满足个人在人际交往过程中获得个人体验,也可以帮助大学生在人际交往中学会更好地与人互动和交流,获得人际交往技巧。在大学生的学习和生活当中,如果没有其他个体的合作,个人是很难获得生活必需的知识、技能的,也不会学会如何与人平等相处,更不会自立于社会,取得社会认可,成为一个成熟的社会化的人。

(四)有利于大学生的身心健康

大学生在人际交往过程中,通过一系列的互动和交流,有助于大学生学会关心和帮助别人,感受助人之后的幸福和成就,同时大学生的人际交往有助于帮助大学生培养友谊,建立信任感,这些都是大学生生活中满足精神需要的重要内容。大学生在彼此的交流、交往过程中,相互倾诉各自的喜怒哀乐,分享各自的成功经验,进行感情交流,不仅能增进彼此之间的亲密感,还能获得心理上的满足感。可见,大学生的人际交往,有助于大学生满足生理、心理上的需要,帮助他们培养良好的情绪,养成开朗的性格和乐观的生活态度,促进大学生的身心健康。

延伸阅读 人际交往的心理实验

1954年,加拿大麦克吉尔大学的心理学家进行了"感觉剥夺"实验:实验中给被试者戴上半透明的护目镜,使其难以清楚视物;用空气调节器发出的单调声音限制其听觉;手臂戴上纸筒套袖和手套,腿、脚用夹板固定,限制其触觉。被试者单独待在实验室里,几小时后开始感到恐慌,进而产生幻觉……在实验室连续待了三四天后,被试者会产生许多病理性心理现象:出现错觉、幻觉;注意力涣散,思维迟钝;紧张、焦虑、恐惧等,实验后需数日方能恢复正常。这个实验(当然,这种非人道的实验现在已经被禁止了)表明:大脑的发育,人的成长、成熟是建立在与外界环境广泛接触的基础之上的。

通过这个实验,我们可以看到人际交往对人的重要性,一个人如果得不到正常的交往互动,其生理健康和心理健康都会受到影响。

(资料来源:葛明贵.感觉剥夺实验研究述评[J].安徽师大学报第22卷.)

思考与训练

1. 什么是人际关系？
2. 大学生人际交往的类型有哪些？

第二节　探寻人际交往的魅力

学习目标

1. 了解大学生人际交往的特点及人际交往中的心理效应。
2. 了解大学生人际交往中常见的心理问题。

课堂互动　虚拟世界话人生

小吴，男，某高校学生，学习成绩一般，不爱出门，沉迷于网络虚拟世界的交往，经常在朋友圈发表一些愤世嫉俗的文章。平日里喜欢与一群论坛上相识的"志同道合"的朋友聚会、娱乐、吐槽，是个典型的逃避现实的"愤青"。按照小吴自己的说法，现实中周围的同学都太"俗气"、太"平庸"了，与他们交往太"没有意思"了。在现实生活中找不到心灵契合的知己，而在网络虚拟世界里可以选择自己喜欢交谈的朋友，发表一些平日里没有机会发表的言论，在网络虚拟世界里畅所欲言，让自己感觉找到了能在精神交流中合得来的"真"朋友，自己也可以更加放松、更加"放飞自我"。大家聚在一起还可以发泄自己平时生活中的"郁闷""不满"，远离现实中的"俗人"的纷扰。

思考与讨论

小吴的人际交往有什么特点？为什么会这样？

人际交往是大学生身心发展必不可少的一项活动，尤其对于大学新生来说，大学校园是一个全新的生活环境，大学生活是一个全新的起点。在一个全新的环境里，远离了父母，远离了昔日的师长同学，这使他们既充满好奇和期待，又充满焦虑和恐慌；既怀念昔日的亲情、友情，又渴望发展新的友谊。这种全新的生活环境和双重矛盾，增加了大学生对人际交往的需求。同时随着大学生身心的发育和成熟，大学生的自我意识得到了迅速发展。自我意识的发展使他们的独立意识增强，并逐步摆脱了对父母、老师的依赖，同时对同龄人的依赖增强，渴望在新的环境中培养同伴的友谊。由于大学生毕业后要面临就业后走向社会的现状，大学生人际交往的需要将从大学扩展到社会生活之中，因此他们既要学会发展校园人际交往，又要适应社会上的人际交往，同时还要从"磕磕碰碰"的人际交往活动中获得生活的经验和知识。特殊的年龄和特殊的需求，使大学生的人际交往具有与其他社会交往不同的特点。

第五章　与人为善　和谐相处

一、大学生人际交往的特点

(一)平等意识强

随着大学生自我意识的发展和完善,独立意识和自尊意识的要求日益增强,"成人感"的意识也逐步加强,在交往中平等意识越来越强。他们渴望交往过程中能与他人平等相待,也渴望他人对自己一视同仁。大学生与同辈交往的过程中获得较多的平等感,因此对之前父母"居高临下"的交流态度逐步排斥,所以遇到事情更愿意选择与同辈交流而远离父母,与父母的交流逐步减少,与同辈的交往增多,独立处理人际关系的能力得到发展。在大学生人际交往过程中,那些真诚、坦率、尊重他人的人,更受欢迎,而那些傲慢无礼、居高临下、不尊重他人的人常常不受欢迎。

(二)感情色彩浓

大学生交往意识强烈,渴望通过交往获得友谊。大学生对友谊的渴望和需求,以及年轻人情感丰富的心理特点,使大学生在人际交往过程中十分注重感情的交流,追求心灵深处的共鸣,友谊也显得更加神圣和高尚。同时,由于大学生活的课余时间较充裕,大学生有更多的时间将更多的心思花在发展友谊上。但是大学生情感处于发展的过程中,不太稳定,表现为时而欢愉、乐观,时而焦虑、悲观,在具体事务处理中容易用感情代替理智。

(三)开放主动性

大学生的交往意识很强,交往的范围也在逐步扩大,交往对象包括同宿舍室友、同班级同学、同社团伙伴等。在与不同交往对象交往的过程中,交往形式各不相同。再加上学校丰富多彩的课余活动,大学生有机会参加各种联谊、文化沙龙、郊游、聚餐等活动,参加的活动日益增多,学生走出校园,深入社会,了解社会的机会也有所增多,人际交往的范围越来越广,人际交往的主动性意识也得到培养和发展。

(四)富于理想化

大学生的人际交往具有浓厚的理想色彩,比较重思想、纯洁、真诚。无论是对朋友,还是对师长,都不希望掺杂任何杂质,会以理想标准要求对方,一旦发现对方某些不好的品质就深感失望。与其他人群相比,大学生人际交往的挫折感较强,致使大学生中出现渴求交往和自我封闭的双重性。

(五)渴望与异性交往

大学生的生理逐步成熟,性心理也趋于成熟,对异性的了解和探索意识增强,对异性充满兴趣,渴望与异性交往。但是现实生活中,大学生与异性交往的时候往往因为害羞而表现得极不自然,有的同学在与异性交往的时候,甚至会用对方讨厌的方式来吸引对方的注意力。相当一部分同学在与异性交往的过程中,表现得不自然、不自在,有的不能把握友谊与爱情的界限,有的不能处理好感情纠葛从而给彼此造成伤害。这些因素都影响着异性之间的交流和交往。

拓展训练 当你一个人的时候

你是否有这样的心理体验：一个人在宿舍里，舍友A去约会了，舍友B去晚自习了，舍友C去参加社团活动了……只有你一个人待在宿舍，一开始，你觉得很自由、很舒服，很享受这样的生活。可是渐渐的，你发现这种情况有所改变，当自己一个人在宿舍的时候，你觉得周围很安静，时间显得很漫长，感觉没有归属感，你想找人聊天，可是室友各有各的事情，翻开手机通讯录，可以联系的人有很多，但又不知道打给谁，似乎和谁都变得陌生了。这种感觉令你舒服吗？长时间缺少亲密朋友，会产生怎么样的情绪呢？这给了你怎样的启示？

二、大学生人际交往中的心理效应

社会心理学提出的心理效应在人际交往中存在着一些有趣的现象，且在人际交往的不同时期所产生的心理效应是不一样的，大学生在与人交往过程中，恰当利用这些心理效应，对于构建大学生良好的人际关系具有重要意义。

（一）首因效应

首因效应是由美国心理学家洛钦斯首先提出的，也叫首次效应、优先效应或第一印象效应，它是指当人们首次与某物或某人接触时，会留下深刻的首次印象，而这一印象将影响着你之后对于该物或者该人的认知、观点及评价。第一印象不管正确与否，总是深刻、鲜明的。因此，在新生入学、交友、社团面试、求职等社交活动中，我们可以充分利用这种效应，尽量在第一印象中给人展示一种较好的形象，为之后的交往互动打下良好的基础。当然，这种效应在社交活动中只是暂时的，当更深入的了解、互动后，双方互相了解加深，第一印象的影响将渐渐变弱。只有加强自身在谈吐、修养、气质、礼节等方面的素质，才能使自己长久地给对方留下好印象。

（二）近因效应

近因效应也是由美国心理学家洛钦斯首先提出的，是指多种刺激一起出现的时候，印象的形成主要取决于后来出现的刺激，即人际交往过程中，我们对他人的印象和评价，主要受到最近的一次接触所产生的印象的影响。近因效应与首因效应相反，这个印象在对方的脑海中也会保存较长时间，除非新的印象出现。例如：多年不见的老朋友，在脑海中印象最深的，其实就是最后一次交往会面的情景，如果一个总是对朋友关怀备至让人很感动的人，与他最后一次的交往让朋友觉得是在伤害自己的时候，在接下来的印象中，这个朋友都只记住了最后一次的伤害，而忘记了之前的帮助和照顾，这也是一种近因效应的表现。利用近因效应，在与朋友临别时，给予他良好的印象，那么他对你之后的印象都是正面的、美好的。因此，在人际交往过程中，我们应该认识到这两种心理效应在我们与人交往过程中产生的影响，既要给别人留下良好的第一印象，也要注意经营自己之后的形象。

（三）光环效应

光环效应又叫晕轮效应，是指在人际交往过程中形成的一种夸大的社会印象。当我们对某个人有好感时,很难感觉到他身上存在的缺点,就像有一种光环在围绕着他,只看得到他的优点,这种心理就是光环效应。比如将对一个东西局部的认识来作为对其整体的评价,"情人眼里出西施"及"明星效应"说的就是这种现象。光环效应有一定的负面影响,在光环效应的心理作用下,我们的思想容易被左右,难以分辨出好与坏、真与伪,容易被他人利用。

(四)刻板效应

刻板效应是指人们通过自己的经验形成对人或事物较为固定的看法,也叫刻板印象。比如,"南方人细腻,北方人粗犷"、农民质朴、工人豪爽、商人大多较为精明等,诸如此类都是因为刻板效应产生的看法。刻板效应既有积极作用,也有消极作用,由于刻板印象建立在对某类事物个性、品质抽象、单一认识的基础上,反映了这类事物的共性,有一定的合理性,所以它有助于简化认知过程,帮助人们对人、对物迅速做出判断。但它也容易使人认识僵化、刻板、保守,人们一旦形成不合理的刻板印象,用这种印象去衡量类似的事物,容易导致认知上的偏差,如同戴上有色眼镜去看人和物。

(五)投射效应

投射效应即指以己度人,把自己的感情、意志投射到他人身上,并强加于人的一种认知障碍,也指与人交往时,把自己具有的某些不讨人喜欢的特点,嫁接到别人身上,认为别人也是如此,如"以小人之心,度君子之腹"。投射效应往往会影响人们对他人特征做出错误的评价。比如,一个心地善良的人会认为别人也都是善良的;一个爱斤斤计较的人,会觉得别人也跟自己一样爱斤斤计较等。

拓展训练 测测你的人际交往特点

请对下列问题做出"是"或"否"的选择:
1. 碰到熟人时我会主动打招呼。
2. 我常主动写信给友人表达思念。
3. 旅行时我常与不相识的人闲谈。
4. 有朋友来访时我从心里感到高兴。
5. 没有引见时我很少主动与陌生人谈话。
6. 我喜欢在群体中发表自己的见解。
7. 我同情弱者。
8. 我喜欢给别人出主意。
9. 我做事总喜欢有人陪。
10. 我很容易被朋友说服。
11. 我总是很注意自己的仪表。
12. 如果约会迟到我会长时间感到不安。
13. 我很少与异性交往。
14. 我到朋友家做客从不感到不自在。
15. 与朋友一起乘公共汽车时我不在乎谁买票。

16. 我给朋友写信时常诉说自己最近的烦恼。
17. 我常能交上新的知心朋友。
18. 我喜欢与有独特之处的人交往。
19. 我觉得随便暴露自己的内心世界是很危险的事。
20. 我对发表意见很慎重。

计分方式：

第 1、2、3、4、6、7、8、9、10、11、12、13、16、17、18 题答"是"记 1 分，答"否"不记分；第 5、14、15、19、20 题答"否"记 1 分，答"是"不记分。

结果解释：

1~5 题的得分表示交往的主动性水平，得分高表明交往偏于主动型，得分低则偏于被动型。

6~10 题的得分表示交往的支配性水平，得分高表明交往偏于领袖型，得分低则偏于依从型。

11~15 题的得分表示交往的规范性程度，得分高意味着交往讲究严谨，得分低则意味着交往较为随便。

16~20 题的得分表示交往的开放性程度，得分高表明交往偏于开放型，得分低则意味着倾向于闭锁型。

如果得分处于中等水平，则表明交往倾向不明显，属于中等综合型的交往者。

（资料来源：罗晓路，夏翠翠.大学生心理健康教育[M].上海：上海交通大学出版社，2012.）

三、大学生人际交往中常见的心理问题

现实生活中，大学生有着强烈的人际交往动机，也清楚地知道人际交往在生活中的重要作用，可在实际人际交往的过程中，很多人因为个人认知、社会经验、缺乏人际交往技巧等方面的问题而使人际关系处于紧张状态，引发各种心理问题。因此，积极分析人际交往中存在的问题，并寻找解决的对策，对预防交往过程中的心理障碍，提升大学生的人际交往能力，解决大学生人际交往困惑，促进大学生的人际关系顺利适应等有着重要的意义。常见的大学生人际交往心理问题有：

（一）认知偏差

1. 对自我的认知偏差

对自我的认知偏差是指没有摆正自己在人际关系中的位置，对自己的评价不够中肯，过低或者过高地评价自己。对自我的认知偏差表现为以自我为中心、自卑、自恋三种形式。以自我中心者表现出以自我的需要和兴趣为中心，只顾及自己的需要和利益，在与同学交往过程中，只注意自己的感受而忽略身边人的感受。自卑者往往给自己过低的自我评价，封闭自我，不愿与他人交往，认为自己处处不如别人，不敢主动与他人交往，担心自己在交往过程中出现差错。自恋者表现为过分关注自己、欣赏自己，总是想到自己，恨不

第五章 与人为善 和谐相处

得让地球都围绕自己的意愿转动,只看得到自己的优点,同时也要求别人承认自己的优点。

2. 对他人的认知偏差

对他人的认知偏差是指在与他人交往过程中,对交往对象与交往关系的看法和态度容易受首因效应、近因效应、光环效应、刻板效应等心理效应的影响而对他人产生认知偏差。

延伸阅读 普希金的悲剧——俄国大诗人普希金之妻

> 俄国著名大文豪普希金先生,他疯狂地爱上了有着"莫斯科第一美人"之称的娜坦丽,并和她结为夫妻。娜坦丽的外貌非常美丽动人,但他们的志趣各异,每次普希金深情满满地把写好的诗读给她听时,她总是一脸不屑并捂着耳朵说:"我不要听,不要听!"相反,她喜欢游乐和舞会,她总是要求普希金陪她到处游乐,并出席各种豪华的宴会,普希金为此丢下了文学创作,弄得负债累累,最后还因为她去与人决斗而丢掉性命,最终文坛上这颗璀璨的巨星过早陨落。
>
> 为什么普希金和娜坦丽的结局会这样?其实他们俩的结合是受晕轮效应的影响,普希金被娜坦丽的容貌所吸引,而没有看到两个人是否合适,甚至动摇自身的原则。而娜坦丽也一样,她被普希金的名气而不是才华所吸引。他们俩的价值观不同,两个人都是被对方的其中一个特点吸引,而并不是真正爱对方。
>
> [资料来源:刘世忠.俄国大诗人普希金之妻[J].世界文化,1984(4).]

(二)人格障碍

人格障碍是指一个人的品质不够健全,性格、气质上有某些消极因素,如自卑、嫉妒、怯懦、偏执、孤僻等,这些极易导致交往障碍,常见的影响大学生人际关系的人格障碍主要有以下几种:

1. 自卑心理

自卑是个体自我认识的态度体验,主要表现为对自己的品质或者能力评价过低,看不起自己,担心被他人轻视的心理状况。大学生在人际交往中的自卑心理表现为对自己的评价低、心理承受能力较低、做事犹豫不决、遇事较为敏感、害怕失败。由于大学生们的家庭情况、学习成绩、个人能力等各方面都不一样,有些大学生容易形成自己在某一方面不如别人的思维定式,尤其是那些来自偏远农村地区的学生,容易看低自己,认为自己某些方面不如其他同学;有些大学生学习成绩较差,总感觉自己比他人差;有些大学生还会因为自身的身高或者容貌而深感自卑。久而久之,这种自卑的感觉在心里压抑着,得不到正确的发泄,就容易逐步形成一种自我封闭的状态,不喜欢与他人交往,较难融入大集体当中。

2. 羞怯心理

羞怯心理是大学生人际交往过程中常见的现象。调查显示,近半数的大学生坦言自己"因为害羞而不敢与人交往"。这类大学生在别人面前经常表现出腼腆、害羞、紧张、不自然等行为。大学生的羞怯心理很大程度上约束了自己在人际交往中的言行,难以清晰、充分地表达自己的见解和情感,因此人际关系的范围较狭隘,妨碍良好人际关系的形成。

3. 嫉妒心理

嫉妒心理是大学生常见的心理状态,嫉妒是与和自己有关联的且比自己能力强的人比较而产生的一种不服、不悦的消极心理品质,甚至带有破坏性、损坏性的危险情感。有些大学生在人际交往中嫉贤妒能,对别人的能力或成绩心怀不满,而表现出讽刺、中伤、诋毁甚至破坏、攻击对方,所以嫉妒心理容易导致人际冲突,出现交往障碍。

4. 猜疑心理

猜疑心理是一种由自己主观猜测而产生的不信任心理,是一种消极、负面的心理反应。猜疑心理表现在人际交往过程中,自我牵连倾向太重,总觉得什么事情都与自己有关,过分敏感、多疑,对他人的言行不够信任。猜疑心理产生的主要原因是错误的认知方式和不恰当的归因,以及缺乏安全感,表现出不恰当的心理防御。《三国演义》中有这样一段描写:曹操刺杀董卓败露后,与陈宫一起逃至吕伯奢家。曹吕两家是世交。吕伯奢一见曹操到来,想杀一头猪款待他,可是曹操因听到磨刀之声,又听说要"缚而杀之",便大起疑心,以为要杀自己,于是不问青红皂白,拔剑误杀无辜。这是一出由猜疑心理导致的悲剧。一个人一旦掉进猜疑的陷阱,必定处处神经"过敏",事事捕风捉影,对他人失去信任,对自己也同样心生疑窦,损害正常的人际关系,影响个人的身心健康。

5. 逆反心理

逆反心理是指在特定条件下,交往者刻意产生一种与被交往者意愿相反的心理现象,常伴有抵触、厌烦、懈怠、抗议等情绪反应。这些情绪无法使交往双方情感相融,信息相通。具有逆反心理的人,往往过于在乎别人的方式、方法,易钻牛角尖,易从负面思考,一旦不满时,反应比较激烈,易走极端。逆反心理既有妨碍交往的一面,又有寻求重新建立交往关系的一面,若能因势利导,也许会另有收获。

拓展训练 人际关系综合诊断量表

本量表共28个问题,每个问题做"是"(打√)或"否"(打×)回答。请你认真完成。然后参看表5-1的记分方法,对测验结果做出分析。

1. 关于自己的烦恼有苦难言
2. 和生人见面时感觉不自然
3. 过分羡慕和妒忌别人
4. 与异性交往太少
5. 对连续不断的会谈感到困难
6. 在社交场合感到紧张
7. 时常伤害别人
8. 与异性交往感觉不自然
9. 即使与一大群朋友在一起时,也常感到孤寂或失落

第五章 与人为善 和谐相处

10. 极易受窘
11. 与别人不能和睦相处
12. 不知道与异性相处如何适可而止
13. 当不熟悉的人对自己倾诉他的生平遭遇以求同情时,自己常感到不自在
14. 担心别人对自己有什么坏印象
15. 总是尽力使别人欣赏自己
16. 暗自思慕异性
17. 时常避免表达自己的感受
18. 对自己的仪表(容貌)缺乏信心
19. 讨厌某人或被某人所讨厌
20. 瞧不起异性
21. 不能专注地倾听
22. 自己的烦恼无人可倾诉
23. 受别人的排斥与冷漠
24. 被异性瞧不起
25. 不能广泛地听取各种意见、看法
26. 自己常因受伤害而暗自伤心
27. 常被别人谈论、愚弄
28. 与异性交往不知如何更好地相处

表 5-1　　　　　　　　　　计分表

	题目							
Ⅰ	题目	1	5	9	13	17	21	25	小计:
Ⅱ	题目	2	6	10	14	18	22	26	小计:
Ⅲ	题目	3	7	11	15	19	23	27	小计:
Ⅳ	题目	4	8	12	16	20	24	28	小计:

打"√"的计1分,打"×"的计0分。

结果分析:

如果总分在0~8分,说明受测者善于交谈,性格开朗,主动关心别人,对周围朋友很好,愿意与他们在一起,彼此相处得不错。

如果总分在9~14分,说明受测者与朋友相处有一定的困扰,人缘一般,与朋友的关系时好时坏,经常处于起伏变动之中。

如果总分在15~28分,说明受测者在与朋友相处时存在严重困扰。分数超过20分,则说明人际关系的行为困扰程度很严重,而且在心理上出现较为明显的障碍。受测者可能不善于交谈,也可能是个性格孤僻的人,不开朗,或者有明显的自高自大、讨人嫌的行为。

表5-1中小栏上的小计得分反映出受测者在何方面有交往困扰及其程度,下文具体说明了受测者与朋友相处的困扰行为及其纠正方法。

表 5-1 中Ⅰ栏上的小计分数,显示出受测者在交谈方面的困扰程度。

如果得分在 6 分以上,说明受测者不善于交谈,只有在迫切需要的情况下才会同别人交谈,平常总难于表达自己的感受,无论是愉快的还是烦恼的;受测者亦不是个很好的倾听者,往往无法专心听别人说话或只对单一的话题感兴趣。

如果得分在 3～5 分,说明受测者的交谈能力一般,能够诉说自己的感受,但不能讲得条理清晰。如果受测者与对方不太熟悉,开始交往时往往表现得比较拘谨与沉默,不太愿意与对方交谈,但这种状况一般不会持续太久。经过一段时间的接触,受测者可能会主动与人说话,这方面的困扰也就会随之减轻或消除。

如果得分在 0～2 分,说明受测者有较高的交谈能力和技巧,善于利用恰当的沟通方式来交流思想感情,因而在与别人建立友情方面,往往更容易获得成功。

表 5-1 中Ⅱ栏上的小计分数,显示出受测者在交友方面的困扰程度。

如果得分在 6 分以上,说明受测者在社交活动与交友方面存在严重的困扰。例如,在正常集体活动与社交场合,比大多数同伴表现得更为拘谨;在有陌生人或老师在场时,往往感到更加紧张;往往过多忧虑自己的形象而使自己处于越来越被动和孤立的境地。

如果得分在 3～5 分,说明受测者在社交与交友方面存在一定的困扰。受测者不喜欢一个人待着,需要和朋友在一起,但却不善于创造条件并积极主动地寻找知心朋友。

如果得分在 0～2 分,说明受测者对人较为真诚和热情,不存在人际交往困扰。

表 5-1 中Ⅲ栏上的小计分数,显示出受测者在待人接物方面的困扰程度。

如果得分在 6 分以上,说明受测者缺乏待人接物的机智与技巧。在实际的人际交往中,受测者也许有意无意地伤害别人,或者过分羡慕别人以致在内心嫉妒别人。因此,可能受到别人的冷漠、排斥、甚至愚弄。

如果得分在 3～5 分,说明受测者是个多面的人,也许是一个较圆滑的人。对待不同的人,受测者有不同的态度,而不同的人对受测者也有不同的评价。受测者可能会讨厌某人或者被某人讨厌,但却非常喜欢一个人或者被另一个人喜欢。受测者的朋友关系在某些方面是和谐的、良好的,某些方面却是紧张的、恶劣的。因此,受测者的情绪很不稳定,内心极不平衡,常常处于矛盾状态中。

如果得分在 0～2 分,说明受测者较尊重别人,敢于承担责任,对环境的适应性强。受测者常常以自己的真诚、宽容、责任心强等个性特点,获得众人的好感与赞同。

表 5-1 中Ⅳ栏上的小计分数,显示出受测者同异性朋友交往的困扰程度。

如果得分在 5 分以上,说明受测者在与异性交往的过程中存在较为严重的困扰。也许受测者对异性存有过分的思慕,或者对异性持有偏见,这两种态度都有片面之处。也许受测者是不知如何把握好与异性交往的分寸而陷入困扰之中。

如果得分在 3～4 分,说明受测者与异性交往的行为困扰程度一般。有时受测者可能觉得与异性交往是一件愉快的事,有时又可能觉得这种交往似乎是一种负担,不知道如何与异性交往最适宜。

如果得分在 0~2 分,说明受测者知道如何正确处理与异性之间的关系。受测者对异性持公正的态度,能大方、自然地与他们交往,并且在与异性交往中,得到了许多从同性那里得不到的东西。受测者可能是一个比较受欢迎的人,无论是同性还是异性,多数人都比较喜欢和赞赏受测者。

(资料来源:郑日昌.大学生心理诊断[M].济南:山东教育出版社,1999.)

思考与训练

1. 大学生人际交往中的心理效应有哪些?在生活中如何应用?
2. 大学生人际交往中常见的心理问题有哪些?

第三节 沟通从心开始

学习目标

1. 掌握建立良好人际关系的原则和人际交往的法则。
2. 掌握人际交往的艺术。

课堂互动　宿舍里的风波

张达:王刚……王刚……还在玩呐?
王刚:干吗呀,怎么啦?
张达:知道几点了吗,你玩游戏都几个小时了。
王刚:我还没打完呢。
张达:吵着我们睡觉了。
王刚:睡觉?
张达:你玩游戏影响宿舍同学睡觉,你自己不知道吗?
王刚:我已经这么小声了,你睡不着关我什么事?
张达:都一连几个晚上了,昨天说完你,十二点睡的,今天又一点多了都,太过分了吧。
王刚:有什么过分的,就你事多,别的同学怎么没反应?
张达:你要想玩,出去玩好了。
王刚:凭什么让我出去啊?
张达:这宿舍又不是你一个人的。
王刚:对啊,不是我一个人的,也不是你一个人的啊,为什么让我出去?
张达:你要再这样,我把电给拔了啊!

王刚:你试试看!
……

思考与讨论

你是否有类似的经历?进入大学后,来自五湖四海、有着不同个性和生活习惯的同学共同生活在一个屋檐下,如何有效沟通、和睦相处、建立和谐的人际关系呢?

良好的人际关系不仅是大学生心理健康水平、社会适应能力的综合体现,也是大学生今后事业发展与幸福人生的基石。每个成长中的大学生,在人际交往中都会或多或少地遇见这样那样的问题。究竟该如何改善人际关系,如何加强人际交往能力,是每个大学生迫切希望解决的问题。

一、建立良好人际关系的原则

(一)平等原则

在人际交往中,无论双方的地位有多悬殊,也无论是公务还是私交,都应坚持平等、公正的原则。想要收获真心朋友就不能站在高高的地方俯视别人,在人与人的交往中是没有高低贵贱之分的,只有平等相待,以朋友的身份进行交往,才能交到好友。在人际交往中,每个人都应该相信自己,大胆地踏出交友的第一步,切忌因工作时间短,经验不足,经济条件差而自卑;也不可过分自傲,趾高气扬,这些心态都会影响到人际关系的发展。

(二)互帮互助原则

人际关系的作用不容小觑,其中很重要的一点就是良好的人际关系有助于我们更有效率的做事,而这个效率的提高主要是因为得到了朋友的指引和帮助,因此互帮互助是我们人际交往的目的,也是我们必须遵循的原则之一。人际交往是一种双向行为,这种双向包括交往互动的双向,也包括互相给予的双向,只有单方获得益处的人际交往是不能长久的。所以在人际交往中,我们不能只考虑自身的利益,也要学会换位思考,考虑对方的利益,这种利益不仅是物质上的,还有精神上的,所以交往双方都要付出和奉献。

延伸阅读　　团结的力量

在一次学校辩论赛中,软件战队以 0.01 分之差与冠军失之交臂,辩论队队员愤愤不平,觉得评委不公平。指导老师给他们分享了两张图片,第一张图片:一个装满美食的大锅旁边,围坐着一群人,这群人手上拿着长长的勺子,努力将美食往自己嘴里送,但勺子太长了,美食无论怎样都送不进自己嘴里,因此图片中的每个人都闷闷不乐、面黄肌瘦;第二张图片:一个装满美食的大锅旁边,围坐着一群人,这群人手上同样拿着长长的勺子,互相给对方喂食,大家互相帮助、共同合作,每个人都吃到了美食,因此第二张图片上的人,红光满面、笑容灿烂。分享完图片后,指导老师对他们说,辩论赛是一个团队合作的比赛,比赛过程中个人的能力很重要,但是团队配合同样重要。这次比赛中,你们的论点、论据都很充分,但是在辩论的时候,你们没有拧成一股绳,缺少合作和互助,只注重展示个人才能;而对方战队不仅论点、论据充分,更注重团队合作、互帮互助。十根筷子拆分成一根一根容易被折断,但捆绑在一起却不容易被折断。是团队的力量战胜了各自为政的你们。

(三)相容原则

在人际交往中,人与人之间的融洽关系,和与人相处时的包容及忍让是密不可分的。每个人都有自己的个性,如果想要收获友情,就需要互相理解,学会换位思考。要主动与人交往,不但要交与自己性格相似的朋友,还要交与自己性格相反的朋友,求同存异、互学互补、互相磨合,处理好竞争与相容的关系,更好地完善自己,更好地与人相处。

(四)真诚原则

真诚是人与人之间沟通的桥梁,只有真诚相待,才能使交往双方建立信任感,并在信任的基础上结成深厚的友谊。美国学者安德森(N. Anderson,1968)研究了影响人际关系的人格品质,研究结果显示,受喜爱程度最高的六个人格品质是:真诚、诚实、理解、忠诚、真实、可信,它们或多或少、直接或间接地与真诚有关;受喜爱程度最低的几个品质,如说谎、装假、不老实等,也都与真诚有关。安德森认为,真诚受人欢迎,不真诚则令人厌恶。在人际交往中,坚持真诚的原则,必须做到待人热情、主动关心,真心帮助他人而不求回报。对身体有缺陷的朋友,不讥讽、不嘲笑,真诚相待。对朋友做得不对的地方,敢于指出错误,中肯批评。对人、对事都要实事求是,对不同的观点能直陈己见,而不是口是心非,既不做只会奉承的人,也不做只会背后诽谤他人的人。与人交往要做到肝胆相照、赤诚待人、襟怀坦荡。

微课

守信与失信的心理分析

(五)尊重原则

每个人都有自己的人格尊严,并期望在各种场合中得到尊重。在人际交往中,学会尊重他人,不仅让交往双方感觉舒适,还能促进更深入的了解与交流。尊重能够引发人的信任、坦诚等情感,缩短人际交往的心理距离。特别是大学生的人际交往,因为处于特殊的心理时期,大学生的自尊心都较强,因此,在人际交往中尤其要注意互相尊重的原则,要尊重他人信仰、名誉、人格,肯定他人的努力和成绩,只有真正做到互相尊重,才能使人际交往顺利进行。

> **延伸阅读** 尊重他人等于尊重自己
>
> 从前,有一位公爵,他为人和善,非常尊重别人。一次,王室宴请其他国家的客人。宴会结束前,侍者为每位客人端来一小盆洗手水,可是客人不懂这个礼节,见精致的器皿中盛着清水以为这是喝的水,便接过来一饮而尽。这一举动使在场的人顿时愣住了,然而,还没等他们笑出声来,公爵已经从容地端起洗手水也一饮而尽。于是,其他人纷纷效仿,没给客人带来任何难堪。
>
> 尊重,是一种行为,也是一种态度。它的对象可以是人物,也可以是事实。尊重他人,需要一定的人文修养,要想得到别人的尊重,首先要尊重别人。
>
> [资料来源:闫涛.尊重[J].好家长·青春期教育,2013(3).]

(六)信用原则

在人际交往中,充满怀疑和猜忌的友情是不会长久的,讲究信用很重要,诚信和信用是人际交往中无形的资本,是促进人际交往成功的重要因素。讲究信用原则要求我们在人际交往中要言而有信,说真话,做实事,言必信,行必果。在人际交往中,做不到的事情不要轻易承诺,答应做的事情不管有多难,也要尽己所能、努力办到,如果经再三努力但依然不能办到,则应诚恳地道歉并说明原因,不能有"凑合""对付"的思想。守信用者能交到真朋友、好朋友;不守信用者只能交一时的朋友,且经常不守信用会出现信任危机,不仅容易失去现有的朋友,也将阻碍未来的交友之路。坚持信用原则,要做到有约按时到、借物按时还,不乱猜疑,不轻易许诺等。

二、人际交往的法则

(一)肯定法则

肯定法则是指在与他人交往互动的过程中,要接纳对方并给予肯定。卡耐基指出,在与别人交谈时,不要以不同观点的讨论作为开始,要以双方持有共同意见的事情作为开始,而且不断强调大家都是为相同的目标在努力,唯一的差异是在于方法而不是目的。

《影响人类行为》一书中提到一个观点:"要尽可能使双方在开始的时候说'是的'而不是'不'这个字"。一个否定的回应,是很难突破的障碍,当一个人被否定的时候,他的内心是受伤的,而当一个人被肯定的时候,他的内心是满足的。

当一个学生在学习上进步时,得到老师的肯定与没有得到老师的肯定的心情是不一样的。得到肯定的时候,有一种被认可的兴奋,因此在之后的学习中会更加努力,争取再次得到肯定,形成良性循环;而在获得进步时被忽视或者是被质疑的时候,心情是失落或者失望的,这样不利于增强学习动机,久而久之容易形成恶性循环,影响学习成效。可见肯定法则在人际交往过程中产生的作用不容小觑,合理利用肯定法则,对于促进大学生的人际交往有很大的帮助。

(二)白金法则

白金法则是指:"在人际交往过程中,要取得成功,就要做到交往对象需要什么,我们就要在合法的条件下满足对方什么。"这句话是美国学者托尼·亚历山大德拉博士和奥康纳博士在1987年发表的论文中的观点。简单地说,白金法则就是:"别人希望你怎样对待他们,你就怎样对待他们。"这实际上就是以他人的需要为出发点来给对方提供帮助,也就是以他人为中心。

以他人为中心就是要我们学会换位思考。在同一件事情上,每个人因为出发点和立场不同,观点也不同。当我们不知道对方经历了什么的时候,不应将自己的思想强加于他人,而应将自己置身于对方的位置去看待问题,并以对方的需要为出发点,为对方做一些力所能及的事情。例如,现实生活中有时让朋友帮忙办事,难免有办不成、办不好的时候,这时候要站在对方的立场上,了解一下对方此时需要的是什么?对方在这样的情况下,需要的是你理解他的难处而不是埋怨他没有完成任务,这样就不会伤了双方的感情,也避免了不必要的尴尬。可见合理利用白金法则,有助于提高我们的人际交往水平。

(三)黄金法则

黄金法则是指像你希望别人对待你那样去对待别人。也就是,你希望别人怎么对待你,你就应该怎么对待别人。这个交往法则,适用于一切条件和场合,当你这样对待你的朋友时,你会发现,你的朋友越来越多。黄金法则,是人际交往中的一个合理的信念,合理的信念能使人很快地消除情绪冲突,使自己愉快地生活。但在利用黄金法则的时候,我们要避免陷入反黄金法则的误区,也就是:我怎么对待别人,别人就要怎么对待我。反黄金法则注重的是利益的交换和对等索取,这是违反人际交往规则的,是不合理的信念,容易让我们产生情绪的困扰而郁郁寡欢。

所以我们在与人交往的时候,要合理利用黄金法则,但同时要避免陷入反黄金法则中去。

延伸阅读　　四种人际交往的心理模式

美国著名心理学家爱利克·伯奈(Eric Berne)依据自己和他人所采取的基本生活态度提出了人际交往的四种心理模式。

1. 我不好—你好。表现为自卑,甚至是社交恐惧,根源于童年的无助感,这种人生态度如果没有随着年龄的增长而改变,长大后就容易放弃自我、顺从他人,这些人喜欢以百倍的努力去赢得他人的赞赏。

2. 我不好—你也不好。表现为不喜欢自己也不喜欢别人,看不起自己也看不起别人,常常放弃自我,陷入绝境,极端孤独和遇事退缩。

3. 我好—你不好。表现为以自我为中心,自以为是,总认为自己是对的,而别人是错的,把人际交往失败的责任推到他人身上,常固执己见,唯我独尊。

4. 我好—你也好。相信他人,能够接受自己和他人,并努力去改变能改变的事物,善于发现自己和他人的优缺点,从而使自己保持一种积极、乐观、进取的心理状态,是一种成熟、健康的人际交往的心理模式。

(资料来源:蔡丽煌,陈国栋,曾荣侠.大学生心理健康[M].上海:同济大学出版社,2021.)

三、掌握人际交往的艺术

(一)人际交往的语言艺术

1. 学会交谈

"良言一句三冬暖,恶语伤人六月寒。"由此可见,不同的说话方式会收到不同的效果。交谈是一门艺术,语言艺术运用得好,可以优化人际交往;如果不注意语言艺术,往往会在无意间出口伤人,产生矛盾。所以,掌握交谈的技巧会让我们的人际关系更和谐。

(1)用心选择话题:我们在与人交谈时,一定要动脑筋选择话题,然后根据不同的情况选择不同的方式进行交谈。例如,可以用投石问路法与不熟悉的同学谈话,先提些问题,在此基础上进行有针对性的交谈;可以选择循序渐进法,先了解同学的兴趣,然后循趣而进,顺利交谈下去;可以用即兴引入法,借用他人的信息,逐渐引入话题,接着深入交谈;可以选用中心开花法,面对众多的同学选择大家都关心的话题展开深入浅出的谈话。

(2)巧妙构思谈话内容:巧妙构思谈话内容,提高谈话效果,会使谈话更加默契,双方都能得到心理上的真正沟通。我们要在谈话中构思内容,避免对方难以理解自己的意图,不讲与话题不相关的问题,也不讲粗俗、令人尴尬的话题。

(3)巧用幽默:幽默是智慧的结晶,能调节气氛、消除疲劳、化解冲突,使交往充满轻松和快乐。

(4)适时转移话题:谈话时,有时自己谈兴正浓,对方却失去了兴趣,有时对方以暗示的方式表明要求结束话题时,不应再勉强维持谈话局面,应适时转移话题,开始新的谈话内容。

拓展训练 | 说话的方式

对照表5-2中的两种说法,想一想通常你会怎样跟同学说话?

表5-2　　　　　　　　　　　　语言对比表

消极的说法	积极的说法
"班里同学没啥品位,难找知己啊!" "班里竞选班委,关我什么事。" "他们这么热情是对我有所企图吧?" "要是世界上有个地方只有我一个人该多好啊!" "同桌与身后的同学说笑,肯定在笑我!" "他的奖学金肯定是走后门得来的。" "她算什么班花,不打扮丑死了。" "他好优秀,我才比不上他呢。" "我长得丑,同学们都不愿意和我交朋友。" "这人怎么不搭理我,有什么了不起!" "太没礼貌了,懂不懂得尊重人!"	"同学身上有好品质值得我学习!" "我要珍惜这次竞选的机会,多锻炼自己。" "无论有什么企图,我都应该热情待人。" "拥有朋友真的是件快乐的事。" "肯定遇到开心的事了,这么高兴!" "恭喜你,兄弟,别忘了请客!" "你今天好漂亮啊,这头发在哪儿做的呀?" "只要我努力,就会有进步。" "心灵美比外貌美要持久得多。" "他可能忘了戴隐形眼镜,所以没有看清我。" "也许他正在想什么问题呢。"

2.学会赞美

诗人汪国真说:"一个永远不欣赏别人的人,也就是一个永远也不被别人欣赏的人。"赞美是扬善之举,可以使人得到激励,从而激发人的主观能动性,但赞美也要注意技巧。

(1)真诚:法国思想家罗兰说:"美好的东西时常是由于它是真诚的。"只有在真正发现了对方的优点且自己真心欣赏的情况下,赞美才是一种人际润滑剂。否则就是恭维,是溜须拍马,这样的赞美会适得其反。

(2)适当:不要夸大对方的优点,也不要反复赞美一个优点,而且在赞美别人时,也要注意对方的身份、时机、场合等。

(3)具体:赞美不能笼统,没有针对性就没有实质性的内容,赞美就会流于形式,也就失去了说服力。

3.学会倾听

人有一张嘴,却有一双耳朵,这提示我们在人际交往中,能够听别人说常常比自己滔滔不绝地讲,更能赢得对方的好感。因为有人倾听,说话者会感到亲近,为进一步沟通打好基础。倾听是对说话者的一种尊重。听只是对声音的获得,而倾听是正确理解对方的意思,只有真正理解了说话者的意思,交流才能顺利进行下去。

(1)全心全意去听:注视对方,姿态前倾,专注于对方及其所讲的内容。

(2)准确理解对方的意思:要听懂弦外之音、言外之意,明白对方的意思。

(3)积极反馈:双眼正视对方,不时点头、打手势鼓励对方说下去。

(4)适当互动:当对方表达某种态度、情感时,适当给予理解和支持,如"是应该这样的"。当听到不太明白的地方,可适当打断对方,简单地询问,如"你说的是这个意思吗"。但不要中途打断,先让对方把话说完。

(二)人际交往的非语言艺术

美国口语学者雷门罗斯曾经分析,在人际沟通中,人类所获得的信息总量,只有35%是通过语言信号传达的,而剩下的65%是通过非语言符号传达的。可见非语言符号在人际交往中的应用也非常重要,非语言符号包括表情、动作、物饰语言、体姿语言等。

1.表情

在人际交往中,最具影响力的表情是微笑。美国心理学家卡耐基曾说:"你的笑容就是你好意的信差。"你的笑容能照亮所有看到它的人,无论是遇到心情糟糕还是心情正好的人,你的微笑都可以给他们带来阳光与温暖,特别是对那些遇到生活挫折、工作压力、学习困难的人,一个笑容就能够给他们带去正能量。当然,我们所说的微笑是指真诚的微笑,发自内心的、能给人带来温馨感觉的微笑。

2.动作

早在两千多年前,西塞罗就曾指出:"一切心理活动都伴有指手画脚等动作。"手势在沟通中可以起到强调、说明、表达感情、指示方向等作用。触摸行为往往能反映出人际关系的亲密程度和社会地位状况,主要有握手、亲吻、拥抱和拍肩膀等。人在身体接触时对情感融洽的体会最为深刻,人与人之间相互的理解、隔阂的消融、友谊的加深,能通过身体接触得到充分地表达。

3.物饰语言

物饰语言是指与人体有关的仪容、服装、饰物等。物饰在人际交往中也具有传递信息的功能,但物饰一定要因人而异,注意自己的身份、职业和社交场合。美学上总结的服饰第一要义是得体、合适,即根据自己的年龄、环境、职业、性别等去选择。

4. 体姿语言

体姿语言是指人们在交际中身体各部位处于相对静止状态时所传递的信息。在交际中，人的身体姿态是极富表现力的无声语言，是反映个性特征的重要表现形式，如"站如松、坐如钟、卧如弓、行如风"是美的姿态。

拓展训练　多种交往实践

如果一个人常常把自己关闭在房间里，不与人接触、交往，只是对着书本上的东西照本宣科，对个人在人际交往中的表达能力不可能有实质性的提升，我们必须经常在各种不同的交往中进行实践锻炼，才会真正提高自己的表达能力。

与陌生人聊天。和陌生人聊什么、怎样聊才能给对方较为深刻的印象，这是摆在你面前的一个首要问题，解决了它，你的表达能力必然会提高。

和观念不同的人交流看法。并不一定要强求对方认同你的观点，关键是在交流中知道如何表达出自己的看法，在讨论中体验沟通的乐趣。

参加演讲。虽然缺乏与自己交流的对象，但演讲的时候有演的成分，不仅可以锻炼口才，还能更多地从形体、情绪等方面表现自我，增强自信心。

当辩论赛的辩手。充分阐述自己的观点，想尽各种办法驳倒对方的立论，这可是锻炼表达能力的大好时机，千万别错过。

说服别人。若觉得自己有道理，就想办法说服别人，让他心服口服。

赞美别人。"人性深处，无不渴望被赞赏。"你首先要发现别人的优点，然后真诚地表达自己的欣赏。缺乏这份真诚，赞美就可能变成阿谀奉承了。

说出自己的真实感觉。如果某位同学的言行确实伤害了你，你要勇敢地说出自己的感觉，请他停止。当然，开口之前，要考虑说话的语气和表达方式。

培养多样化的兴趣，积极参加各种社会活动，比如，在学校里参加你喜欢的社团和各类集体活动。这些都是非常重要的与人沟通的机会，能丰富自己的人际网络，并可以此为基础培养团队精神，掌握沟通的技巧。

从小学到大学，说了十几年的话，你完全有理由相信自己是"能说"的。那么，交往的问题出在哪里？问题的关键是你要有在他人尤其是陌生人面前开口说话的勇气和信心。因此，想说就大声说出来吧。

（资料来源：李秀锦，李慧．大学生心理健康教程[M]．北京：北京出版社，2017．）

（三）努力提高自己的人际魅力

人际魅力，是指在人际交往过程中形成的，个体对他人给予的积极和正面评价的倾向。每个人都有自己喜欢的人，并愿意与之交往；每个人也都有自己讨厌的人，不愿意和这些人交往，这种现象反映的实际上就是人际吸引。

1. 建立良好的第一印象

怎样表现才能给人留下良好的第一印象呢？心理学家卡耐基在其著作《怎样赢得朋友，怎样影响别人》一书中总结出给人留下良好的第一印象的六种途径：真诚地对别人感兴趣；微笑；做一个耐心的倾听者,鼓励别人谈他们自己；多提别人的名字；学会换位思考,站在对方角度看问题,说符合别人兴趣的话题；以真诚的方式让别人感到他很重要。

2. 塑造个人的内外气质

追求美、欣赏美、塑造美是人的天性。美的外貌、好的风度能使人感到轻松愉快,并且在心理上构成一种精神的欣赏。所以,大学生应恰当地修饰自己的容貌,扬长避短,注意在不同场合下,要选择样式和色彩符合自己的服装,形成自己独特的气质和风度。同时,大学生应注意追求外在美和内在美的协调一致,即秀外慧中。但随着交往的深入,外在美的效用会逐渐减弱,对他人的吸引会逐渐由外及内,从相貌、仪表转为品德、才能。

3. 培养良好的个性特征

良好的个性特征对建立良好的人际关系有积极作用,不良的个性特征对建立良好的人际关系有阻碍作用。生活中,大家都愿意与良好性格的人交往,没有人愿意与自私、虚伪、狡猾、性情粗暴、心胸狭隘的人打交道。因此,要不断地形成良好的个性特征,注意克服性格上的弱点。

微课
人际交往的技巧

4. 主动交往,密切关系

心理学研究表明,人与人在空间距离上的接近,是促进人际吸引的重要因素,因为人与人在空间距离上越接近,彼此交往频率就越高,越有助于相互了解、沟通情感、密切关系。即使两个人的人际关系比较紧张,通过交往,也有可能逐步消除猜疑、误会。反之,即使彼此关系很好,但长期不交往,彼此了解减少,其关系也可能逐渐淡化。大学生同窗读书,接触密切,这是建立友情的良好的客观条件,应充分利用这一条件,积极主动交往,与同学保持适度的接触频率,你会交到更多的知心朋友。

延伸阅读　人际距离

人际距离是沟通与交往时,个体身体之间的空间距离。美国学者霍尔(E. T. Hall,1959)调查研究发现,由于人们的关系不同,人际距离也相应不同。影响人际距离的因素主要有性别、环境、社会地位、文化、民族等。概括起来主要有四种人际距离。

亲密距离:0～0.46米。0.15米以内,是最亲密区间,双方能感受到对方的气味、呼吸、体温等私密性刺激。0.15米～0.46米,身体上的接触可能表现为挽臂执手,或促膝谈心。亲密距离,是亲人、夫妻之间的交往距离,也见于贴心朋友之间。

个人距离:0.46米～1.22米。这是朋友之间的交往距离。此时,人们说话温柔,可以感知大量的体语信息,较少直接的身体接触。

社交距离:1.22米～3.7米。彼此认识的人之间的交往距离,体现出一种公事上或礼节上的较正式关系,商业交往多产生在这个距离。

公众距离:3.7米～7.6米。在正式场合、演讲或其他公共场合的人际距离,此时的沟通往往是单向的。

(资料来源:戚心洁,孙立. 心理健康十二讲[M].北京:北京邮电大学出版社,2021.)

拓展训练　课堂小游戏

请班上一位同学做活动组织者,做以下事情:

1. 给每人发一张卡片,请大家在卡片上写上自我介绍,不写姓名,内容可以包括性格特点、能力、兴趣爱好、对人生最大的感触和打算、最喜欢的名言警句、对自己影响最大的人等。形式多种多样,自由发挥。例如,可以用图来表示,也可以用文字或符号等。

2. 把卡片收集到一起,打乱顺序,班中每位同学从中抽一张。

3. 根据抽到的卡片试着去寻找它的主人,然后与他(她)对话(20分钟左右)。

4. 暂停交流,收回卡片,组织者随意从中抽出一张,念出上面的内容并请卡片的主人给大家说说他(她)的故事。

5. 请同学们谈谈这次活动的感受和体验。

启示:如果我们不主动出击,就难以"打破人际寒冰",只有互相交流,才能增进熟悉度和心理交融程度。

思考与训练

1. 大学生人际交往的原则有哪些?
2. 大学生如何提升自己的人际关系水平?

第六章

真诚相待 邂逅爱情

爱情是人类永恒的主题,神秘而美好,尤其对青年大学生来说,发生在校园里的恋情,往往比校园里的学习生活更令人难忘。爱情如此重要而美妙,可为什么还会有那么多人为情所困、为情所累、为情所伤? 爱情是什么? 大学生恋爱有哪些心理特点? 性究竟是怎么回事? 如何树立正确的恋爱观和性意识,培养爱的责任和能力? 下面就让我们来共同梳理这"剪不断、理还乱"的爱情吧!

第一节 解读爱情密码

学习目标

1. 了解什么是爱情及爱情的特征。
2. 掌握大学生恋爱的心理特点。

课堂互动 致橡树

我如果爱你——绝不像攀援的凌霄花,借你的高枝炫耀自己;
我如果爱你——绝不学痴情的鸟儿,为绿荫重复单调的歌曲;
也不止像泉源,常年送来清凉的慰藉;
也不止像险峰,增加你的高度,衬托你的威仪。
甚至日光,甚至春雨。
不,这些都还不够!
我必须是你近旁的一株木棉,作为树的形象和你站在一起。
根,紧握在地下;
叶,相触在云里。

> 每一阵风过,我们都互相致意,但没有人,听懂我们的言语。
> 你有你的铜枝铁干,像刀,像剑,也像戟;
> 我有我红硕的花朵,像沉重的叹息,又像英勇的火炬。
> 我们分担寒潮、风雷、霹雳;
> 我们共享雾霭、流岚、虹霓。
> 仿佛永远分离,却又终身相依。
> 这才是伟大的爱情,坚贞就在这里:
> 爱——不仅爱你伟岸的身躯,也爱你坚持的位置,足下的土地。
> [资料来源:舒婷.致橡树[J].名作欣赏,1983(5).]

思考与讨论

你心目中的爱情是什么?如果你爱一个人,你会怎样对待?

一、爱情的含义和特征

(一)爱情的含义

爱情是世界上最复杂的情感现象。人们对爱情充满了好奇与向往。什么是爱情?有人说爱情是奉献,有人说爱情是索取,还有人说爱情是浪漫。究竟什么是爱情?爱情是一对男女基于客观物质基础和共同的生活理想,在各自内心形成的对对方的真挚仰慕,并渴望成为对方终身伴侣的强烈的、稳定的、专一的感情。本质上,爱情是指身心成熟达到一定程度的人对异性产生的具有认知成分和性需要的高级情感。它包括以下四个基本要素:

1. 情感

这是爱情的初始环节,变相为双方的灵魂和肉体融合在一起的强烈感觉。

2. 性欲

这是爱情的自然环节,是人类繁衍后代的需要。

3. 理想

这是爱情的发展环节,也是爱情的社会性。

4. 责任

这是爱情的体现环节,激情过后,变相为社会责任、道德责任。

恋爱是指异性之间培养爱情的过程,是以爱情为中心的社会心理行为。在恋爱过程中,异性之间从互相不认识到产生好感,再进一步相互了解、加深认识、增进感情,进而建立起亲密的恋爱关系。通常而言,异性感情的发展会沿着相识—熟悉—朋友—好朋友—知己—恋人这一线索深入发展,当一个人成为对方心里不可替代的交往对象时,爱情就可能降临了。从心理学角度讲,循序渐进的异性交往方式有助于建立健康、成熟、稳定、美好的爱情关系。

(二)爱情的特征

作为人类社会中的特殊情感,爱情通常具有以下基本特征:

1. 爱情具有魅力性

爱情基本上都是从男女双方的相互了解、吸引中开始的。男女双方需要彼此之间有一定的吸引力才可以逐渐地产生爱情,如果没有了解、深入,就很难出现爱情。这种相互吸引的魅力,一方面可能是来自外表的吸引,如女性有婀娜的身材、姣好的面庞;男性拥有高大威猛的身材、英俊的样貌,这些都是相互吸引的外在条件。另一方面可能是来自内在的思想和个人的人格魅力的吸引,如男性的刚正不阿、勇毅果敢,女性的温柔善良、聪明伶俐。

男女之间的魅力也不是绝对的,这个还需要因人而异。比如,一个女生对男生 A 来说非常有魅力,也许对男生 B 来说就完全没有魅力。两个人的相互吸引往往是彼此交往的基础,这也是一段正常恋爱发展的开始。如果没有相互之间的了解和吸引,就直接开展恋爱,这样的爱情是不太成熟的。

2. 爱情具有平等性

爱情是一种圣洁、美好、崇高的感情体验,是由两个相互吸引的灵魂,彼此之间的相互爱慕、情投意合,一段真挚的情感是不能接受人为的强求,必须以男女双方相爱为前提,当事人既是施爱者也是被爱者,在一段感情的发展中,两人都必须从一而终的处于平等、互爱的地位。单方面的恋爱虽然也是一种特殊的情感,但它不是相互喜爱而定义的爱情,它的表现只是单方面地消耗一方的精力和时间,从而使付出的一方否定自己,造成心理阴影,这是不可取的。

3. 爱情具有排他性

一段真正的爱情是男女双方心灵发生相互碰撞的感觉,男女双方一旦陷入爱情,就会要求彼此忠贞,容不得任何第三者接近双方中的一人,所以真正的爱情是必然有排他性和纯洁性的。

4. 爱情具有依赖性

男女双方都希望彼此间的感情长长久久,永不分离。热恋时期,双方形影不离,都希望每时每刻可以和对方在一起,一旦分离,就会日思夜想,期盼相聚。那种"不在乎天长地久,只在乎曾经拥有"的想法在爱情里是不可取的,也并非是真正的爱情。

5. 爱情具有生理属性

爱情有生理因素,包括性爱因素,不是纯粹的精神上的依恋。男女之间由于感情的升温,双方在恋爱的不同阶段产生不同程度的身体接触,如接吻、拥抱等,这些都属于感情发展的自然阶段,属于正常现象,也是生理和心理的正常需求。但是,人的爱情是一种生理、心理、社会共同发展的结合,并不能一味简单地把爱情和性爱画等号,认为只有发生性爱才是爱情,这是一种片面的看法,爱情的标志有很多,性爱只是其中的一种。

延伸阅读 斯滕伯格爱情三因素理论

美国心理学家斯滕伯格提出了爱情的三因素理论,阐释了爱情的本质。他认为人们的爱情虽然错综复杂,但基本上都与其中的三个成分密不可分:动机成分、情感成分和认知成分。动机成分主要指激情,即有强烈的渴望与对方成为统一体的冲动;情感成分主要指亲密,即双方之间促进亲近、联结的心灵契合和相互间的归属感;认知成分主要指承诺,即双方之间愿意持久地保持两人的亲密关系。

(1)亲密,是两个人相互亲密、温馨的一种感觉。总而言之,是能够带给人们温暖舒服的体验。可以当作一种关系中的情感投入。如:渴望促进被爱者的幸福,与被爱者分享自己的东西,乐于奉献自己。给予被爱方精神支持,珍重被爱的一方。属于爱情的情感成分。

(2)激情,是一种强烈的情感表达,通常都发生在受到强烈的刺激和猝不及防的变化之后,具有激烈、难以控制的特点。激情是强烈地渴望与伴侣的结合,这样的体验主要是指性的需要。激情是爱情的驱动力,没有激情的爱情就缺少了原动力。亲密和激情之间相互影响,但并不是同步存在的。属于爱情的动机成分。

(3)承诺,是由长期和短期两个方面决定的。对于短期方面而言,就是做出是否选择爱一个人的决定。从长期方面来说,就是如何维护这段感情,对这段爱情关系忠贞。愿意患难与共,风雨携手同行。这是以认知为前提的两性关系,属于爱情的认知成分。

这三个要素分别在爱情三角形中的三个顶点,任意调整这三边中的一个部分,就会形成不同的三角形关系。在实际的两性关系中,三个要素会随着时间和空间的不断变化而产生不同的转换。在这一段关系的初期,激情占有很大成分,随着时间推移,亲密的比重也在不断加强,并随着感情的增温,加入承诺的约束,促进双方关系的稳定和发展。理想的爱情关系应三者兼备,且合而为一。

二、爱情的发展阶段

通常情况下,一个成熟的、稳定的爱情关系大致要经历以下几个阶段:

第一阶段:依赖

这个阶段处于爱情的甜蜜期。情侣希望时时刻刻都能和对方在一起,享受他们的甜蜜。"情人眼里出西施",此时对方的缺点都可以忽略,再苦再累他们都会感觉很甜蜜,而不会在乎其他的一切。这样的爱情虽甜美,但这样长久下去会影响生活。

第二阶段:反依赖

这个阶段情侣之间的感情不再那么热烈,至少会有一方想要有更多的时间去做自己想做的事情。这时候,另一方就会感觉到被冷落,所以这个阶段也叫敏感期。对于女孩子,"吃醋"会在这个时期经常发生。女孩比男孩更感性,会对男友产生怀疑,怀疑对方是否真的爱自己,对她的爱是否变了。心理学家巴特利特调查显示:绝大多数女方对男方的怀疑都是女性的过度敏感与感性造成的,是凭空想象。这也经常让男方很无奈,所以经常会因为一点小事而争吵。"小吵"可以增进感情,但"大吵"会很伤感情。这个阶段的情侣要注意调整自己的心态,这不是不相爱了,而是选择了一种更适合的相处方式,彼此渐渐地适应不再依赖对方,双方都能腾出时间去做自己喜欢的事情,这对双方都是有益的。

第三阶段:独立

这是第二阶段的延续,要求有更多的独立的时间和空间。真爱的考验往往出现在这个时期。通常当男女双方之间存在时空距离时,他们会审视自己和另一半的感情,这是结婚前的必要考验。男女双方都在为未来做打算,他们坚信会走到一起,所以会为了以后的幸福而打拼,他们之间的爱情都上升了一个层次,由表面的甜蜜发展到内心的恩爱,对对方比以前多了一份理解和深层次的爱。需要注意的是,这个阶段的相处方式比较理性,缺少激情,所以双方可能会出现一些猜忌。因此,这个阶段的情侣要给对方空间,多一份信任与理解,要把对方当作未来人生的伴侣去关心,让对方知道你在乎他。这样,感情的阴霾就会烟消云散。

微课

恋爱中的"高原心理"

第四阶段:共生

这个阶段的情侣已经经历了长时间的磨合,你的他成了你最亲的人。你们的生活状态进入了和谐、健康、积极的阶段。情侣双方都能拥有自己的个人空间,同时身边又多了一位懂得照顾自己、包容自己的伴侣,彼此相互扶持、相互成长,你们的幸福平淡而真实。但是,不少人都通不过第二或第三阶段的磨合,而选择了分手,这是很可惜的。很多事情只要好好沟通都会没事的,不要冲动,不要想太多,要相互理解和信任,这样第二、三阶段的时间就会缩短并容易顺利度过。

能和所爱的人相遇、相识、相恋是非常不容易的,不要轻言放弃。每一份恋爱都要经历一定的过程,这个过程也许有伤心、委屈、不理解,但只要我们怀着真诚和积极的心态,树立正确的"三观",找到适合自己的爱人,执子之手,方能与之偕老。

> **心理案例**　　**这样的爱能维持多久?**
>
> 　　赵刚很帅,美娜很美。两人恋爱了,身边的同龄人都羡慕他俩是天生的一对。可是没过一个月,问题就来了。刚确定关系不久,美娜就要赵刚约她出去旅游。赵刚想出去一趟少说也得几千块,自己根本没办法拿出这么多钱来,于是就拒绝了美娜。因为这事,美娜好长一段时间没有理会赵刚。赵刚希望美娜不要这么物质,美娜却认为这是考验赵刚是否爱自己的机会,爱一个人就意味着愿意付出一切。赵刚好不容易才把美娜哄好了。可没过多久,两人又为一件事情闹了别扭。
>
> 　　美娜在校外报了一个培训班,每天要赵刚去接她。有一天,美娜提前下课了,就打电话让赵刚过来接,正好此时,赵刚要赶一个社团活动的策划方案,就让美娜自己回来。于是美娜又不高兴了,责怪赵刚把工作看得比她还重要。追求她之前可是一呼百应,随叫随到,没想到追到之后,态度就不一样了,不像以前那么在乎她了。
>
> 　　这让赵刚感到迷茫了,纵然自己很喜欢美娜,但这种"不平等"的爱到底能持续多久,他自己也不知道。
>
> 　　弗洛姆在《爱的艺术》中总结如下:

不成熟爱情的原则:我爱,因为我被人爱;成熟爱情的原则:我被人爱,因为我爱人。
不成熟的爱宣称:我爱你,因为我需要你;成熟的爱:我需要你,因为我爱你。

美娜对张帅的爱就是一种不成熟的爱。弗洛姆认为一个成熟、良好的爱情关系包含以下五个基本要素:

一、给予。爱情首先是"给予"而不是"索取"。给予是人的潜能的最高表达方式。通过给予,才能体验自己的力量、财富、能力。给予比索取带来更多的快乐,这不是因为给予是一种牺牲,而是通过给予,可以感受到生命和自身价值的存在。

给予不仅仅包含物质,更多的是一个人内心生命活力的表达。比如与人分享自己的欢乐、兴趣、理解、知识、幽默、悲伤等,通过给予,丰富他人,提升自己。

二、关心。关心是爱的表现形式。缺少关心的爱是缺少温暖的爱,是空洞的爱。关心不仅是物质上的给予,更是对所爱之人生命、幸福、成长、发展、主动、持续的关注和促进。关心的爱不是抽象的爱,而是实践的爱,是身体力行,有所作为。爱不仅是能力也是艺术,是我们心灵获得强大力量的源泉。

三、责任。责任与爱密不可分。责任不是人们常说的义务,不是外部强加到人身上的枷锁。而是发自内心的完全自觉、自愿的行为。是"我"对另一个人的需要表达的或未表达的反应。

四、尊重。人与人共同生活的基础就是双方的互相尊重。爱与被爱是相互的。"我"希望一个被"我"爱的人以他自己的方式去成长发展,而不是服务于"我"。尊重和爱一个人,就应该接受他本来的样子,而不是要求他成为"我"希望的样子。爱情是使双方都感觉到自由,而不是被控制。只有这样才能使双方成长和发展。

五、了解。认识、了解对方是关心、尊重对方的前提。没有认识和了解,关心和尊重是盲目的。而对一个人的认识和了解,不能只停留在表面,必须要深入其本质,否则就会被表面现象所迷惑。

认识和了解对方,不是要支配对方,使他做"我"想做的,思考"我"想思考的,感受"我"想感受的,成为"我"的占有物。而是要站在对方的角度和立场看待问题,"我"才能真正认识和了解对方。

给予、关心、责任、尊重、了解是相互依存的,它们是在一个成熟的爱情关系中共存的因素。

(资料来源:夏翠翠,宗敏,涂翠平.大学生心理健康教育[M].北京:人民邮电出版社,2019.)

三、大学生恋爱的特点

大学阶段正是对异性向往期向恋爱择偶期的过渡阶段,大学生在恋爱的态度、行为、方式上呈现以下特点:

(1)恋爱观念的开放性。随着时代的发展、社会群体道德观的变化,"性解放、性自由"观念的蔓延,当代大学生恋爱观和对爱情的表达日趋开放和大胆。他们勇于抓住机会,敢于轰轰烈烈,渴望一见钟情。在"爱"的激情下,大学生恋爱不再是"犹抱琵琶半遮面"。而是"花前月下,卿卿我我",校园随处可见成双成对的恋人。

(2)恋爱动机的多样性。大学生正值青春年华,象牙塔里优美的环境为大学生释放青春的激情提供了适宜的场所,恋爱已经成为大学校园生活的热门话题。由于社会背景、人文环境、经济状况等因素不同,大学生的恋爱动机也呈现多样化倾向。大多数大学生谈恋爱是为了追求志同道合、纯洁专一的感情,但也存在着其他非感情因素,如孤独、空虚、好奇、寻求刺激、心理平衡、体现自我等。

(3)恋爱关系的不稳定性。大学生的特点是年轻、单纯、理想化。在追求爱情时,一般较少考虑经济、地位、家庭、职业、未来发展等实际问题,浪漫色彩浓厚,感性因素较强,理性思考与认识较弱。很多大学生都向往影视剧里缠绵的爱情,浪漫而没有现实压力。一些大学生觉得恋爱是大学阶段的"必修课",甚至把谈恋爱当作一种能力的体现。为了体现自己"有本事",一些大学生在条件不成熟的情况下"匆忙试爱"。由于经受不住现实生活的冲击,加上缺乏理性处理情感问题的经验和能力,大学生恋爱"有情人"虽多,但"成眷属"者少。

虽然恋爱是大学校园普遍存在的一种现象,但大学生涉世未深,社会阅历浅、思想单纯、经济上尚未独立。不少大学生对自己的人生目标和需要还没有一个很清晰的认识。在择偶标准上,往往重外表,忽视内在品行;在恋爱方式上,往往重形式,轻内容;在恋爱行为中,往往重过程、重享乐,轻结果、轻责任。这些恋爱中的不成熟想法,极易造成恋爱挫折,加之大学生缺乏妥善处理恋爱中感情纠葛的能力和心态,往往导致大学生为情所困,情绪失控,陷入痛苦而无法自拔。因此,摆正爱情与学习、工作、生活的关系,正确处理感情中遇到的问题,是恋爱中大学生需要学习和理智面对的问题。

延伸阅读 影响大学生爱情的十大非理性观念

1. 爱不需要理由;
2. 没有爱情的大学生活是失败的;
3. 爱情可以靠努力争取,付出总会有回报;
4. 恋人是完美的,爱情是唯一的;
5. 爱情重在过程不在结果;
6. 因为相爱而发生的性关系无可非议;
7. 不在乎天长地久,只在乎曾经拥有;
8. 爱情能够改变对方;
9. 爱是感觉;
10. 失恋是人生的重大失败。

这些非理性观念给大学生带来诸多感情困惑,影响大学生的人生选择。有的大学生坚信爱情中付出总会有回报,一个人做爱情的守望者,苦苦等候;有的大学生受其影响,不分主次,甚至因此而荒废了学业;有的大学生求爱不成,走极端,造成不可挽回的后果。这些都是大学生在恋爱过程中需要注意和避免的。

(资料来源:张海涛.大学生身心健康理论与实务[M].镇江:江苏大学出版社,2018.)

思考与训练

大学生恋爱是必修课还是选修课?大学生恋爱是利多还是弊多?

第二节 走出情感的误区

学习目标

1. 树立正确恋爱观,培养爱的责任与能力。
2. 学会解决恋爱中的困惑,走出情感误区。

课堂互动 测一测,爱情乎? 友情乎?

测试一:

(1)当我和他在一起的时候,我感觉两个人有相同的心情。
(2)我认为他非常好。
(3)我愿意推荐他去做令人尊重的事。
(4)在我看来,他特别成熟。
(5)我对他有高度的信心。
(6)我觉得和他相处的人大都会对他有很好的印象。
(7)我觉得自己和他很相似。
(8)在班上或团体中,我都愿意投他一票。
(9)我觉得他是许多人中,容易让人尊敬的一个。
(10)我认为他十分聪明。
(11)我觉得他是所有认识的人中最讨人喜欢的。
(12)他是我很想成为的那种人。
(13)我觉得他非常容易赢得别人的好感。

测试二:

(1)他情绪低落的时候,我认为自己最重要的职责就是让他快乐起来。
(2)在所有的事情上,我都可以信赖他。
(3)我觉得要忽略他的过失是一件容易的事情。
(4)我愿意为他做所有的事情。
(5)我有一种将他占为己有的想法。
(6)若我不能和他在一起,我会觉得非常不幸。
(7)如果我感到寂寞,首先想到的就是去找他。
(8)在世界上也许我会关心很多事,但最重要的事就是他是否幸福。

(9)不管他做错什么,我都愿意宽恕他。
(10)我觉得他的幸福就是我的责任。
(11)当我和他在一起的时候,我发现自己什么都不想做,只想看着他。
(12)若我也能让他百分之百的信赖,我觉得十分快乐。
(13)没有他,我觉得难以生活下去。
(资料来源:周虹.大学生心理健康教育实用教程[M].镇江:江苏大学出版社,2019.)

思考与讨论

测试一和测试二中符合你自身情况的项目分别有多少?爱情与友情你分辨得出来吗?

著名诗人歌德说:"哪个倜傥少男不善钟情?哪个妙龄少女不善怀春?"大学生对爱情的渴望和追求,随着身心的日趋成熟而自然萌发。但是,爱情是一个双面镜,既给予人温暖,也给予人烦恼和悲伤。调查显示:在恋爱中的男女普遍认为最受困扰的事情就是因为不懂怎么处理男女关系而感到困惑和迷茫,甚至内心的痛苦,性格的扭曲。因此,如何树立正确的恋爱观,学会解决恋爱中的困扰,成为帮助大学生走出情感误区的重要课题。

一、大学生恋爱中情感的甄别

(一)爱情和友情

在异性交往的过程中,常常有很多人把友情误认为爱情,在大学生的日常接触中,通常一个肢体接触、一个眼神交流,都能延伸出不同的意义。爱情与友情是人类情感生活中的一对孪生姐妹,都是双方在相互倾慕,相互尊重、理解、帮助的前提下,共同培育出的珍贵感情。

现实中,对于异性朋友,除了性欲等自然因素外,区别爱情和友情并不容易。友情的产生比较容易,只要一方面相投即可,而爱情的产生是两性间全方位的磨合,并且含有生理吸引。友情比爱情更具有广泛的交往关系,不受性别、年龄以及朋友数量的影响。而爱情是唯一的,容不得他人"插足"。要区分异性间的友情是否发展为爱情,主要看一方对另一方的好感有无变化。若只感到交往中彼此心理上的愉悦,却没有意识到共同的道德感和责任感,那么好感就没有发展成为爱情。因此,在异性交往中,当关系进一步发展时,就应当及时识别和区分彼此的感情性质,以免误入情感的误区。本节课堂互动测试中,若测试一中符合你的项目多于测试二,那么你对对方的感情中"友情"的成分居多,反之则是"爱情"的成分居多。

(二)一见钟情

进入青春期的男女对异性表现出一种亲近、向往和眷恋的情感,这是青春期性心理的一种反应,通常被称作"求异心理"。他们在心理上产生了恋爱的萌芽,往往期待着充满激情和浪漫的一见钟情。

一见钟情是由性吸引力决定的。不可否认,性吸引力大,可以点燃爱情的火焰,在此基础上,加深相互了解,增添爱情的基石。然而,一见钟情只是爱情起始的一种形式。你看到一个健康美貌、风度翩翩、气质不凡的异性,唤起你对他/她的性爱欲望,但未必能"两相情悦"。因为决定爱情的成功与否,除了起始条件的有无,更重要的是双方的意愿和感情的深浅。社会心理学的研究也证明了,激情和浪漫的爱会随着时间而冷却,真爱需要时间和现实的检验。尤其对青年大学生来说,激情来得快,去得也快,而共同的理想、兴趣、价值追求以及习惯才是维持恋爱感情的重要因素。

(三)爱慕心理

进入青春期之后,青少年学生的生理和心理都发生了很大变化,情窦初开的男女之间由相互疏远,转化为了一种情感的吸引,进而有彼此接近的需要,这在心理学上被称为"异性思慕",也就是通常所说的爱慕或好感。

异性思慕是青少年学生心理发展的一个重要阶段,是其心理发展正常的一种表现。这种感情可以让你学会如何关注他人,体验他人的需要和情感,这也是青少年学生未来发展健康的爱情、婚姻,组建和睦家庭的心理基础。然而,正如"一见钟情"只能说是某些爱情事件中的触发点一样,有好感并不一定是爱情。好感更多的是一种情绪表达和感受,和专一的爱情相比,这种感受短暂而易变,这是由于少男少女们的社会阅历、知识水平、认知能力、生存能力等还有局限性。不少青少年学生将这种初期的异性思慕与吸引误以为是爱情,过早地陷入情网而不能自拔。

延伸阅读　　爱情与喜欢的区别

依恋:卷入爱情的双方在感到孤独时,会高度特意地寻找对方来伴同和宽慰,而喜欢的对象不会有同样的作用。

利他:恋爱中的人会高度关怀对方的情感状态,觉得对方快乐和幸福是自己义不容辞的责任。在对方有不足时,也会表现出高度宽容。自我、自私的人,也会表现出理解、关怀和无私。

亲密:恋爱双方不仅对对方有高度的情感依赖,而且会有身体接触的需求。性是爱情的基础和核心成分。

[资料来源:郭念锋.国家职业资格培训教程心理咨询师(基础知识)[M].北京:民族出版社,2011.]

微课　如何分辨爱和喜欢

二、大学生恋爱的困惑及调适

(一)单恋

单恋即单相思,是指以异性关系中一方对另一方单方面的爱慕为特点的"爱情"。在大学生中,单恋有两种情况:一是明知对方不喜欢自己,依然一味追求;二是误解了对方言行的含义,自作多情,误把友情当爱情。

心理案例　　一个人的恋爱

小张是一名大二学生,他喜欢上了班里一名高挑的女生,但因为自己个子不高,所以感到有点自卑。后来两人因在同一学生社团而经常接触往来,经过一段相处后,小张

第六章 真诚相待 邂逅爱情

向女生表白了,但遭到对方婉拒。小张说,如果做不成恋人,就做朋友吧。

后来他俩偶尔会一起结伴上课,有时还会一起出去玩,可是小张发现女生只关注自己,并不在乎他,大家彼此各玩各的。虽然如此,小张还是非常喜欢这名女生,对她更加呵护,可是女生对他的态度依然冷淡。

后来女生认识了一位高大帅气的男生,并成了对方的女朋友,从此不再与小张接触往来,可小张还是断断续续和对方联系。小张没有找女朋友,因为他觉得自己还是忘不了这个女生。他无数次地关注女生的朋友圈,想知道她的消息,他是如此喜欢这个女生,可这个女生对他来说却可望而不可即。

大学生心理尚未成熟,单恋现象比较常见,且大多发生在性格内向、敏感、富于幻想、自卑感强的学生身上。单恋是每个人都可能经历的一种心理状态,这并不算是心理障碍,但如果盲目的、非理性的单恋得不到合理的疏导和调适,就会导致心理失调,甚至产生更严重的后果。本案中小张的单相思已经严重干扰了其正常的情感生活。小张应及时反省自己敏感、自卑的心理,放下不切实际的幻想,寻找与自己两情相悦的恋人。对于单恋可从以下几个方面进行调适:

1. 主动了解对方的态度

单恋是单方面地对对方情有独钟。钟情的一方可以主动了解对方对你的态度,比如:对方有没有意中人?他的择偶条件和标准是什么?你现有的条件能否引起他的爱慕?弄清情况后再根据可能性的大小来决定之后的行动。

2. 适当表达爱意

爱就要让对方知道。这时与其受单相思之苦,不如下定决心通过适当的方式勇敢地向对方表白。当然,在求爱之前,你要有清醒的认识和充分的思想准备,既有可能被接受,也有可能被拒绝。

3. 提高认识,急流勇退

恋爱中的人应该认识到"强扭的瓜不甜"。爱情不可强求,更不可乞求。如果对方已有意中人,或是你现有的条件根本不能引起他的爱慕,那你就要有自知之明,急流勇退。自己的爱得不到回应,虽然痛苦,但"天涯何处无芳草",并不是你不好,而是还没找到爱你的人。

4. 扩展交友面

要转移并化解单相思之情,并将这种执念转化成为更加广泛的感情。比如适当地扩展自己的交友面,可以多参加学校社团活动,积极参加班级的建设,加强朋友之间的联系等。

5. 转移注意力

爱情是"两情相悦"。当发现对方对自己根本没心思和爱意的时候,就应该及时转换目标,终止自己的感情。不要让自己的感情无止境地投入。可以转移下自己的生活目标,转移下自己的注意力,可以把更多的精力放在自身的内涵建设上,如升学考试、职业技能学习等。等自己将状态调整得比较平稳后,再考虑恋爱的事。

(二)自恋

自恋是指一个人只在自我刺激或自我兴奋中寻求快感,而不需要他人在场,同时它的性指向是自己。

自恋是人格幼稚、害怕现实生活的一种内化反应,是一种情感生活适应障碍,主要表现在:强烈的自我表现欲和从他人那里获得注意与羡慕的愿望;自我评价过高,自以为能力出众;好做自我陶醉的幻想;权欲倾向明显,期待他人给自己特殊的偏爱和关心;缺乏责任感,妄自尊大;在人际交往方面,与他人缺乏感情交流,喜欢占便宜;在面临批评和挫折时,表现出不屑一顾和玩世不恭的态度,事实上却很在意别人的看法;为谋取个人利益不择手段;只愿享受不想付出等。

对于自恋可从以下几个方面进行调适:

1. 解除自我中心

自恋型人格的主要特征是以自我为中心,而人生中最以自我为中心的阶段是婴儿期。因此要解除自我中心,必须了解婴儿化的行为。你可以把自己认为讨人厌的人格特征和别人对你的批评罗列下来,看看有多少婴儿期的成分,也可以请一位和你亲近的人作为你的监督者,一旦你出现自我中心的行为,他便要给予警告和提示,督促你及时改正。

2. 学会爱别人

治疗自恋,还必须学会爱别人,因为你想获得爱,首先要付出爱。生活中最简单的爱就是关心他人,尤其是当别人需要你帮助的时候。只要你在生活中多一份对他人的爱心,你的自恋症自然会慢慢减轻。

(三)三角恋

三角恋亦称多角恋,是指一个人同时被两个或两个以上的异性所追求或自己同时追求两个或两个以上的异性并建立了恋爱关系。三角恋是恋爱纠纷的主要原因之一,由于恋爱具有排他性和独占性,任何一种三角恋关系都潜伏着极大的危险。选择了一个,就意味着要放弃另一个,否则就会深陷痛苦之中。因此,我们要将情感和行为分开,在情感上可以接纳自己、允许自己,比如你喜欢甲,你也喜欢乙,但在行为上要对自己进行管理,比如你最终选择了甲,那么在行为上就要和乙保持距离,哪怕心里还是喜欢乙。随着时间的推移,你和乙的距离越来越远,对乙的喜欢也会越来越少。但如果优柔寡断、纠缠不清,会让自己越来越混乱,最终得不到圆满的结果。

(四)失恋

所谓失恋是指一个人被其恋爱对象抛弃。有恋爱就会有失恋,这是恋爱过程中正常的现象,因为每个未婚男女都有追求爱情的权利,也有接受爱或拒绝爱的权利。

第六章 真诚相待 邂逅爱情

心理案例　　　　缠缠绵绵何时休？

目目和男友在大学认识时就一见钟情,两人相处一段时间后,目目发现男友有不少坏习惯,但目目很爱男友,于是选择了包容,有时甚至听之任之。就这样,他俩坚持相恋了三年。可是快到毕业时,男友突然向她提出分手,她伤心欲绝。刚分手的时候,目目总会忍不住给男友发信息,问他为什么变心。一开始,男友还会解释和安慰,可慢慢地目目发现男友变得越来越冷淡了,甚至打电话也不接听。可越是这样,目目越想和男友联系,越忍不住去关注他的一举一动,心情变得越来越糟,难以自拔。

目目失恋后感到很痛苦有多方面的原因:一是他俩有三年的感情,她已习惯了男友的存在,突然间失恋,这种习惯一时很难改变;二是她自尊心受伤,她不明白男友为什么不再爱她,甚至不再理她;三是她性格执着,不愿放弃。她这样其实是自欺欺人,自我伤害,是不敢面对现实的表现。

热恋关系断裂,失去了自己最亲密的人,对大多数人来说都是痛苦的,尤其是被动接受分手的一方。失恋者经常的表现为逃避现实,封闭自我。失恋容易使人处于强烈的自卑、焦虑、忧郁、悲愤、失望的消极情绪中,甚至失去生活的勇气和信心。面对失恋,我们要学会调节自己的情绪,控制自我的行为,增强心理承受能力,尽快地从失恋的阴影中脱离出来。

1. 正视现状

在遇到分手的事实时,我们要勇于正确地看待现状。爱情需要男女双方的共同努力,不是一方的施舍、委曲求全,更不是勉强。要认识到"失之东隅,收之桑榆"的道理,错过了爱情,并不代表否定自己的全部。要承认爱情的美好,也要面对爱情的失败,只有正确认识现状,才可以从心理上更快地走出阴影。

2. 冷静思考

在面对分手的事实时,要学会分析导致分手的真正原因。分手并不可怕,可怕的是不知道学会通过事情自我反思。如果因为某些原因,勉强地继续在一起,这样两人很难收获真正的爱情。失恋并不是毁灭性的,也许更好的伴侣在不远处等待着你。

3. 切合实际

当我们在追求一个不能完成的目标时,会替自己找一些理由,让自己从心理上更能接受。根据心理学家的观点:一个人在分手之后,想到之前的伴侣,会逐渐觉得对方身上的缺点都变成了优点,认为自己没有对方不行,自己的人生今后都是黑暗的,这些都是消极的想法。因此,失恋后内心有这样负能量的想法时,同学们可以树立自我内心坚定的想法,与之辩驳,将其转化为正能量。不妨多想想在相处过程中对方的缺点和让你伤心的原因,多想想自己的优势,相信自己可以在今后遇到更好的人。用正能量的积极作用更好地帮助自我走出失恋的困境。

4. 合理宣泄

失恋后,不要刻意隐藏自己悲伤的情绪,可以痛痛快快地大哭一场,或者找好朋友倾诉等,这样都可以让自己舒服一点。当然,宣泄要适度,倘若无休止地宣泄,反而会使自己陷入消极的情绪之中无法自拔。如果你感觉通过自己的力量还是没有办法疏解情绪,甚至觉得自己有一些心理疾病的症状,就要去找相应的心理机构请求帮助。

5. 自我蜕变

尽量把自己的注意力放在学业或者将来的职业生涯规划中,可以将此化作一个前进的动力。爱情是生活的一部分,但不是生活的全部。对于还是学生身份的你们,万万不能因为爱情,将其他所有都当作"浮云"。要不断地鞭策自己,要一直努力,并相信自己还可以遇到更好的人,还可以遇到值得你爱的人。

简而言之,失去爱情并不意味着失去全部,不要因为一次失败,就全盘否定自己的人生,要正视现实,客观评价自我。做到失恋不失德、失恋不失志、失恋不失态,你就还有无限可能。

延伸阅读　真爱不是狭隘的占有

林徽因,建筑学家和作家,为中国第一位女性建筑学家,同时也被胡适誉为"中国一代才女"。20世纪30年代初,与夫婿梁思成用现代科学方法研究中国古代建筑,成为这个学术领域的开拓者,后来在这方面获得了巨大的学术成就,为中国古代建筑研究奠定了坚实的科学基础。她的文学著作包括诗歌、散文、小说、剧本、译文等,其中代表作有《你是人间四月天》《九十九度中》等。

在林徽因的感情世界里有三个男人,一个是与她相濡以沫的建筑师梁思成,一个是才华横溢的诗人徐志摩,一个是学界泰斗、为她终身不娶的金岳霖。

婚前,梁思成问林徽因:"有一句话,我只问这一次,以后都不会再问,为什么是我?"林徽因答:"答案很长,我得用一生去回答你,准备好听我说了吗?"婚后,梁思成曾诙谐地对朋友说:"中国有句俗话:'文章是自己的好,老婆是人家的好。'可是对我来说是,老婆是自己的好,文章是老婆的好。"一天,梁思成从外地回来,林徽因很沮丧地告诉他:"我苦恼极了,因为我同时爱上了两个人,不知道怎么办才好?"梁思成听了以后非常震惊,一种无法形容的痛苦笼罩了他,经过一夜的思想斗争,虽然自己痛苦,但想到另一个男人的长处,他毅然告诉林徽因:"你是自由的,如果你选择了金岳霖,我祝你们永远幸福。"而林徽因,不仅没有离开他,反而感动万分地对梁思成说了一句能让世上所有男人都无法拒绝的话语:"你给了我生命中不能承受之重,我将用我一生来偿还!"

所有人都知道她和徐志摩的故事,他为她写下那样的诗句,可是最后她还是没有选择他。可是,比起徐志摩那样激烈的爱,金岳霖的脉脉深情更令人动情。金岳霖为林徽因终生未娶,因为在他心中,世界上已无人可取代她。林徽因去世多年,金先生忽有一天郑重其事地邀请一些至交好友到北京饭店赴宴,众人大感不解。开席前,他宣布说:"今天是林徽因的生日!"顿使举座感叹唏嘘。当时他已是八十岁高龄,年少时的旖旎岁月已经过去近半个世纪。可当有人拿来一张他从未见过的林徽因的照片请他辨别拍照的时间和地点的时候,他仍会凝视良久,嘴角渐渐往下弯,像是要哭的样子,喉头微微动着,像有千言万语哽在那里。最后还是一言未发,紧紧捏着照片,生怕影中人飞走似的。

许久,才抬起头,像小孩求情似的对别人说:"给我吧!"他从来没对她说过要爱她一辈子,也没说过要等她。他只是沉默地,无言地做这一切。他一辈子都站在离林徽因不远的地方,默默关注她的尘世沧桑,苦苦追随她的生命悲喜。

(资源来源:王华勤.梦想启航——大学生入学教育读本[M].厦门:厦门大学出版社,2014.)

三、培养爱的责任与能力

(一)树立正确的恋爱观

1. 端正恋爱态度

爱不仅是一种权利,更是一种责任和义务,必须以一种高度负责的态度对待爱情,爱的权利和义务是不可分割的。人既具有自然属性,更具有社会属性。人们之间的爱情,除了感情,也应当讲究理性,应当符合社会的法律和道德规范。不理性的爱是盲目的,容易导致危险的结果。

2. 摆正爱情位置

爱情是人生的重要组成部分,没有爱情的人生是不完美的,但爱情不是人生的全部。人生的主旋律应该是学习和事业。著名诗人裴多菲的诗句"生命诚可贵,爱情价更高,若为自由故,二者皆可抛",正说明了这一点。尤其对于在校大学生,要树立学业第一的观念,今天的学习与未来的事业息息相关,也是未来爱情甜美和婚姻幸福的基础,所以要把学习放在第一位,让爱情服从学业,让爱情促进学习。

3. 遵守恋爱道德

恋爱作为一种人际交往,需要受到道德的约束,主要包括:

(1)尊重人格平等。恋爱双方在人格上是独立、平等的,双方均有给予爱和拒绝爱的权利。认为对方是自己的附属品或盲目崇拜、失去自我的思想是错误的。

(2)自觉承担责任。爱一个人或接受一个人的爱,都应当自觉对对方承担起责任,要相互支持、照顾、关爱。

(3)文明相亲相爱。恋爱双方可以相互爱慕亲近,但应举止得当、相互尊重,尤其在公共场所,要遵守社会公德,不要对社会和他人造成不良影响。

(4)忠贞专一。爱一个人要始终如一,不能轻易受到外界的诱惑而做出对不起对方的事情。

(5)宽容大度。恋爱双方应相互包容、体谅,自觉维护和珍惜两个人的爱情。

拓展训练 恋爱观自测量表

一、问卷

(一)你打定主意与对方建立恋爱关系时所依据的条件是:

A.各有所长,但总是平等的。
B.我比对方优越。

C. 对方比我优越。

D. 没考虑。

(二)对恋爱日程和起始的时间安排是:

A. 懂得了人生的真谛和爱情的内涵,又确定了事业的前进方向和出发点后。

B. 随着年龄增长,自有贤妻和好丈夫光临,"月下老人"总有空闲的时候。

C. 先下手为强,越早越主动。

D. 还没想过。

(三)你认为恋爱最终达到的目的是:

A. 结为情投意合的伴侣。

B. 成家过日子,养儿育女。

C. 满足情欲需要。

D. 只是看着恋爱好玩,下一步没想什么。

(四)(男答)你对未来妻子首先考虑的是:

A. 善于理家,进得厨房。

B. 容貌漂亮,出得厅堂。

C. 人品好,能体贴、帮助自己。

D. 只要爱,其他无所谓。

(女答)你对未来丈夫首先考虑的是:

A. 潇洒有风度。

B. 金钱、权势占优势。

C. 为人正直,待人和蔼可亲,有上进心。

D. 只要他爱我,其他都不考虑。

(五)你希望同你的恋人是怎样开始交往的:

A. 青梅竹马,一往情深。

B. 一见钟情,难舍难分。

C. 在工作和学习中逐渐产生感情。

D. 经人介绍。

(六)你认为巩固爱情的最佳途径是:

A. 设法讨好对方。

B. 努力使自己变得更完美。

C. 对恋人诚恳,言听计从。

D. 无计可施。

(七)恋爱的过程是互相了解、适应和培养感情的过程,这个过程需要时间,那么,你希望这个阶段的时间是:

A. 越短越好,最好是"闪电式"。

B. 时间尽可能长些。

C. 时间很长。

D. 自己无所谓,听对方的。

(八)你认为了解恋人的最佳途径是:

A.自己精心设计某些场面,对恋人做无休止的考验。

B.诚挚地交谈,细心地考察。

C.通过朋友。

D.没想过。

(九)当你在恋爱过程中遇到一位比恋人条件更好的异性对你有好感时,你会:

A.说明真相,更忠于恋人。

B.对其冷淡,但保持友谊。

C.讨好对方并瞒着恋人和其来往。

D.感到困惑,不知如何是好。

(十)你原以为恋人很理想,但随着时间的推移发现恋人也有缺点和不足时,你怎么办?

A.运用对方能接受的方式帮助对方改进。

B.因事先没想到而伤脑筋。

C.嫌弃对方,犹豫动摇。

D.不知道如何是好。

(十一)恋爱进程不是一帆风顺的,你对恋爱中出现波折的认识是:

A.最好不要出现,既然出现也是件好事,是对双方的考验,也可以加深相互间了解。

B.有点难过,认为这是不幸。

C.疑窦丛生,打算分手。

D.束手无策。

(十二)当你倾慕某异性并开始追求她(他)时,你发现她(他)已经另有所爱,你怎么办?

A.静观其变。

B.千方百计地"切入"。

C.抽身止步,成人之美。

D.没想过。

(十三)当你们的爱情小舟在行驶中由于对方的原因搁浅时,你怎么办?

A.千方百计缠着对方

B.毁坏对方名誉。

C.说声"再见",各奔前程。

D.不知所措。

(十四)当你的恋人背信弃义,甩掉你之后,你怎么办?

A.只当自己瞎了眼。

B.你不仁,休怪我不义。

C.吸取教训,重新开始。

D.悲愤痛苦,不知所措。

(十五)当你多次恋爱都未成功,随着年龄增长成了"老大难"时,你将如何面对?

A. 一如既往,宁缺毋滥。

B. 自暴自弃,随便找一个了结。

C. 检查一下择偶标准是否切合实际。

D. 自认命不好,对恋爱感到绝望。

二、得分对照表(表6-1)

表6-1   得分对照表

题号	A	B	C	D
(一)	3	2	1	0
(二)	3	2	1	0
(三)	2	1	3	0
(四)	3	2	1	0
(五)	2	1	3	0
(六)	1	3	2	0
(七)	1	3	2	0
(八)	1	3	2	0
(九)	3	2	1	0
(十)	3	2	1	0
(十一)	2	1	3	0
(十二)	3	2	1	0
(十三)	2	1	3	0
(十四)	2	1	3	0
(十五)	2	1	3	0

三、结果分析

35~45分:恋爱观正确。

这是你进入情场的最佳入场券。进场后可能有点曲折,这种曲折只不过是你达到目标的暂时困难,但你最终会寻觅到理想的恋人,预祝你爱情幸福美满。

25~34分:恋爱观尚可。

你在情场上虽不至于有大的失误,但一时也难以得到真正的爱情。爱情是圣洁的,为了你的幸福,最好把恋爱观再校正一下,变"尚可"为"正确"后,再跨入情场不迟。

15~24分:恋爱观不端正。

你的恋爱观中有不少问题,甚至还有些"霉点",这些"霉点"使你辛勤撒播的爱情种子难以萌发,即使萌发了也难结甜蜜果实。

有七个以上0分:你的恋爱观还没确定。

(资料来源:降彩虹.心理健康与调节[M].上海:上海交通大学出版社,2016.)

(二)完善自我爱的能力

1. 表达爱的能力

表达爱需要勇气和信心。很多大学生羞于表达或苦恼于不知如何表达自己的爱,从而错失爱情。当一个人爱上另一个人时,能否用恰当的方式和语言向对方表达出来,往往也是爱情成功与否的重要因素。同时我们应该知道,表达爱也是一种爱的体验,即便得不到回报,也满足了爱的心理需要。

2. 接受爱的能力

当期望的爱来到身边时能勇敢理性地接受也是爱的能力的表现。但在确定接受前,请考虑清楚,即了解、确定自己的想法,想想应该选择什么样的人。家庭有三大责任,孝敬父母、养育子女、夫妻互助,所以在选择爱人时为父母选一个好媳妇/好女婿,为未来的孩子选一个好母亲/好父亲,为自己选择一个好妻子/好丈夫。

3. 拒绝爱的能力

有爱的能力的人不是对爱来者不拒,或者对方不是自己的所爱就简单地拒之千里之外,真正具备爱的能力也需要对不是自己想要的爱有合理、恰当的拒绝。不少大学生当别人向自己示爱时表现得优柔寡断,既怕伤害对方,又怕对方误会,为此苦恼不已。拒绝爱的能力,一是表现为对他人的尊重,感谢对方对自己的欣赏;二是要态度明确、表达清楚,不要给对方幻想;三是言行要一致,有些同学,虽然语言上拒绝了对方,但是行动上还与对方纠缠不清,比如单独和对方吃饭、逛街、游玩等,使对方误解,不仅伤害对方,也让自己陷入僵局。

4. 鉴别爱的能力

鉴别爱的能力是指能较好地分清什么是爱情和喜欢。大学生群体对恋爱比较敏感,一看到男女生单独在一起就会联想到恋爱,为此有些同学苦恼于一般友谊被说成爱情。有鉴别爱的能力的人,是自信并尊重他人的人,会自然地与人交往,主动拓展交往范围,珍惜友谊,尽量站在他人角度思考,会用不同的行为方式区别不同的感情。

5. 持续爱的能力

爱需要双方真正地关心对方,理解对方的内心世界,以对方的快乐为自己的快乐。要保持长久的爱情,需要爱的智慧和持之以恒的奉献,同时又不能失去自己的个性,要有自己的追求与发展。及时提高认知、善于沟通、相互欣赏是爱的重要源泉。持续爱的能力,需着重做好以下几点:

第一,学会爱自己——自爱;第二,学会包容、理解和体谅,更要"读懂"彼此;第三,男女有别,要了解两性差异,要提高男女两性之间沟通的质量,要注意男女两性不同的情绪体验。男性情绪体验的三大需求是:能力被肯定、才华被欣赏、努力被感激;女性情绪体验的三大需求是:时常被关怀、需要被肯定、想法被尊重。

> **延伸阅读** 　　最麻烦的字
>
> 　　王鼎钧先生的《灵感》一书里有一则很有意思的故事：一位作家教文盲太太认字，他把所有要教的字都制成卡片贴在具体的事物上，"电灯"贴在电灯上，"桌子"摆在桌上……教着教着，教到了"爱"这个字。"爱"字没处贴，他只好抱住太太亲嘴，太太总算把这个字记住了。她说："认识了这么多字，数这个字最麻烦。"
> 　　看完后，我禁不住拊掌大笑。"爱"这个字果然是最麻烦的。说穿了，人生就是一个长长的寻爱历程。人活在世上，最重要的不就是让自己变得更可爱或想办法找到人生旅途中的最爱吗！我们的苦恼，大多因爱而生；我们的快乐，也多半因爱而来。那么，怎样恰当地表达爱正是最难的命题：有人不晓得如何爱别人；有的爱像利剑，伤人却不自知；有的爱像大石压顶，让人透不过气来。
> 　　[资料来源：廖玉蕙.最麻烦的字[J].读者，2011(4).]

思考与训练

1. 大学生如何健康地恋爱？
2. 大学生常见的恋爱困惑有哪些？如何调适？

第三节　正确认识你的性

学习目标

1. 了解性生理、性心理的基本知识，正确面对两性交往。
2. 树立正确性意识，学会调适性心理困扰。

课堂互动

　　小帅和小美在大学因社团活动而相识，共同的兴趣爱好让两个人相恋，两人互相鼓励，互相支持。即将毕业的时候，小帅被一家大型企业录用，小美也如愿考取专升本。在即将离校的当晚，小帅向小美提出了性要求，小美考虑许久，婉拒了男友的要求。两人因此而闹起了别扭，彼此都很困惑，不知如何是好。

> **思考与讨论**
> 　　你如何看待婚前性行为？难道因为性，两人的爱情会就此停滞不前吗？

　　大学生正处于青春旺盛时期，性意识已十分活跃，性冲动和性需求较为强烈。性生理的成熟与性心理尚未完全成熟之间的矛盾、性的生理需求与性的社会规范之间的冲突，是大学生性心理健康的主要问题之一。因此，必须加强大学生性心理与性健康的教育。

一、青春期性生理的变化

（一）身高迅速增长

在青春期，最明显的外形变化就是身高增长。青春期以前，身高每年增长3~5厘米，而青春期身高每年以6~12厘米的速度增长。发育有早晚，发育早的青少年不必为自己不同于他人而难堪，发育晚的也不必为自己身材矮小而自卑。

（二）体重明显增加

青春期的少男少女平均每年可增加5~6千克，突出的每年可增加8~10千克。体重增加除了与骨骼生长相关外，还与肌肉和脂肪的增加有关。因此，女性往往显得较为丰满，男性则因肌肉发达而显得比较健壮。

（三）第二性征的发育

体现男女两性差异的生理和心理特征叫作性征。每个人一出生便可以确定是男还是女，这与生俱来的两性生殖器官的差异称为第一性征。幼年时，男孩、女孩除了第一性征外，身体的其他部位没有明显的区别。进入青春期后，性发育使得男孩、女孩的身体出现了许多不同的特征，体现着男女的性别差异，称为第二性征，主要是指性发育的外部表现，比如：男女在身形、体态、容貌、声音等方面的差异。

男性的第二性征主要表现在毛发的生长，变声，出现喉结等方面。毛发的生长主要是指阴毛、腋毛、胸毛及胡须。喉结凸起在12岁左右开始出现，18岁时基本成型。比喉结凸起稍晚的体征是变声，这是因为喉结凸起声带变长，声音开始变得低沉。进入青春期后，男性睾丸开始制造精子，18~20岁达到高峰，"精满则自溢"，遗精是男性性成熟的表现和未婚男青年的正常生理现象。

女性进入青春期后，出现最早、最明显的第二性征是乳房的发育。少女发育的一般顺序是：乳房增大、阴毛生长、腋毛生长、月经初潮等。女性通过青春期的发育，体态变得苗条，婀娜多姿，除了乳房隆起外，骨盆也变宽了。在青春期内分泌的刺激下，女孩的脂肪在一定部位存积，使得女孩胸部丰满，臀部变圆，腰部相对较细，同时皮肤细腻有光泽，声音明亮。

二、大学生性心理的基本特征

（一）本能性和朦胧性

大学生尤其是低年级大学生的性心理尚缺乏深刻的社会内容，主要还是生理发育成熟带来的本能作用，是情不自禁地对异性发生兴趣、好感和爱慕。加上不少学生不了解性的基本知识，觉得性有较浓厚的神秘感，使得这种萌动披着一层朦胧的面纱。但由于性生理和性心理的日趋成熟，大学生与异性交往的需求十分强烈，喜欢探究异性的心理秘密，希望与异性接触。正是如此，在朦胧纷乱的心理变化中，大学生的性意识逐渐强烈和成熟。

(二)强烈性和文饰性

大学生正处于心理断乳期,心理封闭是其显著特征。他们既渴望在新的集体中得到帮助和安慰,又追求自我独立。这种悖反的心理导致大学生性心理外显方式的文饰性。他们十分在意自己在异性心目中的形象和异性对自己的评价,渴望受到关注,但表面上却表现得无动于衷、不屑一顾,或做出故意回避的样子,表面上讨厌男女间的亲昵动作,但内心却渴望得到体验。

(三)动荡性和压抑性

青年期是人一生中性欲最旺盛的时期,会引起强烈的生理感应和心理体验,尤其是外界各种渠道的性刺激,更易产生诱发性的需求和冲动,出现动荡的情况。但大学生尚未掌握排解性冲动的有效方式,并深感来自道德、法律的约束,在需求和满足之间出现了尖锐的冲突和矛盾,使有些大学生出现了不同程度的性压抑,这种压抑甚至以扭曲、变态的方式表现出来,如"课桌文化""厕所文化"、窥视癖、恋物癖等。

(四)性别上的差异性

大学生的性心理存在明显的性别差异。在对异性的感情流露上,男生显得较为外显和热烈,女生则往往表现得含蓄而温存;在内心体验上,男生更多的感受是新奇、喜悦和神秘,女生则常常表现得羞涩、敏感和不知所措;在表达方式上,男生比较主动和直接,女生则更喜欢采取暗示的方式;男生的性冲动易被视觉刺激唤起,而女生则易在听觉、触觉的刺激下产生性兴奋。

三、大学生的性困扰及调适

从性的逐渐成熟到以合法的婚姻形式开始正常的性生活,一般要10年左右时间,这一时期被称为"性饥渴期"。大学生正处于这一时期,这很容易给他们带来困扰。

(一)性焦虑

这里所指的性焦虑是指对自己形体、性角色和性功能的焦虑。随着生理发育成熟,一些大学生产生了对自己形体的不安,比如,男生希望自己魁梧高大,女生希望自己苗条漂亮。如果男生觉得自己矮小、瘦弱,就可能感到自卑;而女生若觉得自己过胖,长相平平,就可能出现苦恼。男生对自己生殖器的发育,女生对自己乳房的大小都十分敏感,并常为此心事重重。除了对形体不安外,大学生还为自己是否与性角色相吻合而忧虑,一些男生常感到自己缺乏男子汉的气质,为了吸引女生,让自己看起来更像个男子汉而故作深沉或做出大胆、鲁莽的行为,甚至以打架、冒险等行为来显示和证明自己,还有一些男生担心自己的性功能是否正常,尤其是看到一些性功能障碍方面的信息时,便会疑神疑鬼。上述的性焦虑一般可通过性教育和性咨询得到解决。对于大学生来说,重要的是树立健康的审美观,同时接受现实,不怨天尤人,注意扬长避短。如果对自己性生理、性心理方面有疑问,应及时寻求咨询和帮助,不要独自敏感多虑,忧心忡忡。

(二)性冲动

性冲动是大学生生理、心理的正常反应,它是在性激素作用下和外界刺激下产生的,并不是不纯洁、不道德或可耻的,但不少大学生难以接受自己的性欲、性冲动,对此感到羞愧、自责、苦恼和恐惧。大学生的性冲动的矛盾与冲突在于一方面是性的自然冲动,另一方面是对性冲动的否定;一方面对异性抱有美好的情感,追求纯洁的爱情,另一方面又常常有性欲望。不少大学生为此感到矛盾、不安、困惑。大学生处理性冲动的方式主要有以下三点:

一是压抑。适度的性压抑是社会的需要,也是一个人性心理健康的反映。性压抑有健康的压抑与病态的压抑之分。健康的性压抑表现为:压抑并不费力,消除压抑也较容易;本人清楚地知道在压抑及压抑的是什么;压抑不妨碍心理活动的效率,不妨碍人的社会功能。反之,则是病态的性压抑,有害身心健康。性压抑对两类人的身心健康影响尤其大,一类是性冲动明显、强烈而心理素质较弱的人,他们往往焦虑不安,形成一种压抑情绪,长此以往就会导致心理异常,还可能出现生理上的病变,这类多见于男性;另一类是对性抱有反感、厌恶的人,他们背离正常人性心理发展的规律,精神上对性的反感会导致生理上的感应失灵,从而在婚后陷入无法获得性满足的不幸之中,引起性冷淡等一系列心理问题,这在女性中更为突出。

二是宣泄。即以某种性的方式获得性冲动的满足。性自慰和婚前性行为是大学生较为常用的方式。此外,观看有关性的书刊、影像,体验性梦、性幻想等也有宣泄的作用。性宣泄不只是一种生理行为,其方式应符合社会规范,才有益于身心健康。

三是转移升华。即用一种积极的、富有建设性的、能为社会所接受的方式来取代性欲、转移性欲。比如用音乐、运动、绘画等转移性冲动,使性、情感得以平衡。

因此,大学生对性冲动首先应接受其自然性和合理性;其次,通过学习、工作、活动,以及男女交往等多种合理途径,性的能量可以得到释放、转移、升华;最后,陶冶情操,接受健康科学的性教育,对调节性冲动也有很大帮助。

(三)性幻想

> **心理案例**
>
> 某男生对班上一位女生暗恋已久,每当看到这位女生时,男生便会产生强烈的感情冲动,无法自拔。但该男生性格内向,不善于向他人倾诉自己的心事,只能将爱恋深埋心中,稍有闲暇便在脑海里想象与女生亲密在一起的情景,以此满足自己的情感需要。时间一长,该生出现了上课注意力不集中、走神、发呆的现象,严重影响正常的学习生活。该生不知如何是好了。

性梦是指带有性色彩的梦境。对青春期的大学生或处于"性饥渴"的成年人而言,性梦是一种调节性张力过高的自慰现象。异性之间的性吸引力——爱慕、倾心,容易导致性冲动,但在清醒状态下,理智和道德可以抑制这种冲动,然而在进入梦乡后,这种被压抑到潜意识中的性冲动就不受理智、道德的约束,而被释放出来了。这种性梦的自然宣泄,类似一种安全阀的作用,可缓和积累的性张力,有利于性器官功能的完善和成熟。性梦的本质是一种潜意识活动,是人类正常的性思维之一,绝非病态,不必慌张。

性幻想,又称为性爱白日梦,是指在清醒状态下想象与异性发生与性交往内容有关的心理活动过程。其心理活动的基础是性，主要通过联想异性的形象，特别是性特征、性表现外露的部分、一些性情景及在已有的性经验基础上编导符合自己性审美的性爱对象而产生的。

每一个心智成熟的人都会有这样或那样的性幻想，只不过在出现的频率、长短、内容、性质及认知等方面存在不同。性幻想是一种普遍的心理现象，通常是无害甚至可能是有益的。它既可作为性兴奋的"调节器"，也可以是一种心理防卫机制，替代不能实现的性追求而获得部分性心理的满足。但如果过分沉溺于性幻想的白日梦中，就有可能以常态开始却以病态结束，给身心健康带来不良后果。幻想得过分、离奇并坚信是真实的，就属于病理性幻想或妄想了。

性梦的产生是无意识的，性幻想的产生则不是完全无意识的。对于大学生来说，不必过多纠缠于有意识、无意识的性幻想中，应把主要精力放在学习和工作上，避免过多地接受各种错误的性信息和性干扰。

（四）性自慰

性自慰在我国被称为"手淫"，是指用手或其他器具、方式刺激性器官以获得快感，宣泄性冲动的一种方式。

然而，正是"万恶淫为首"的"淫"字，使许多有此行为的青少年产生错误的疑虑心态，认为这是不道德的行为，再加上中国古代有手淫大伤元气的说法，使青少年担心会因此造成性功能障碍，并为此背上沉重的心理负担。

性自慰是青春期较为普遍的一种性行为，适时、适度地采用自慰方式调节性欲不应该被看成是一种下流、丑恶的行为而被横加指责。对于大学生来说，对性自慰的错误认识是烦恼不安的主要原因，也是变得难以节制的心理原因。如果不加节制，在日常生活中频繁地进行性自慰活动，会引起大脑高级神经功能和性神经反射的紊乱，同时会导致身体各部分疲劳过度，经常出现如腰酸、腿软、头昏眼花等不适症状，严重的甚至会造成暂时性阳痿，还可能会引发泌尿生殖器官的病变，如尿道炎、前列腺炎等，从而影响人的身心健康。性自慰频率多少为度，关键看对自己身心和日常学习、生活是否产生了不良影响。怎样正确看待性自慰呢？首先不要把注意力过多地集中到性问题上，其次要培养广泛的兴趣爱好，合理安排学习和多种有益身心的文体活动，加强人际交往，在丰富多彩的现实生活中全面发展自己，化压力为动力，实现身心的全面健康。

（五）性倒错

性倒错即平时所说的"性变态"，它是指在性生活中寻求性满足的对象或满足性欲的方法与常人不同，并且违反社会习俗的行为。性倒错的表现形式有很多，包括同性恋、恋物癖、异装癖、虐待狂、暴露癖、窥视癖等。

大学生中，性倒错的比率不高，但这并不意味着这一问题可以忽视。由于性倒错违反社会基本道德规范和习俗，大多数性倒错者的心理是痛苦和焦虑的，但却控制不了自己的性冲动。他们并不是不想改变自己的性行为方式，但仅靠自己是很难改变的，需要依靠心理专家的帮助，进行专业、有效的心理治疗。

（六）性行为

这里主要指婚前性行为。性行为是青春期从幼稚走向成熟的过程，而大学生正处在幼稚与成熟之间的关键期。热恋中的情侣常常会通过身体接触来表达对彼此的爱意和亲密，而触觉是一切感觉中最缺乏理智的，其与性行为具有密不可分的关系，是最容易使恋爱双方产生性唤起的途径，特别是当双方的身体触及性敏感带时，性交的欲望就会不可避免地被调动出来。

然而，当性行为的发生并非彼此的初衷或真实想法时，激情过后产生的懊悔、自责及罪恶感会给双方带来诸多困扰。这种性行为并非建立在彼此对婚姻承诺的基础上，又受到道德规范的约束，虽然能给彼此带来身体上的愉悦，但却不能使双方感受到已婚夫妇那种心理上的幸福和满足，会对日后婚姻关系产生负面影响。特别是婚前性行为易导致意外怀孕。射精后，精液进入阴道，精子要经过子宫颈、子宫、输卵管，进入输卵管壶腹，与卵子相遇，就人类而言，这段距离大约需要五分钟。因此，避免不必要怀孕的最有效方式是杜绝任何精液会遗留在阴道内或近阴道口的性行为。如果你决定有性交行为而不想怀孕，最有效的避孕方法就是使用安全套，它还可以有效预防性病。

延伸阅读　大学生应慎重对待婚前性行为

一、大学生婚前性行为的心理

（一）热恋心理。两人由初恋进入热恋，感情如胶似漆，一旦海誓山盟，性行为也随之而来。

（二）占有心理。既然相恋，就认为对方很不错，同时别的同性与他又有一定的竞争性，为了不使自己在竞争中失利，便发生性行为，造成既成事实，达到占有的目的。

（三）好奇心理。进入青春期的青年学生，随着体内性激素水平的增高，在身体发生一系列变化的同时，对性也产生了好奇心理，他们抱着好奇的尝试心理而发生性行为。

（四）迎合心理。有这种心理的大多为女生。她们认为，男友各方面条件都比自己好，当对方提出性要求时，因怕失去对方，便默然应允，迎合对方。

（五）顺从心理。这里也大多是指女生，从她们内心而言并不想这么做，但又抵挡不住。当男友提出性要求时，迫不得已与对方发生性行为。

二、婚前性行为对女生的消极影响大于男生

第一，婚前性行为对女生而言，容易造成意外怀孕，女生作为生育的主要承担者，由此带来的身心上的伤害会远远超过男生。第二，男女之间发生性关系，女生主要是为了寻求精神上的满足和为了爱，为了能够更好稳定彼此之间的关系。但是，男生大多是因为生理的需要，和是否恋爱没有关系。所以，在两人关系破裂之后，女生往往都是受伤害的一方。第三，婚前性行为会导致女生缺少原本和男生一样的平等权利，而两者不平等的关系通常都会成为两人分开的导火索。

三、同居并不一定会带来更满意的关系

想要同居的同学大多数都会认为，同居的经历体验会使两个人之间的关系变得更加亲密,能够增进两人之间的感情。但事实上,同居双方之间对彼此的满意程度要低于已婚夫妻很多,存在的现实问题也会比已婚夫妻更突出。

很多同学都会认为同居并非是正式婚姻,他们从观念上就缺少对彼此的责任感,再因为还是学生身份,没有稳定的收入来源,各方面条件还不够成熟。因此,同居之后双方对彼此之间的满意程度会大大降低,会因为生活中的若干问题引发不满情绪。另外,两人开展同居生活之后,彼此之间的相处时间变多,基本都是共同活动,这样的人际关系就会比较局限,自我的社交系统变窄,一旦两人之间产生矛盾,势必会感觉到自己的孤独无助,反而容易产生不良情绪。

四、可能会对将来的婚姻产生不良影响

社会心理学界的调查显示,有发生婚外恋的人几乎100%在婚前有过性行为。他们认为,婚前性行为和结婚并不能等同,即使有性行为也不会受到婚姻的约束,这在一定程度上降低了他们对家庭的责任感,容易造成家庭情感破裂,影响婚姻关系。另外,有婚前性行为的人虽然可以在身体上得到满足,但受社会规范的影响,即便进入了婚姻关系,也很难享受到身心的同时满足。性作为促进夫妻关系的"润滑剂"就会失去应有的效力。

婚前性行为使男女双方在性欲和其他动机方面获得了满足,但"禁果"就像是一个带刺的仙人掌,匆忙采摘,也许会带给你满手的刺。因此,恋爱中的大学生,尤其是女生,为了保护好自己的爱情,特别是今后的幸福婚姻,千万不要无知而冒失地品尝"禁果"。

(资料来源:郭娜娜,金玲华.大学生心理健康教育[M].上海:上海交通大学出版社,2021.)

四、加强大学生性健康教育

大学生处于青春发展期,性发育成熟,有性的需要和冲动。由于社会转型期价值观的多元化,西方性解放思潮的影响,以及社会性道德、性法制教育的滞后,都不同程度影响着大学生性心理的健康发展和性困扰的及时解决。目前,我国性教育急需克服观念上的束缚,需要彻底改变"性教育说不得"的观念,从小学、中学到大学,系统地推进性教育改革工作,使青年学生不仅拥有科学文化知识,也拥有健康的性意识和性道德,进而成为拥有高尚人格的社会群体。

(一)建立健康的性道德观念

从"性禁锢"到"性自由",再到今天重新高度重视并探究健康文明的性心理。说明人作为有思维和理性的生物,绝不能出于本能而为所欲为。人类性行为中人格完善的核心是性道德的高尚。性道德是指规定每个人性行为的道德规范,即性行为的社会义务和权利。在大学生性心理健康的内容中,懂得并理解性道德标准是十分重要的,这有助于大学生正确把握婚前性行为。

一是相爱原则。人类的性爱只能钟情于某一个特定的异性,这是人类性道德最核心、最本质的原则。

二是无伤害原则。性活动不应该伤害他人和后代的幸福及身心健康。这一原则强调婚外性行为的不合法性和虚伪性,同样,如果让婚前性行为得到默许并形成风气,其必然对社会、当事人造成伤害。

三是自愿原则。性活动应建立在双方完全自愿的基础上。

四是婚姻缔约原则。只有经过法律认可的婚姻才是符合道德原则的。

(二)抵御消极文化和防止性疾病

中国传统性观念中的极端禁欲主义思想在社会中影响颇深,关于性的话题几乎被禁止,将性视为罪恶的源泉。同时我国传统性教育崇尚说教和"无师自通"的原则,对男女正常的性生理、性心理和性行为缺少科学的介绍,采取回避的态度。殊不知越是加以禁止和神秘化的东西,就越能激发人的好奇心。同时,国门敞开,西方"性自由"的思潮汹涌冲击着我们传统的性观念,其主要内容是破除性的神秘感,提倡性平等,希望从性生活中得到最大的乐趣,强调性和谐的重要性。大学生是敏感又激进的群体,在传统禁锢与性自由的碰撞中,他们比较容易接受西方性自由的观念,这也是导致大学生婚前性行为不断增多的重要原因。更为严重的是卖淫、嫖娼、性病等诸多现象在我国已呈蔓延之势。事实说明,抵御消极文化和防止性疾病的关键在于"疏"而不是"堵",根本在于预防,从思想根源上杜绝乱性。

(三)开展符合国情的性健康教育

性是一门科学,"无师自通"不行,必须"传道、授业、解惑"。

1.学校的性智育应对学生进行性专业知识的教育指导,使之懂得性器官的结构与功能,了解性发育的自然进程,从而对青春期的身心变化有科学的认识与充分的心理准备,并有利于早期发现青春期发育异常的情况,及时采取必要的防治措施。同时,教导青少年正确认识性心理的发展规律,使之保持心理正常发展,避免因缺少科学的性知识而遇事处理不当,或产生困惑、恐惧、焦虑、自卑的不良心理。

2.学校的性德育应让学生认识到性是一个严肃的道德课题。性必定带来后果,控制性冲动是青少年面临的严肃挑战。大学生应当认识性心理与性行为的社会性,遵纪守法;明了性爱的道德责任,把性爱置于生活与事业的恰当位置;了解自己的性角色,既自尊自爱又文明礼貌、互助友爱;具有识别、判断的能力;掌握防止性骚扰与性侵害的科学方法,培养坚强意志,做到身心健康而有教养。

3.学校的性美育重在陶冶学生情操,提高学生的素养。性美育可以培养学生科学地欣赏美;热情地追求美与创造美的能力,并根据两性各自的身心特征与个性特点,成为身心和谐统一的"四有"新人。

总之,学校性心理健康教育是实施素质教育的重要途径,它可以指引学生正确认识自我、完善自我、提高自我。我们应从本国国情出发,对学校性健康教育进行科学的规范,建立系统的学校性健康教育科学体系,包括:宣传洁身自爱的性道德观;关注青少年身心的全面发展,让科学、文明、生动的性健康教育走进课堂;积极建立结构健全、体系完善的青少年心理、生理健康咨询服务中心。

> **延伸阅读** 　　大学生性心理健康的标准
>
> 　　一、可以正确认识自己，接纳自己的性别。一个性心理健康的人，可以正确认识自己的生理发育、性心理变化，会把自我的发展融入时代发展的背景之下客观地认识自我，客观地评估自己与他人之间的关系，并自愿承担相应的性别角色。
>
> 　　二、有正常的性需求和性欲望。性需求和性欲望是能够获得性爱和性生活的前提条件。有正常的欲望就是具有性欲，如果一个人没有性欲，就不可能有和谐的性生活，更无从谈起性心理健康。正常的性需求和性欲望的对象应是成熟的异性而不是同性或物品。
>
> 　　三、性心理和性行为符合个体年龄特征。不同阶段的人在不同的发展阶段都会有不同的特征，每个年龄段的特征都具有代表性。如果一个人的性特征与其他同龄人显示出格格不入的状态，那么就不是一个正常的心理状态。性生理和性心理的发展要保持统一。
>
> 　　四、和异性保持和谐的人际关系。人们随着生理和心理的逐渐成熟，内心渴望与异性有更多的交往和相处，并希望能够与他人保持良好的人际关系，这是正常的个体需求。性心理正常的人可以在日常学习和生活中与异性保持自然、正常的交际关系。在交往的过程中可以保持独立的人格，互相尊重，互相信任，大方得体。
>
> 　　五、性行为符合社会道德规范。性心理健康的人具有一定的性知识和性道德修养，能够正确看待性成熟，能够适应性成熟带来的变化，正确地释放性冲动，让自己的行为符合社会道德规范。能自觉地去分辨性文化中的精华与糟粕、纯洁与淫秽、高雅与庸俗、真理与谬误，自觉抵御腐朽没落性文化的侵蚀。
>
> 　　（资料来源：彭扬华，姚子雪婷，芦球.心理健康教育教程[M].北京：北京出版社，2018.）

思考与训练

1. 大学生常见的性心理问题有哪些？如何调适？
2. 如何树立正确的性意识，使我们拥有健康的性心理？

第七章

理性规划 轻松职场

一个人的职业生涯决定其一生的发展。大学阶段是职业生涯规划的黄金时期。大学生的世界观、人生观、价值观和职业观、职业理想等具有很强的可塑性。这个时期的大学生开始比较深入地探索自我与人生，在此期间若能早一点思考未来，认真规划人生发展之路，有针对性地发现、发挥、发展自己的潜能，便能事半功倍，有助于早日取得成功。

第一节 探索职业生涯之路

学习目标

1. 了解什么是职业生涯规划。
2. 了解个性心理对职业选择的影响。

课堂互动 王某的择业之路

王某，毕业于某高校软件技术专业，大学期间各科成绩优秀。毕业五年后，他在某大型招聘会上，向一家知名IT公司应聘一个软件工程师的职位，却铩羽而归。王某为此十分懊恼，感觉自己的大学白读了，前途一片渺茫。

据悉，王某毕业后从事过房产销售，卖过电子产品，开过奶茶店，这些工作都和他所学专业不相关。招聘单位了解情况后表示，如果王某毕业后从事过软件开发方面的工作，就正好是公司所急需的人才，由于王某没有软件技术方面的工作经验，所以该公司无法录用他。当问及其中原因，王某说毕业求职时，觉得哪个工作来钱快就从事哪个工作。房子好卖就做房产销售；市场上电子芯片缺就去倒卖电子芯片；后来兴起奶茶热，又去开奶茶店，没想那么多。但由于这些职业行业门槛低，又缺乏核心竞争力，没法做长久。而软件产业迅猛发展,更新换代很快,王某长期未接触本专业,难以适应人才市场最新的需求。

> **思考与讨论**
>
> 你对自己所学的专业认同吗?你将来的求职方向与你的专业相关吗?你觉得你适合从事什么职业?你为此做了哪些准备?

王某的案例反映了多数大学生急功近利,盲目求职所带来的不利后果。由于没有进行合理的规划,很多大学生刚毕业时随波逐流地换工作,一晃多年后还没有职业定位。在这种情况下,继续"随大流"没有出路,重新进行职业定位又需要花费很大的力气,所以当事人会陷入一种尴尬境地。

因此,大学生在大学期间一定要结合现实环境和自身实际情况做好职业生涯规划,科学地确定自己职业发展方向和目标,并不断开发和提升自己的潜能,为将来求职择业做好准备,更为未来迈向成功奠定基础。

一、职业生涯的概念

学者们对于职业生涯的认识与研究,由来已久,观点众多。

沙特尔认为:职业生涯是指一个人在工作、生活中所经历的职业或职业的总称。

麦克·法兰德指出:职业生涯是一个人依据理想的长期目标所形成的一系列工作选择,以及相关的教育或训练活动,是有计划的职业发展历程。

美国著名职业问题专家萨帕给出了"职业生涯是指一个人终生经历的所有职位的整体历程"的定义。

综上所述,我们认为,职业生涯是指一个人一生中的所有与工作、职业相联系的行为与活动,以及相关的态度、价值观、愿望等的连续性经历的过程。

二、职业生涯规划的概念

职业生涯规划是指个体在自我评估和环境评估的基础上,确定职业生涯目标,规划职业生涯发展路线,制订一系列学习、培训和工作计划,按照一定的时间进程具体落实行动,以实现职业生涯目标的过程。

职业生涯规划对人们职业的选择和发展起着至关重要的作用。科学的职业生涯规划能够帮助人们找到属于自己的正确方向和合理的定位,能够充分挖掘自我的潜能,提升自身的综合实力,使职业理想和目标更具有现实性和可行性,提高自我在职业中的成就感,这也是当代大学生做好职业生涯规划的必要性原因。大学生职业生涯规划表现为:大学生通过自我评估和环境因素分析,结合职业理想与职业生涯预期,规划大学学习、工作、生活,提高综合素质与就业竞争力,为将来的就业奠定坚实的基础。

职业生涯规划不是简单地帮助人们找到一份工作,而是帮助人们真正地了解自己,发掘自身资源和潜能,客观评估主客观条件和内外环境优势与限制,在"衡外情、量己力"的基础上,设计出符合自己特点的、合理而又可行的职业生涯发展之路。

第七章　理性规划　轻松职场

延伸阅读　　人生的路需要自己去规划

人们经常为周末度假而规划,为一次旅行而规划,甚至为一顿早餐而规划。但是,却很少思考一下自己的一生该如何度过,为自己生命中最重要的事情——职业做个像样的规划。

许多大学生面对十字路口方向的选择,陷入了迷茫和困惑,他们不知道自己想要什么,更不知道该如何去做。

哈佛大学曾对一群智力、学历、环境等客观条件都差不多的年轻人,做过一个长达25年的跟踪调查,调查内容为职业生涯规划对人生的影响,结果如下:

第一类人:27%的人,没有目标。
第二类人:60%的人,目标模糊。
第三类人:10%的人,有清晰且较短期的目标。
第四类人:3%的人,有清晰且长远的目标。

以后的25年,他们开始了自己的职业生涯。

25年后,他们的职业和生活状况发生了很大的变化。没有目标的人,几乎都生活在社会的最底层,生活状况很不如意,经常处于失业状态。目标模糊的人,几乎都生活在社会的中下层面,能安稳地工作与生活,但都没有什么特别的成绩。

有清晰且较短期目标的人,大都生活在社会的中上层。他们的共同特征是:那些短期人生目标不断得以实现,生活水平稳步上升,成为各行各业不可或缺的专业人士,如医生、律师、工程师、高级主管等。

有清晰且长远目标的人,25年来几乎都不曾更改过自己的人生目标,并且为实现目标做着不懈的努力。25年后,他们几乎都成了社会各界顶尖的成功人士,他们中不乏白手创业者、行业领袖、社会精英。

综上所述,调查者得出结论:目标对人生有巨大的导向性作用。成功,在一开始仅仅是一种选择,你选择什么样的人生规划,就会有什么样的人生。

其实,他们之间的差别仅仅在于:25年前,他们中的一些人知道自己到底要什么,而另一些人则不清楚或不很清楚。

未来的人生道路一片空白,需要自己去规划。

(资料来源:姜晶晶.职业生涯规划与自我管理[M].上海:同济大学出版社,2018.)

微课　目标对人生的影响

三、个性心理对职业选择的影响

"现代管理学之父"彼得·德鲁克曾提出过这样的问题:"我真正想做什么?我为什么要去做?我现在正在做些什么?我为什么这样做?"这一连串的问题也正是面临工作选择关键期的职场新人应该深思的。称心如意的工作通常能让人发挥己长,且较乐意投入其中,也会令人对其有高度的责任感、获得感、成就感,从而更好地胜任它。因此,大学生在选择职业时应该充分了解自身的气质、性格、兴趣和能力等个性特征,依据自身的特点选择最适合自己的职业。

(一)气质与求职择业

气质是指个体心理活动表现在强度、速度、稳定性、灵活性等方面动力性质的心理特征,主要包括心理活动的强度(如情绪体验的强度、意志努力的程度)、心理过程的速度和稳定性(如知觉的速度、思维的灵活程度、注意力集中时间的长短)及心理活动的指向性(有人倾向于外界、有人倾向于内心)。气质由人的生理遗传因素决定,它不能显示人的社会价值,不直接具有社会道德评价的意义。气质也不是判断一个人成就的标准,任何气质的人经过不懈努力都可以成为不同领域的佼佼者,但也可能因碌碌无为而成为一个平庸无奇的人。

古希腊医生、哲学家希波克拉底认为人的气质由人的体液决定,不同的体液对应不同的气质特点,从而影响择业心理。气质类型与适合的职业对照见表7-1。

表 7-1　　　　　　　　　气质类型与适合的职业对照

气质类型	特点	适合的职业
胆汁质 (兴奋型)	直率热情,精力旺盛,能忍受强的刺激,能坚持长时间工作而不知疲劳,行为外向。但心境变化剧烈,脾气暴躁,难以自我克制。比如《三国演义》中的人物张飞是其典型代表	适合从事开拓性的工作,如节目主持人、公共关系人员和推销员等
多血质 (活泼型)	活泼好动,表情丰富,反应敏捷,适应性强,善于交际,易接受新鲜事物,行为外向。但注意力容易分散,兴趣多变,情绪不稳定。比如《西游记》中的人物孙悟空是其典型代表	适合从事多变和多样化的职业,如外交官、商人、记者、律师和运动员等,不适合做一些细致、单调的工作
黏液质 (安静型)	安静沉稳,头脑清醒,注意力集中,善于忍耐,自制力强,举止平和,行为内向。做事踏实但易循规蹈矩,不善于随机应变,交际适度。比如《水浒传》中的人物林冲是其典型代表	适合从事一些固定性较强的、工作环境和内容一成不变的工作,如会计、文秘、收银员和行政文员等,不适宜从事具有冒险性的工作
抑郁质 (抑制型)	谨慎小心,敏感多虑,内心体验深刻,做事认真、仔细,孤僻胆小,爱独处,不爱交往,动作迟缓,耐受性差,防御反应明显。比如《红楼梦》中的人物林黛玉是其典型代表	适合从事安静、细致的工作,如护士、校对人员、保管员和打字排版人员等

事实上大多数人总是以某种气质为主,并附有其他气质。需要注意的是,气质仅使人的行为带有某种动力特征,无好坏之分。一种气质类型在适应环境上都有其积极和消极的方面,无法比较哪种气质类型更好。

气质类型不能决定一个人的成就,但能影响工作的效率。例如,科学家、文学家、社会活动家郭沫若是属于多血质的;数学家陈景润是属于抑郁质的。俄国著名文学家中,普希金是胆汁质的;赫尔岑是多血质的;克雷洛夫是黏液质的;果戈理是抑郁质的。可见,气质类型不决定一个人的能力水平,也不会决定一个人的成就。但社会实践的领域众多,不同领域的工作对人的要求是不同的。在因事择人(人事选拔)或因人择事(选择职业)的时候,都应该考虑自己的气质类型对工作的适宜性,比如,多血质的人适合于从事环境多变、要求做出迅速反应、交往繁多的工作,难以从事较为单调、需要持久耐心的工作;黏液质的人适合从事耐心、细致、相对稳定的工作。如果一个人的气质类型正好适合工作的要求,那么他工作起来就会得心应手,对工作有浓厚的兴趣。如果不考虑气质类型对工作的适宜性,将会增加心理负担,给人带来烦恼,也会影响工作效率。

(二)性格与求职择业

性格是一个人对现实的稳定的态度和习惯化的行为方式的总和,会直接影响个体的职业选择和职业成就,比如,让一个不善言辞的人去当谈判代表;让一个活泼好动的人去当办公室文员,他们就不会有工作的激情,与岗位的磨合期也会更长。

美国心理学家和职业生涯指导专家霍兰德经过几十年的研究,于 20 世纪 60 年代提出了职业人格理论。他根据性格特性与职业选择的关系,把人划分为六种性格类型。这六种不同性格的人在职业选择上有明显差异,详见表 7-2。

表 7-2　　　　　　　　　　六种性格与适合的职业

性格类型	特点	适合的职业
现实型	愿意使用工具从事操作性工作,动手能力强;做事手脚灵活,动作协调;偏好于具体任务,不善言辞,做事保守,较为谦虚;缺乏社交能力,通常喜欢独立做事	计算机硬件人员、制图员、机械装配工、木匠、厨师、技工、修理工等
研究型	抽象思维能力强,求知欲强,肯动脑,善思考;不愿动手;喜欢独立的和富有创造性的工作;知识渊博,有学识才能,不善于领导他人;考虑问题理性,做事喜欢精确,喜欢逻辑分析和推理,不断探索未知的领域	科学研究人员、教师、工程师、电脑编程人员、医生、系统分析员等
艺术型	有创造力,乐于创造新颖、与众不同的成果,渴望表现自己的个性,实现自身的价值;做事理想化,追求完美,不重实际;具有一定的艺术才能和个性;善于表达、怀旧、心态较为复杂	演员、导演、艺术设计师、雕刻家、建筑师、摄影家、广告制作人、歌唱家、作曲家、乐队指挥、小说家、诗人、剧作家等
社会型	喜欢与人交往,不断结交新的朋友,善言谈,愿意教导别人;关心社会问题,渴望发挥自己的社会作用;寻求广泛的人际关系,比较看重社会义务和社会道德	教师、教育行政人员、咨询人员、公关人员等
企业型	追求权力、权威和物质财富,具有领导才能;喜欢竞争,敢冒风险、有野心、有抱负;为人务实,习惯以利益得失、权利、地位、金钱等来衡量做事的价值,做事有较强的目的性	项目经理、销售人员、营销管理人员、政府官员、企业领导、法官、律师等
常规型	尊重权威和规章制度,喜欢按计划办事,细心、有条理,习惯接受他人的指挥和领导;自己不谋求领导职务;喜欢关注实际和细节情况,通常较为谨慎和保守,缺乏创造性,不喜欢冒险和竞争,富有自我牺牲精神	秘书、办公室文员、记录员、会计、行政助理、图书馆管理员、出纳员、打字员、投资分析员等

和气质类型一样,具有某种典型职业性格的人是极少数的,大多数人的职业性格具有多样性,是六种典型性格的交叉。我们要做的就是通过一定的测评手段与方法确定自己的主要性格特点,然后寻找与之相匹配的职业种类,更好地发挥自己的才能,增强对工作和生活的兴趣和信心,从中获得乐趣与内在满足。

拓展训练　霍兰德六角模型兴趣岛测试：你最适合什么职业？

霍兰德是美国著名的心理学家和职业生涯指导专家，他将职业选择看作一个人的人格的延伸，并于20世纪60年代提出人格类型—职业匹配理论。他认为，职业选择也是人格的表现。同职业团体内的人有相似的人格，因此对很多问题会有相似的反应，从而产生类似的人际环境。他强调：个人的人格与工作环境之间的适配和对应是职业满意度、职业稳定性与职业成就的基础。因此，霍兰德假设：在我们的文化里，大多数人可以分为六种性格类型：现实型、研究型、艺术型、社会型、企业型和常规型，人所处的环境也可以相应照此划分。

你获得了一次免费度假的机会，不用考虑其他因素，仅凭自己的兴趣选择你最想前往的岛屿，并按兴趣程度依次选择三个（其中，第一个是主要兴趣，第二、三个是辅助兴趣）。

A岛：美丽浪漫的岛屿

岛上遍布美术馆、音乐厅，弥漫着浓厚的艺术文化气息。同时，当地的原住民还保留了传统的舞蹈、音乐与绘画，许多文艺界的朋友都喜欢来这里找寻灵感。

I岛：深思冥想的岛屿

岛上人迹较少，建筑物多僻处一隅，平畴绿野，适合夜观星象。岛上有多处天文馆、科博馆以及科学图书馆等。岛上居民喜好沉思、追求真理，喜欢和来自各地的哲学家、科学家、心理学家等交换心得。

C岛：现代井然的岛屿

岛上建筑十分现代化，秩序井然，是进步的都市形态。以完善的户政管理、地政管理、金融管理见长。岛民个性冷静保守，处事有条不紊，善于组织规划。

R岛：自然原始的岛屿

岛上保留热带的原始植物，自然生态保持得很好，也有相当规模的动物园、植物园、水族馆。岛上居民以手工见长，自己种植花果蔬菜、修缮房屋、打造器物、制作工具。

S岛：温暖友善的岛屿

岛上居民个性温和、十分友善、乐于助人，社区均自成一个密切互动的服务网络，人们互助合作，重视教育，弦歌不辍，充满人文气息。

E岛：显赫富庶的岛屿

岛上的居民热情豪爽，善于企业经营和贸易。岛上的经济高度发展，处处是高级饭店、俱乐部、高尔夫球场。来往者多是企业家、经理人、政治家、律师等。

测试参考

选择A岛对应的职业类型：艺术型。

选择I岛对应的职业类型：研究型。

选择C岛对应的职业类型：常规型。

选择 R 岛对应的职业类型:现实型。

选择 S 岛对应的职业类型:社会型。

选择 E 岛对应的职业类型:企业型。

▶ 思考与训练 ◀

测一测,你属于哪种气质和性格类型,你觉得你适合从事哪类职业?

第二节　合理规划人生

学习目标

1. 了解职业生涯发展的每个阶段。
2. 掌握大学生职业生涯规划的有效方法。

课堂互动　适合自己的才是最好的

　　小林还有一年就大学毕业了。他深知当前大学生的就业形势严峻,无论是就业还是继续深造都将面临众多考验和巨大压力。为此他一度很迷茫。他觉得若选择就业,目前大学生的就业岗位竞争相当激烈,并且他的专业相对比较冷门,他害怕找不到理想的工作,甚至找不到工作。家里建议他考公务员,但公务员考试竞争激烈程度可想而知。继续深造吧,不但要考虑能不能考上,考上了同样还要面临就业求职的选择。在这些选择面前,小林感到前所未有的心理压力。偶然一次,室友之间展开了一场"找工作"话题的讨论,这给了他很多启示。他突然意识到,考公务员、继续深造或找一份理想的工作固然是好的,也是绝大多数大学生的毕业求职梦想,但自己性格活跃,善于交际,大学期间一直在做些小生意,参与社会实践,也积累了一些资源,不如走一条属于自己的路。于是,小林开始重新规划自己的职业方向,从此开启了自己的创业发展之路。

思考与讨论

本案例给了你什么启示?你是如何考虑未来的职业生涯规划的?

一、职业生涯发展过程

　　孔子曰:"吾十有五而志于学,三十而立,四十而不惑,五十而知天命,六十而耳顺,七十而从心所欲,不逾矩。"职业生涯的发展是一生的事,在不同的发展阶段有着不同的任务,也呈现出不同的状态。

美国著名心理学家和职业生涯指导专家舒伯,从人一生的发展角度出发,把整个人生分为成长阶段、探索阶段、建立阶段、维持阶段、衰退阶段,每个阶段都有不同的特点和发展任务。

(一)成长阶段

个体从出生到14岁为个人生涯发展成长阶段,因为个人的不断成长,开始对自己的未来有想法,同时个体开始逐渐具备一定的生活实践能力,拥有承担工作的基础。接近14岁时,个人就会开始着眼于将来的发展。这一个阶段主要形成自我概念、能力、态度、兴趣需要的形成和发货站,并开始逐步形成对学校、社会以及自我的认识,开始对工作形成大致的认识,初步建立起自我认识人生的态度。

(二)探索阶段

个人生涯发展的探索阶段在个体的15岁到24岁,在这个阶段的个体对自我的职业认识有了初步的看法,并且可以开始为自我职业的想法做出初步的准备和实践。这个阶段的学生开始在课堂、工作中尝试,并且有意识地收集相关的信息,尝试性地开始选择,发展相关的技能,使职业偏好更具体,更有自我特点。

探索阶段又可以再分为以下三个时期:第一,试探期(15~17岁),这个阶段的青年需要对自我的综合实力,如能力、兴趣、爱好等方面做出考量,有初步的决定,并且开展相应的社会实践,通过社会实践来收集信息并做出相应的尝试;第二,过渡期(18~21岁),这个阶段的青年开始步入就业市场,同时也可能接受专业的职业训练,开始使自己的一般性职业需求慢慢转变为具体的职业选择;第三,初步承诺期(22~24岁),个人对自我职业初步确定之后开始探索其变成长期发展的可能性。

(三)建立阶段

个人生涯发展的建立阶段是在个体的22岁至44岁,经过上两个阶段的不断尝试和改变,个体能够在自我职业生涯领域中逐步稳定下来,自我职业生涯规划不适合的个人会采取变迁或者进行其他的探索。因此,本阶段是个体职业生涯规划的关键期,这个阶段的个体属于自我的状态,并且在这个阶段的末期,个体就慢慢开始考虑将如何巩固自我的职业地位,要求有新的突破和晋升。

(四)维持阶段

个人生涯发展的维持阶段在45岁至64岁,这个阶段的个体主要是维持现有的职业生涯状态、地位以及获取的成就,并通过自己的不断努力和创新,掌握更多的工作能力。

(五)衰退阶段

个人生涯发展的衰退阶段在65岁以后,这个阶段的个体因个人生理和心理各方面机能都逐步开始衰退,开始要面对现实情况,从先前的积极参与到现阶段的学会隐退,这个阶段的人需要适应职业角色的转型,开始注重挖掘自我的新角色。

第七章 理性规划 轻松职场

延伸阅读 珍惜你的每个年龄

能想象到了三十好几,那时有了汽车,你却仍骑着车由淡水到九份,只为感受一路追风逐月的快乐吗?如果不是有这样的想法,我就不会在无意中经过台东鹿鸣桥时有这样的勇气跳下单索,因为年轻,所以把握当下,我们要在以后回忆过往时仍留笑。

十八岁,应该是谈恋爱的时候,我错过了,后来年纪稍大,却怎么样也揣摩不出十八岁的恋人,会是什么的心情,十八岁的男孩、女孩,会说什么样的话,会做什么样的事呢?一个人到了二十八,三十八岁,才第一次谈恋爱,只怕永远也不会知道自己年轻纯情的一面,为何没有在十八岁时谈恋爱,我的一生,就此留下一个无法追回的遗憾。

我认识一个朋友,年轻时早早就辍学去工作,经过几年的艰苦奋斗,现在终于奠定了经济基础,终于可以安安稳稳地过日子。照理说,他应该心满意足,好好享受眼前的好日子。可是,他还是心系一个未完成的学业。常听他盘算着,什么时候要搁下工作,去把书念完。

我还有一个女性朋友,早早就结婚生子,一方面照顾家庭,另一方面外出工作,经过十几年,孩子渐渐长大,工作也越来越轻松,旁人看她,应该是一个生活如意的女人。可是每每听说年轻人背着背包,到国外去旅行,她就不由得心生羡慕。她也希望自己能再年轻一次,没有任何家庭和工作的负担,可以自由地闯荡。

如果能再年轻一次,我们可能都会做不同的事——去恋爱,去读书,去旅行。只可惜,想归想,我们这一生都不可能再年轻了。年轻时未完成的心愿,即便再实现,心境已截然不同。

总要活到有些年纪,人才会了解,其实什么也不必赶着去做。真正没有遗憾的人生,是每一个年龄,就去做那一个年龄该做的事,不要急也不要落后。到了年纪渐长,回头看看,不曾缺少什么快乐,也就没有什么可以追悔的。

我们年轻时以为伟大的东西,总有一天在追求到以后,会明白不过如此。反倒是当时我们认为不值得一提的小事情,会回来日日夜夜啃噬我们的心。

十八岁就应该去恋爱,年轻就应该海阔天空地去闯荡。如果在当时做了该做的事,我和我的朋友们今天就不会惆怅。而年轻不会再来,可是岁月仍然缓缓向前流去。我们总属于某一个年龄,不管二十、三十、四十、五十,每一个年龄都有它该做的事,过去尽管不再回来,但今天还没有结束,今天我们该做些什么呢?不可以再犯同样的错误,一心追求看起来伟大的东西,倒是心理的小愿望,不能轻易让它流去,要悄悄去实现。

接受自己的年龄,也接受这个年龄的愚昧、限制和快乐,这是最理想的生活,总有一天,时间会让我们明白这个道理。

[资料来源:《读者》2003(14).]

二、大学生职业生涯规划的方法与步骤

一个人的职业生涯发展贯穿一生,是一个漫长的过程。大学生职业生涯规划重在实践,首先要回答五个问题:"我是谁""我想做什么""我能做什么""什么能支撑我""我到底该怎么做"。回答了这五个问题,找到它们的契合点,就可能形成自己的职业生涯规划。这也就要求我们每一位毕业生都要增强职业生涯规划意识,充分认识自我,正确评估环境,确立目标和职业定位,制定可行方案,做好评估反馈与修正等。

(一)充分认识自我

一个有效的职业生涯规划必须是在充分并且正确认识自身条件与相关环境的基础上制定的。

1. 认识你的长处和不足——SWOT 分析法

SWOT 分析法最早是在 20 世纪 80 年代由美国旧金山大学的管理学教授提出的。运用这个方法,有利于对个人或组织所处情境进行全面、系统、准确的研究,有助于人们制订发展战略和计划。

SWOT 分析是检查个人技能、喜好和职业机会的有用工具。通过它,当事人很容易知道自己的优点和弱点在哪里,了解自己所感兴趣的不同职业道路的机会和存在的威胁。其中,S 代表 Strength(优势),W 代表 Weakness(弱势),O 代表 Opportunity(机会),T 代表 Threat(威胁),S、W 是内部因素,O、T 是外部因素。

做个人 SWOT 分析需要投入一些精力,且需要认真对待。做好职业分析难度很大,但是进行一次详尽的个人 SWOT 分析却是值得的,因为当做完 SWOT 分析后,将有一个连贯的、实际可行的个人职业策略供参考。其实,在准备做任何事情前,都可以进行 SWOT 分析,这样可以做到心中有数,有利于顺利实现目标。

2. 认识自己的气质和性格特点

关于人的气质和性格,我们在前面的章节已经介绍了目前应用比较广泛的希波克拉底的胆汁质、多血质、黏液质、抑郁质四种气质类型和霍兰德的现实型、研究型、艺术型、社会型、企业型、常规型六种性格类型及与之相对应的职业类型。不同气质、不同性格的人适合从事不同性质的工作。其中,气质类型对职业生涯的影响是重大的。心理学家荣格认为,一个内倾型的人想要成为一名汽车推销员,或者一个外倾型的人想要成为一名会计,都是很难办到的。气质是人的个性中最稳定的因素,在选择职业时,一定要注意自己的气质类型。在一些特殊职业中,如政府机要人员、公关人员、飞行员等,气质类型也是录用员工的重要标准之一。尽管气质没有好坏之分,但它却能影响一个人的工作效率。特别是在一些需要经受高度身心紧张的职业中,气质不仅关系到工作的效率,还关系到事业的成败。每个人的气质类型和性格特点不一样,在规划个人职业生涯时,要充分了解自己的气质类型和性格特点。

第七章　理性规划　轻松职场

延伸阅读　　好猫与烂虎

有一个男孩儿，多年来一直是班里的差等生。他非常希望能向那些成绩好的同学看齐，也一度非常刻苦，但成绩就是上不去。从小学到中学，因为成绩实在太糟糕，他被不同的学校像皮球一样踢来踢去。经过父母的多次恳求，一所学校才勉强同意接收他。

他的自尊心受到极大的打击。终于有一天，他问父亲："我是不是很笨？"父亲说："当然不是。""那为什么无论我如何努力也赶不上其他同学？"父亲无语，只是慈爱地摸摸他的头。父亲心里清楚，儿子一点儿不笨，只是天生对文字类的东西很迟钝，导致学习障碍。但又如何跟儿子解释呢？

男孩儿变得越来越自闭，平常总爱待在自己的小屋内，不与外界发生联系。有一天，父亲发现他的床头铺满一张张图画，很是好奇，仔细看看，顿时哭笑不得。原来，儿子把在学校所受的委屈和打击全都发泄在画纸上，画里有他的老师踩了西瓜皮滑倒，同学被马蜂狂追……看着看着，父亲突然眼前一亮，他把散落在床头的画一张张叠好，用夹子夹整齐。

男孩儿的成绩依然很差，父母经常被老师叫去训斥。但是，父亲从来没有训斥过儿子，任由他躲在自己的世界里自由自在地画画，担心儿子孤独，父亲还特地买了一只宠物猫送给他。时间长了，男孩儿反而觉得奇怪，问父亲："是不是你也对我彻底丧失了信心，决定不管不问？"父亲沉默良久，说："周末我带你到动物园玩吧。"

那天，动物园里游人如织，很多人都围在一只威猛的老虎前观赏。父亲也带着儿子走了过去。这期间，父亲回答了儿子上次问的问题。

回来后，男孩儿心情大好，从此专心致志地把漫画当作一生的追求。25岁那年，他成为漫画界炙手可热的人物，《双响炮》《涩女郎》等作品红遍东南亚。他就是朱德庸。

多年后，他到大学演讲，提到了小时候在动物园父亲讲的那段话："人和动物一样，都有各自不同的天赋。老虎强壮，善于奔跑，猫则温顺、灵敏。猫虽然不能像老虎那样威风和霸气，但也具备老虎不具备的天赋与本能，它能上树，能抓老鼠。人们都希望成为老虎，而这其中有很多是猫，久而久之，变成了一批烂老虎。儿子，你天生对文字迟钝，但对图形却非常敏感，为什么放着优秀的猫不当，而偏要当很烂的老虎呢？我不希望你成为一只烂老虎，我相信你一定能成为一只好猫！"

［资料来源：《青年心理》2010(7).］

3. 了解自己的兴趣

选择自己感兴趣的职业，做自己喜欢的事情，是当今社会极具典型性的择业观念。职业兴趣是指人们对某类专业或工作所持有的态度。如果一个人对某种工作感兴趣，他就会在工作中产生高度的自觉性和积极性，并富有创造性地努力完成任务，进而获得成就。反之可能碌碌无为，一事无成。兴趣是个人职业生涯选择的重要依据，可以增强个人对职业生涯的适应性。兴趣影响人的工作满意感和稳定性，兴趣和能力的合理结合会大大提高工作效率。有研究表明：如果一个人从事自己感兴趣的职业，那么就能发挥自己全部才能的80%～90%,而且会长时间保持高效率而不感到疲劳;如果对所从事的工作没有兴趣,那么只能发挥自己全部才能的20%～30%。

对于兴趣类型的特点和相对应的职业的关系,《加拿大职业分类词典》中做了具体的介绍,主要可分为以下几类:(1)愿意与事物打交道;(2)愿意与人接触;(3)愿意干有规律的工作;(4)愿意从事社会福利和助人的工作;(5)愿意做领导和组织工作;(6)愿意研究人的行为;(7)愿意从事科学技术工作;(8)愿意从事抽象性和创造性的工作;(9)愿意做操纵机器的技术工作;(10)愿意从事具体的工作。

4. 了解自己的价值观

价值观是一种内心尺度,是我们认识和处理事务的一套价值体系,是生活和工作中所看重的原则或标准。它支配着人的行为、态度、信念、理解等,决定着人认识世界的方式和自我了解、自我定向、自我设计等。价值观在人们的职业生涯发展中起着决定方向的作用,甚至超过了兴趣和个性对自己的影响。由于个人的身心条件、年龄、阅历、教育状况、家庭影响、兴趣爱好等方面的不同,人们在进行职业选择时的目标和要求也是不相同的。

美国埃德加·施恩教授提出"职业锚"概念,指的是当一个人不得不做出选择的时候,他无论如何都不会放弃职业中至关重要的东西。施恩根据自己多年的研究提出五种职业锚:技术或功能型职业锚、管理型职业锚、创造型职业锚、自主与独立性职业锚、安全型职业锚,以上也是五种不同的职业价值观。

5. 了解自己的能力倾向

能力倾向是对自己能力与潜力的全面总结。一个人的职业发展最根本的还要归结于他的能力,而职业发展空间则取决于他的潜力。一般来说,人的能力包括语言能力、社会交往能力、察觉能力、书写能力、组织管理能力、动手能力、运动协调能力、空间判断能力等。根据美国全国大学与雇主协会的调查,美国雇主们最为重视的技能和个人品质按顺序排列如下:(1)沟通能力;(2)积极主动性;(3)团队合作能力;(4)领导能力;(5)学习能力;(6)人际交往能力;(7)灵活性及适应能力;(8)专业技术;(9)诚实正直;(10)职业道德;(11)分析和解决问题的能力。

不同职业对人的能力倾向的要求是不同的,找到适合自己能力倾向的工作,有利于在职业生涯中获得更大的成功。了解自己的职业能力倾向,可使职业规划更符合自己的能力特点,有助于个人潜能的发挥和择业的成功。

对于一个人潜力的了解,可以从这个人对事的兴趣、做事的韧劲、遇事的判断力以及知识结构是否全面、是否及时更新等几个方面去认识,也可以通过专业的心理测量来协助了解。人的能力不是天生的,大学生应当通过参与各种社会工作和实践活动,来锻炼和提高自己的能力,以便在职业发展中增强自己的优势。

(二)正确评估环境

对自我有了一个全面客观的分析后,就初步知道了"我是谁"、"我想做什么"和"我能做什么"的问题。但是环境能否满足你的要求,能否为你的职业发展提供支持,这是职业规划要考虑的另外一个重要问题。因此你还需要了解相关的环境,评估环境因素对自己职业生涯发展的影响,分析环境条件的特点、发展变化的情况,了解本专业、本行业的地位、形势以及发展趋势,把握环境因素的优势与限制。

1. 了解社会的宏观环境

全球的经济竞争,科学技术的发展,国家的宏观经济政策、人事制度改革、新发展理念,社会需求等,这些宏观环境都对人力资源市场产生着重要的影响,从而影响着个人的职业发展。例如,随着社会发展和我国经济体制改革的不断深入,经济增长方式由"量"向"质"的方面转变,使得高耗能、高污染、高劳动密集型的行业不断萎缩,而大数据、环保、新能源、人工智能等新兴行业迅速崛起,从而影响着与这一行业相关的专业发展。再如,随着我国进入新的发展阶段,产业升级和经济结构调整的不断加快,各行各业对技术技能人才的需求越来越紧迫,职业教育的重要地位和作用越来越凸显。国家重视和发展职业教育,把职业教育摆在教育改革创新和经济社会发展中更加突出的位置。国家倡导劳动光荣、技能宝贵、创业伟大的时代新风尚,这对"一专多能",拥有"一技之长"的青年,尤其是职业院校的大学生来说,提供了更加广阔的职业发展空间,这无不影响着大学生的就业和创业选择。因此,大学生在规划自己的职业生涯时,一定要关注社会宏观环境的变化,与时俱进,从新形势中预测和评估自己的职业发展。

2. 了解具体的职业信息

具体的职业信息包括各种职业的现状及未来的发展趋势,或是同一产业中不同职业之间的联系以及它们之间的变通性。了解职业信息要了解就业市场的形势,比如市场的大小、供求关系、在各地区和各领域的分布;要了解求职单位的工作环境、薪酬、福利待遇、人际关系状况、学习培训机会、升职机会、有无休闲时间以及单位对学历、专业、能力、性别的要求等。对具体的职业信息了解得越详细、越准确,决策时就越有把握。具体职业信息,可以通过学校的就业指导机构,报纸、杂志、电视、广播、网络,人才市场,实习,社会实践,亲人、朋友等人际关系网获得。

(三)确立目标和职业定位

1. 确立目标

确立目标是制定职业生涯规划的关键,一个人事业的成败,很大程度上取决于有无正确、适当的目标。职业目标的设定,是在充分做好自我分析和内外环境分析的基础上进行的。确立长期目标时要立足现实、慎重选择、全面考虑,使之既有现实性又有前瞻性。短期目标更具体,对人的影响也更直接,它是达到长期目标的基础。例如,你的长期目标是自己开办一家律师事务所,你的中期目标是成为一名律师,那么你的短期目标就要围绕为如何成为一名优秀律师做准备而设定。有了长远的目标追求,再由每一个具体目标的引导,你的职业理想就能更好地实现。

微课

分解与组合:如何制定合适的职业生涯目标

2. 职业定位

职业定位就是要为职业目标与自己的潜能以及主客观条件谋求最佳的匹配。良好的职业定位是以自己的最佳才能、最优性格、最大兴趣、最有利的环境等信息为依据的。在职业定位过程中,要考虑性格与职业的匹配、兴趣与职业的匹配、特长与职业的匹配、专业与职业的匹配等问题。

关于职业定位,美国麻省理工学院的人才教授提出,职业定位可以分为五类:技术型——这类人愿意在专业技术领域发展,不愿意从事管理工作;管理型——这类人愿意从事管理工作,有能力从事负有重要职责的管理岗位;创造型——这类人需要建立完全属于自己兴趣的工作,以便发挥自己的创造性;自由独立型——这类人更喜欢独来独往,愿意做自己可以支配的工作;安全型——这类人愿意从事具有长期稳定性和安全性的职业,不喜欢变化。每个人可以依据自己的职业定位类型进行职业定位。

(四)制定可行方案

千里之行,始于足下。在确定了职业生涯目标、进行职业定位后,最重要的是要有行动计划和策略。没有扎实的行动和行之有效的策略,再好的目标也难以实现。

1. 知识准备

为了达到自己的目标,必须明白需要准备哪些知识,参加哪些相关的培训,具备何等学历水平。例如,你的职业定位是成为一个企业管理者,那么就需要学习与企业管理相关的教育学、管理学、心理学、社会学方面的知识,有计划地参加管理方面的培训。

2. 能力准备

要根据职业目标的要求,提高自己的职业能力。例如,根据管理者的能力需要,你需要有意识地训练和培养自己的人际沟通能力、分析问题和解决问题的能力、组织管理能力、决策能力等。

3. 经验准备

从事任何职业,有实际的工作经验都是有利的。大学生要在日常的学习、工作、生活中注意积累各种经验。例如,做学生干部、承担社会工作都是积累经验的过程。无论是正确的经验还是错误的教训,都会有利于个人的成熟发展,将来都会成为其职业发展中的宝贵资源。

4. 行动准备

为了择业成功,还需做好求职择业的实际准备。例如,求职书的正确拟写、面试的各种准备、求职的实际演练等。细节决定成败,如果这些具体的细节工作没做好,也可能导致求职失败。

(五)做好评估反馈与修正

对于职业生涯规划实施,要注意评估与反馈。也许你原来掌握的信息不够准确,也许主客观的情况发生了变化,因此要不断地对职业生涯规划进行评估、调整与修订。这其中包括:职业目标的重新选择;职业的重新定位;短期、中期目标的重新调整;具体行动措施与计划的重新制订;等等。变化每时每刻都在发生,有迎接变化的心理准备,有应变的能力,就可以在面对新的挑战时游刃有余,在变化中成长,在变化中创造。

延伸阅读　职业生涯规划的黄金准则

准则一：择己所爱

从事一项你喜欢的工作，能给你带来一种满足感，你的职业生涯也会因此变得妙趣横生。兴趣是最好的老师，是最初的动力，是成功之母。在设计职业生涯规划时，务必注意：考虑自己的特长，珍惜自己的兴趣，择己所爱，选择自己喜欢的职业。

准则二：择己所长

尺有所短，寸有所长。你也许兴趣广泛，掌握多种技能，但所有技能中，总有你最擅长的。有些人善于与人打交道，有些人则更适合于管理物品。在设计自己的职业生涯规划时，千万要注意：选择最有利于发挥自己优势的职业。

准则三：择世所需

社会处于不断变化中，社会的需求不断变化着，旧的需求不断消失，同时新的需求不断产生。在设计自己的职业生涯规划时，一定要分析社会需求，择世之所需，否则，只会陷于不利的处境。

准则四：择己所利

在设计职业生涯规划时，首先要考虑的是自己的预期收益，这种预期要求你实现最大化的幸福，也就是使收益最大化。马斯洛将这种需求按先后次序排列成五个层次：生理需求、安全需求、爱的需求、自尊需求及自我实现的需求。个人预期收益的实现在于这些由低到高的基本需求得到最大的满足，而衡量其程度的指标表现为收入、社会地位、职业生涯稳定感与挑战性等，不同的人有不同的偏好，每个人都会尽可能满足其自身所有的需求。

（资料来源：张敏生，谭娟晖.大学生心理健康教育与训练[M].北京：中国轻工业出版社，2021.）

思考与训练

根据书中阐述的方法与步骤，给自己做个职业生涯规划。

第三节　培育健康的择业心理

学习目标

1. 避免择业过程中的心理误区。
2. 树立正确的择业观，做好充分的择业心理准备。

> **课堂互动** 你准备好了吗
>
> 　　某高校心理咨询中心的陈老师最近接待了一名毕业班的学生晓峰。根据晓峰同学的自述,他说近半个月以来睡眠不好,一直处在焦虑的状态,他感到十分困扰,因此来到咨询室,期望能够运用科学的办法解决自己的问题。根据陈老师了解的情况,晓峰在两周前从同学那得知有几家工作单位要来学校招聘,他满怀希望地拿着简历去面试,没想到只有一家单位通知他做进一步的了解。第二轮面试时,晓峰没几分钟就被刷下来,他因此感到非常懊恼,也备受打击。通过这次面试,他产生了自卑的感觉,觉得自己不如其他同学,没有他们优秀,紧接着他得知跟他一起面试的同学拿到了录取通知书,他就变得更加焦虑。此后,他每天都处于自我怀疑中,一直觉得自己"太糟糕"。从此之后,他的情绪就变得很糟糕,每天都恍惚不安。
>
> 思考与讨论
>
> 　　晓峰的求职经历了哪些心理变化?失败的求职经历引发你怎么的思考?你将如何做好求职的心理准备?

　　求职择业对个人的发展来说起着至关重要的作用。一份好的工作能给自己将来的生活提供稳定的保障和物质基础,也能提升个人的幸福感。但是,现在大学毕业生的就业形势日益严峻,求职择业的人数也直线上升,对岗位的要求也变得更加精细,这些客观的条件都在无形当中给大学毕业生带来心理负担和压力。在面对这些困难时,不少大学生也会出现一系列的心理问题。

一、识别择业心理误区

(一)自负自傲

　　有些大学生对自己的评价过高,认为自己是天之骄子,"皇帝的女儿不愁嫁",自命不凡,求职期望过高,不切合实际。例如,有的大学生没有自知之明,无视"双向选择"的求职规则,认为自己是最优秀的,只有"自己选择职业,而非职业选择我"。不了解就业形势和用人单位需求,一厢情愿地谋求高起点、高薪水、高职位,往往容易遭到现实的无情打击。有的因此而萎靡不振,甚至抱怨自己"生不逢时,怀才不遇"。

(二)自卑懦弱

　　自卑懦弱与自负自傲相反,是一种缺乏自尊心、自信心的表现。这类大学生要么觉得自己成绩不好,要么觉得自己能力不行,要么觉得自己人脉不广。总之,觉得自己样样不如人,一无是处,自我否定,产生消极、沮丧、悲观、失望、脆弱等心理。一旦面对职场的选择,更是自怨自艾,缺乏活力,不敢挑战,害怕失败,甚至连自己的优势与特长也容易被忽略或埋没,常常与难得的就业机会擦肩而过。

(三)盲目攀比

　　盲目攀比也是大学生择业过程中的一种不良心理现象。这类大学生往往爱慕虚荣,而忽略个人的真实需求,他们认为选择职业的目的是让别人羡慕,而不是寻找适合自己施展才华的空间。在择业的过程中有明显的功利性,他们把目光集中在社会地位高、经济效益好的单位上,一味地追求大城市、热门行业,不考虑自己的专业、兴趣、爱好及实际能力,特别喜欢关注其他同学的就业取向,非要优于其他同学,自己才会满意。这样的就业目标往往由于竞争激烈,容易遭遇失败,属于"死要面子活受罪"。这类大学生一旦在择业中受挫,易产生嫉妒心理,导致恶性竞争。

(四)依赖从众

依赖从众是指在社会或群体的压力下,个人放弃自己的意见,而产生被动、顺从的心理倾向。这类大学生往往缺乏主见,依赖性强,不能独立思考,易受暗示的导向。为了与大家保持一致,往往说违心的话,做违心的事。他们对自己的毕业去向漠不关心,听天由命,消极等待,认为"车到山前必有路"。这类大学生把希望寄托在他人身上,愿意听从父母师长的安排。抱有这种心理的大学生,即便找到工作,也会在日后工作中出现难以适应、效率低下的情况,而一旦希望落空,便会怨天尤人,产生很大的心理落差,埋怨家人无能或社会不公,甚至出现拒绝就业、啃老等极端行为。

(五)墨守成规

随着社会的发展,就业渠道越来越多元化,日益细化的社会分工为大学毕业生提供了更多的求职机会,而一些大学生还停留在"择业一步到位""一次择业定终身"等传统择业观念中。在这种观念的引导下,他们很难改变择业标准,即便一时找不到条件较好的工作,也不愿意调整自己的择业期望值,宁愿选择等待、观望。这种不思进取、循规蹈矩地捧着"铁饭碗"的保守择业观念已经跟不上日新月异的社会发展步伐。

延伸阅读　职业生涯规划的误区

误区之一:我的目标就是当总裁

不少人迷信"不想当将军的士兵不是好士兵"这句话。其实,现实情况是,"将军"的位置很少,如果大家的目标都是"将军",那么这种主观愿望就会和客观的现实条件产生差距,使计划在执行时遭遇许多挫折。因此,在选择职业时,要从实际出发,制定切实可行的规划。

误区之二:做计划是人力资源部门的事,与我无关

职业生涯规划是组织和个人双方都应参与的事,最终的实现者是个人。因此,学生不能抱着"当一天和尚撞一天钟"的态度来被动地对待自己的未来,将自己的一切交由别人来抉择。

误区之三:能做好下属就能做好主管

有的人认为只要把本职工作做好,就可以升为主管。其实不然,优秀的运动员不一定能当好教练,一些成绩突出的技术、销售人员升为主管后却表现不佳,这是因为主管还需要具体工作内容以外的条件,如领导能力、管理能力、协调能力、决策能力等。所以,在某个职位做得好,并不表明在其他职位上也能做得好。

误区之四:成功的关键在于运气

很多人相信成功是由于有好的机会。因此,他们被动地等待命运的安排,只想守株待兔,而不去主动地计划、经营和努力把握自己的人生。

误区之五:由老板决定升迁的快慢

职场上,不少人信奉这样一句话:"老板说你行,你不行也行;老板说你不行,你行也不行。"如果过于迷信老板对你升迁的影响,你会因为迎合他的好恶而妨碍自己真实能力的发挥和做事的初衷,从而见风使舵,阳奉阴违,迷失自我,走入歧途。

误区之六:只有加班工作,才会得到赏识

有些人认为在单位加班加点,待的时间越长,越能显现自己的勤奋。其实,工作效率和工作业绩才是最重要的,整天忙忙碌碌不出成果,并不是一个高效的工作者。因此,工作不能只讲形式,忽视内容;只讲付出,忽略效果。

误区之七:工作是工作,生活是生活,内外有别

工作与生活是人生目标中两个重要的组成部分。但不少人有意将工作与生活分割开来,美其名曰:工作的时候不谈生活,生活中不要把工作带进来。但工作是为了更好的生活,在制定职业生涯规划时也不要忽略了自己的生活兴趣。

误区之八:凡事面面俱到

诚然,认真对待每一件事是一种积极的处事态度。但在纷繁复杂的职场上,如果凡事都事无巨细,"芝麻西瓜一把抓",不仅浪费时间和精力,而且影响工作效率。因此,要讲究方法,将要做的目标任务做好规划,分清主次大小、轻重缓急,先抓住主要矛盾和问题,再逐步落实。

误区之九:这山望着那山高

出于这种心态,总觉得别人的工作比自己的更理想,因此总会产生跳槽的想法,而没有考虑客观实际。没有哪个工作是容易的,因此,不仅要明确自己想要做什么、愿意做什么,还要清楚自己能做什么、会做什么,不仅要客观认识自己,还要客观分析外部环境,踏实工作,并不断提升自己,才能在此基础上更上一层楼。

[资料来源:《青年文摘》2000(6).]

二、树立科学的择业观念

择业观是大学生职业理想的直接体现,是他们对于择业的根本看法和态度,是大学生世界观、人生观、价值观在择业活动中的综合反映。大学生在求职择业中所遇到的挫折和产生的不健康心理大多与非理性择业观念有关,若不能正确把握,将直接影响其客观认识自我、快速适应社会并成功就业。

(一)正确认识自我

择业的过程就是主体条件与客观要求相适应的过程。正确的自我评价是大学生择业的基础,要通过科学的方法和手段,对自己的职业兴趣、气质、性格、能力等方面进行全面、客观的分析,清楚自己的优势与特长、劣势与不足,即"尺有所短,寸有所长"。不以己之长比他人之短而自大，也不以己之短比他人之长而自卑。在求职择业中，善于扬长避短，选择能够发挥自身特长或优势的职业，这样有利于个人特质与职业需要相匹配，提高大学生在职业生涯发展过程中实现自我价值和获得成就感的概率。

(二)服从社会需求

人作为社会群体中的个体，个人价值的实现应把服从社会需求作为出发点和归宿点。以社会需求为标准来衡量自己，树立社会意识、集体意识、大局意识。正确处理好个人利益与国家利益、社会利益的关系。在求职择业中，不仅要考虑"我想做什么工作""我适合做什么工作"，更要考虑"我能为社会做什么工作"，明确"自我实现"是一个为社会和他人做贡献，履行社会责任的过程，把个人追求与社会实际需求有机统一起来，在服务国家、社会、人民的大同中实现自我的人生价值。

(三)注重终身发展

在当今的就业形势下，机遇与挑战并存。一方面，随着教育的大众化、普及化，大学生已不再是"天之骄子"；另一方面，随着新兴产业的发展和社会分工更加精细、多元化，大学生就业有了更加广阔的天地。因此，大学生求职择业，不能一成不变、一蹴而就。更不能故步自封、裹足不前。应加深对职业流动的认识，摒弃"一次就业定终身"等传统观念，敞开胸怀接受"先就业，后择业，再创业"等新观念，做好近期、中期、长期的职业生涯规划。一方面，针对当前严峻的就业形势，大学生应首先解决生存问题，端正就业心态，确定合理的就业期望值，争取及时就业，避免出现有岗不上、有职不任的人为待业现象；另一方面，机会总是留给有准备的人，要树立终身发展的理念，不断加强学习，主动适应社会，努力提升自我。大学生要顽强拼搏，锐意进取，积极探寻更好的就业机会，敢于选择有挑战性的职业或与自己的价值观、职业发展方向和综合素质相符的职业。一步一个脚印，努力开创属于自己的事业，实现更高的人生目标。

延伸阅读　到基层去，到祖国最需要的地方去……

肖媛娟，女，汉族，中共党员，1994年10月出生，2016年6月毕业于南昌师范学院外国语学院，同年4月报名参加了大学生西部计划志愿者专项行动。2016年8月至2018年12月，供职于西藏昌都市左贡县旅游局。2019年1月，考取左贡县中学正式教师编制。在志愿服务期间，肖媛娟荣获2016—2017年度昌都市西部计划"优秀志愿者"、2018年左贡县首届"梅里门庭"文化旅游艺术节"先进个人"、2018年左贡县"优秀党员"等荣誉称号。

2016年7月23日，肖媛娟怀揣着"坐上火车去拉萨"的浪漫憧憬随着江西志愿者服务队从武昌坐火车前往西藏。7月25日抵达拉萨后，队员们便马上开始接受志愿者工作培训，并于8月奔赴各服务单位开展志愿服务工作。

肖媛娟最开始的工作岗位是小学教师。初来西藏，面对语言、生活习惯、物质条件等诸多的不适应，肖媛娟也打过退堂鼓。但一想到学校领导的嘱托和期望、父母亲朋的支持和鼓励，她便说服自己要坚持下去，她常常告诉自己："既然响应了国家的号召，选择到西部去、到基层去、到祖国最需要的地方去,就要努力把任务完成好。"

后来,因县里工作需要,肖媛娟被调至西藏昌都左贡县旅游局。由于左贡县旅游局工作人员不足,很多工作都落在了肖媛娟这个刚毕业的大学生身上。在旅游局工作期间,肖媛娟主要负责"左贡旅游"公众号的开发和日常维护、局里各类文字材料的撰写、全县旅游脱贫攻坚情况汇报等工作。她还对接了市局6个科室的工作,承担了旅游数据统计、旅游市场调查等多项工作。因为工作繁重,肖媛娟常常加班到深夜,可她从不叫苦、叫累。

在工作之余,肖媛娟也非常忙碌。她牢记西部志愿者"尽己所能,不计报酬,帮助他人,服务社会,践行志愿精神,传播先进文化,为建设团结互助、平等友爱、共同前进的美好社会贡献力量"的使命,积极参加县团委项目办组织的"敬老院慰问老人""文明清扫新区""打扫烈士墓""教育辅导进校园""春运暖冬行动""植树种草""文明餐桌行""清扫318国道及玉曲河沿线垃圾""法律知识进村宣传行动"等志愿服务活动,还抽空为县里一些家境困难的学生补习英语。肖媛娟坚信:学生是祖国的花朵,要想改变西藏,就得从青年一代抓起,只有青年一代不断变强,这个地区才会慢慢变好。于是,在志愿服务期满后,肖媛娟报考了昌都的教师岗位,并最终如愿考取。

转眼间,肖媛娟进藏已三年了。在这三年中,肖媛娟亲身感受了基层工作人员的艰苦,并从一个刚刚踏出校门的大学生成长为一名能独当一面的职场人。肖媛娟告诉自己,今后不论在哪个岗位,自己都将摆正心态,继续弘扬志愿者精神,为建设美丽中国贡献力量。

(资料来源:余文玉,钱芳.我的未来我做主——大学生职业生涯规划[M].上海:上海交通大学出版社,2020.)

三、做好充分的择业心理准备

(一)克服自卑的心理

自卑是自我评价过低的一种表现,总认为自己不如别人,遇事退让,自我否定。有自卑心理的同学,首先应树立一种平等观念,即进入了大学,大家都在同一个起跑线上,无论性别,还是家境,都没有高低贵贱之分。特别是高职高专院校的一些学生,认为自己是成绩不好才读职业学校,并为此感到自卑。"三百六十行,行行出状元",要摒弃唯分数、唯学历、唯"帽子"的偏见,树立劳动光荣、技能宝贵、创造伟大的思想。只要你有能力,有一技之长,同样可以为社会做贡献,活出精彩人生。同时,要树立"有志者事竟成"的观念,增强自信和勇气,敢于挑战和竞争,为实现自己的职业生涯发展目标而不懈努力奋斗。

(二)培育积极竞争的心理

竞争是人类的一种本能。随着人才市场的进一步开放,"优胜劣汰,适者生存"成了大学生就业竞争的法则。首先,大学生要敢于竞争,树立"爱拼才会赢"的观念,敢想、敢说、敢做、敢当,不能唯唯诺诺、胆小怕事。其次,大学生要善于竞争,要从实际出发,充分考虑自身优势、特长和劣势、不足,扬长避短,并不断充实、完善自己,只有这样才能在激烈的职场竞争中立于不败之地。

(三)避免攀比的心理

职场中的公平竞争是无可厚非的,但彼此攀比、争强好胜就不可取了。在求职择业过程中,有攀比心理的大学生往往将注意力集中在他人的择业取向上,而忽略自己的实际能力和工作取向,是为了将对方比下去而与他人"争过独木桥"。这种情况下,攀比者实际上是放弃了自己的职业理想和职业定位,迷失了方向。爱攀比的同学应当端正自己的就业动机,摒弃嫉妒和虚荣心,脚踏实地、实事求是地根据自身实际情况进行择业。

微课

灰领——高职生的角色定位

(四)摆脱依赖、从众的心理

"人云亦云""随大流"是依赖从众心理的典型表现,究其原因,主要是没有主见,对就业形势不了解,不知道自己将来要做什么。大学生应当从在校期间就开始锻炼自己的独立性,主动出击,发挥自身主观能动性。从学会独立生活开始,培养自己独立思考、自主解决实际问题的能力和习惯。从进入大学开始,就要充分了解自己的兴趣爱好、性格特征,充分了解就业形势和人才供求情况,结合自己所学专业的特色分析就业市场。认清自我,认清形势,合理确立自己的职业方向,走自己的路,做好系统的职业生涯规划。

(五)增强承受挫折的能力

就业形势的严峻,就业竞争的加剧,理想与现实的矛盾,自我认知与择业目标定位之间的矛盾等,都容易给未经世事的大学生带来挫折压力感。挫折是把"双刃剑"。大学生在择业过程中首先要正确认识挫折。每个人都会遇到挫折,"宝剑锋从磨砺出,梅花香自苦寒来"。人生经历些挫折并不是坏事,"失败乃成功之母",经历挫折是人生宝贵的财富,要越挫越勇,勇于战胜挫折。其次要正确对待挫折,要善于客观分析挫折产生的原因,自觉调整自己的需要和情绪,认真反思,冷静处理,学习并掌握挫折心理调适的方法和技巧,如理性情绪法、适度宣泄法、自我激励法、情绪转移法、松弛练习法等,采取合理心理防御机制,舒缓心理压力,增强抗挫折压力的能力。

延伸阅读　　我的人生我做主

　　黄传书,一个很普通的名字。1983年出生于山东潍坊昌邑县的一个小村庄,1998年考入德州经济学校(现德州职业技术学院),学习工电专业,后自学法律专科,于2001年获得山东大学法律专科毕业证书,并于同年通过司法考试获得律师资格证书。2001年9月,他开始在山东大学旁听法律和日语,2003年完成法律本科自学考试全部课程。2005年,他又考上山东大学法学院公费研究生,主攻民商法,并在2008年加盟北京某知名律师事务所,从事公司上市、并购与融资等业务,同时他还打算积极拓展私募投资或风险投资业务。

　　从一名工电专业的中专生到知名律师事务所的专业人士,黄传书实现了多个常人难以置信的跨越:中专生到研究生的跨越;工科到法学专业的跨越;蓝领到金领的跨越……

有人问黄传书成功的秘诀在哪里,他回答了七个字:我的人生我做主。

中专生活开始不久后,黄传书看到他的政治老师拿着律考书,不由想起自己父亲不懂法律,经商被骗的事情,于是问老师自己能否报考律师,老师说可以,他又问怎样才能考,得到的答案是取得大学文凭并通过司法考试。从此一个明确的目标开始在他的心中生根:考律师。

他先报考了一门自考课程——马克思主义哲学,结果顺利通过。之后,在老师的指导下,他一次报了三门,又一次全部通过。于是他果断地终止了对工电课程的学习,全身心地致力于对自己人生目标的追求。本科、律考顺利完成后,他重新审视自己的目标,感到自己与社会的要求依然存在不小的差距。于是,他又做出了一个出人意料的决定:继续充电。

到山东大学旁听,接触的是来自全国各地的"天之骄子"和来自世界各地的精英。在歧视、蔑视的目光中,他顽强地成长并最终在高手云集的研究生考试中战胜曾经把他这个旁听生看作丑小鸭的"天之骄子"们,成为山东大学法学院民商法专业的三个公费研究生之一。

在读研期间,他仍然没有放纵自己、随波逐流,而是在强化日常学习的同时仔细分析民商法专业今后的就业前景。他给自己确定了新的目标:从事律师非诉讼业务中的证券的资本运作。为达到这一目标他不断努力。研二期间,他去北京实习,为将来的律师生涯做准备;研三期间,他加盟了北京某知名的律师事务所,从事公司上市、并购、融资等业务。

他的职业生涯理念:明确目标,制订计划,付诸行动,及时检查,定期调整。

他的人生准则:日有所得,心中有数,持之以恒,学友互助。

他的座右铭:贵有恒,何必三更起五更眠,最无益,只怕一日曝十日寒。

他的人生信念:有志者,事竟成。

黄传书,一个普通青年,用自己的职业生涯规划演绎了人生宣言:我的人生我做主。

(资料来源:余文玉,钱芳.我的未来我做主——大学生职业生涯规划[M].上海:上海交通大学出版社,2020.)

思考与训练

1. 你在择业过程中存在哪些心理误区,如何避免?
2. 谈谈你的择业观,你将如何做好充分的择业心理准备?

第八章

珍爱生命　战胜挫折

"生命诚可贵。"生命对于每一个人来说只有一次，不可复制，不可重来。生命的意义是什么？如何应对生命中的各种挫折，化挫折压力为动力，谱写自己独特的生命故事？本章将和你一道共同认识生命、认识挫折、认识心理危机。端正对生命的态度，乐观面对挫折，正确应对心理危机。善待生命，勇于承担生命责任，在挫折中成长，在磨砺中感悟生命的真谛。

第一节　生命的赞歌

学习目标

1. 认识生命的含义、形态及特点。
2. 寻找生命的意义、感恩生命。
3. 正视死亡、消除对死亡的恐惧。

课堂互动　感悟人生

活动目的：帮助同学体会和思考生命的价值和意义。

活动内容：假如你被医生告知得了绝症，你的生命只有一个月的时间，你会在这一个月的时间里做什么？请将你要做的事情写下来。

五分钟后继续：现在要宣布一个消息，新研制出来一种药，可以延长你的生命，医生说你还可以活一年，如果你的生命只剩下一年时间，你会做什么？

五分钟后继续：又要宣布一个消息，检测仪器设备问题导致了误诊，其实你的身体没问题，你又该如何做？

将大家分成若干小组，分享在生命只剩下一个月、一年和恢复正常的时候，自己的想法和感受。

（资料来源：赵翠荣.高校团体辅导的理论与实践[M].北京：世界图书出版公司，2016.）

思考与讨论

当拥有大把时间的时候，你会因为时间的漫长而无所事事甚至烦恼吗？而当你发现时间所剩无几时，你会珍惜时光进而对生命心存敬畏吗？请注意整个活动过程中不同情况下的心理变化，并分享自己的感受。

人类是这个世界上最高级、最神奇、最复杂的生命体。在人的生命历程中，"我是谁""我从哪里来""我将要去何方"常常被称作人生三问。我们一起来思考和探索什么是生命和生命的意义，进而认识生命、敬畏生命、珍爱生命。

一、生命的含义

一个人的生命始于受精卵，终于生物学意义上的死亡。从父亲的精子和母亲的卵子的结合，受精卵在母亲的子宫中经过280天的孕育，成为一个独立的生命个体。50万个卵子中的一枚被排到母亲的卵巢里，但是它只有24小时的生命，如果24小时内精子没有进入卵子，卵子就将死亡。而想要竞争这个机会的精子有四亿之多，其中大约只有100个精子能够穿越重重障碍，到达卵子附近，而最终只有最强壮、最有生命力的精子能成功与卵子结合，塑造出一个全新的生命。

生命的诞生是伟大的奇迹，生命是人生的载体，生命是无价之宝。生命对于每个人来说只有一次，一旦失去便无法挽回。生命脆弱又顽强，在大自然面前，人是渺小的，在地震、海啸等灾害发生时，无数人在瞬间失去鲜活的生命；生命又是顽强的，在灾难和极端险境中，又有许多生命的奇迹出现。生命短暂又永恒，灾难使许多人甚至连求生的本能还没有发挥出来，就已经匆匆地离开了这个世界；但是，有的人为了救助他人的生命而献出了自己的生命，他的生命在他人身上延续了下来，教会了人们要更加珍惜生命，热爱生活，他的生命又是永恒的。

人的生命是一段不可逆的单向旅程，这段旅程让每一个人经历初生的无知、少年的天真、青年的冲动、中年的成熟、老年的沧桑，无论哪个阶段都具有独特的色彩，我们都要好好把握它，让它在人生的旅途中流光溢彩。

二、生命的形态

从生物学上来看，生命泛指有机物和水构成的一个或多个细胞组成的一类具有稳定的物质和能量代谢现象，能回应刺激、进行自我复制（繁殖）的半开放物质系统。生命个体通常都要经历出生、成长、死亡。

而心理学的生命内涵比生物学的意义要丰富得多。人不是植物，也不是动物，人是一个复杂的生命体。动物的生存是为了繁衍，而人生存的目的比繁衍后代要丰富得多，人有更多的心理需求。人生命的全过程就是由一次次的生命活动所组成的。

人的生命，是人的生理、心理、社会属性的复杂的统一体，分为生理生命、心理生命、社会生命。

生理生命主要包括：新陈代谢、生长、发育、遗传、变异、感应、运动等。生长和发育是生命的基本过程，而新陈代谢则是生命的最基本的过程，是其他一切生命现象的基础。人的心理生命，也是人的精神生命。人类作为万物之灵，在于其具有高于动物的思维意识，具有超越性的精神世界。心理生命使人超越了人的生理生命，使人与动物区别开来。社会生命指人生命的存在是一种社会关系的存在。每个人在这个世界上不是孤立存在的，而是要参与和融入社会活动中，在与人沟通、交往中维持自己的生命，追求自己生命的意义，实现自己生命的价值。

墨子说："生，刑（形）与知处也。"意即生命乃形体与心理的合一：只有形体，没有精神，不能构成生命，反之亦然。荀子云："水火有气而无生，草木有生而无知，禽兽有知而无义；人有气、有生、有知亦且有义，故最为天下贵也。"意思是说，无机物（水、火）是没有生命的，发展到植物才有生命，但没有心理；发展到动物才有心理，但没有社会性的"义"；只有人具备气、生、知、义，亦即形体、心理与社会性的统一。

生理性、心理性和社会性这三个部分并不是完全独立的，而是紧密地联系在一起，共存于一个生命体中，作用于人整个的生命活动过程之中。

三、生命的特点

（一）生命的不可逆性

从胚胎起，生命便一直生长、发育，直到衰亡，它绝不会倒行逆施、返老还童。

（二）生命的不可再生性

对于每一个人来说，生命只有一次，人死不能复生。

（三）生命的不可互换性

生命为个体所私有，是不可替代的，互相不能交换。

（四）生命的有限性

无论是帝王将相还是平民百姓，人的生命都是有限的，生老病死，最终都将走向衰亡。

延伸阅读　　一块石头的故事

一位禅师为了启发他的门徒，给他一块石头，叫他去市场试着卖掉它，这块石头很大，很美丽。但是师父说："不要真的卖掉它，只是试着卖掉它。注意观察，多问一些人，然后只要告诉我它在市场能卖多少钱。"

门徒先到菜市场，许多人看着石头想：它可做很好的小摆件，我们的孩子可以玩，或者我们可以把它当作称菜用的秤砣。于是他们出了价，但只不过几个小硬币。门徒回来对师父说："它最多只能卖几个硬币。"

师父说："现在你去黄金市场，问问那儿的人。但是不要卖掉它，光问问价。"从黄金市场回来，这个门徒很高兴，说："这些人太棒了。他们乐意出到1 000块钱。"

师父说:"现在你去珠宝商那儿,但不要卖掉它。"门徒去了珠宝商那儿,他简直不敢相信,珠宝商们竟然乐意出5万块钱,他不愿意卖,他们继续抬高价格——他们出到10万。但是门徒说:"我不打算卖掉它。"他们说:"我们出20万、30万,或者你要多少就多少,只要你卖!"门徒说:"我不能卖,我只是问问价。"他不能相信:"这些人疯了!"他自己觉得蔬菜市场的价已经足够了。

回来后,师父拿回石头说:"我不打算卖掉它,不过现在你明白了,这个要看你,看你是不是有试金石的理解力。人家为什么老把你比作石头,是不是因为你总是在蔬菜市场找寻自己的价值呢?"

[资料来源:《绿色大世界》2007(1).]

四、生命的意义

人不仅是实体的存在,更是有意义的存在。每一个人在一生中都会在思考:生命是什么?活着有什么意思?我将去哪里?这是我们在积极探索自己人生的价值和意义。然而,面对瞬息万变和纷繁复杂的现实世界,一些人逐渐丧失了生命活动的价值感和意义感,陷入了一种"存在性危机"中,致使空虚和寂寞成为我们时代的疾病。现代人在心理上迷失了方向,感到生活失去了意义。

英国哲学家罗素说:"整个人类的生命,宛如一道壮丽的洪流,从可知的过去,奔涌向不可知的未来,我们每个人都只是这道洪流中的一粒水滴、一个泡沫。"即生命相对于整个宇宙来说显得非常渺小,只是一粒水滴、一个泡沫,而生命又像是流水一样经历过去、现在、将来的一个过程,当然这个过程在整个宇宙中也是微不足道的。简单地说,生命在时空中并没有特殊的意义,仅仅是一种过程而已。但人类所具有的独特的劳动、思维意识和超越性的精神世界,创造了灿烂的文明与历史。从这个意义上说,生命的存在是不朽的。

生命意义在心理学研究中首先是由美国著名精神病学家、神经病学家、意义治疗学派创始人维克多·弗兰克尔根据存在主义哲学和自己在纳粹集中营的亲身经历提出来的。他认为,生命意义有助于克服心灵性神经功能症,即以冷漠、乏味和无目标为特征的心理病态。

停止消极的自我探索,去积极探索人生的意义。弗兰克尔认为有三种途径可以获得生命的意义:

(1)创造性价值。创造和工作使人的特殊性在对社会贡献中体现出来,从而带来价值感、责任感、成就感。

(2)经验性价值。通过体验某个事件和人物,如工作的本质或文化、爱情等来发现生命的意义。弗兰克尔认为,爱是深入人格核心的一种方法,它可以实现人的潜能,激发人的积极性、创造性,在体验爱的过程中,发现生活的意义和价值。

(3)态度性价值。弗兰克尔认为人对命运的选择完全取决于人的精神态度。即人面对苦难时,重要的是对苦难采取什么样的态度,通过实现态度性价值人们可以改变看待事物的角度,了解对于自己而言什么是最重要的,从中获得新的认识。弗兰克尔认为许多症状都是由不良态度导致的,改变态度可以使这些症状得到缓解。

大学生可以从弗兰克尔提出寻求人生意义的三个途径中获得启示,从而在实际的学习、工作、生活中摆脱空虚,获得生命意义感,达到良好的心理健康状态。同时,要做好以下几点:

(1)明确自己的人生目的。生命与非生命的一个明显区别是生命活动的目的性,人能够按照自己的目的改造外部世界,创造一个对象世界。明确的目的性使人摒弃生物本能的冲动,在生存与生活的基础上,追求更高层次的"意义",趋于精神生命的永恒。

(2)担当起自己的社会责任。人的个体生命是由他所属的群体支持和塑造的。当年轻人能自觉以"人类一分子"或"社会公民"或"父母之子"的姿态反观自己的生命,展现生命的尊严和意义,就会克服因人生短暂和社会变化无常而滋生的虚无之感。

(3)注重自己的生命体验。人的生命,尤其是个体生命的存在和生长,是每一个人最能直接体验和感受的。对人的发展来说,真正的价值之物是使人充分地感悟和体验生活的过程,并在这个过程中孕育思想、情感和信念,找到自己的人生目标,进而认识自己生命的价值和意义。

拓展阅读　活出生命的意义

> 维克多·弗兰克尔是享有盛名的存在主义心理学家。他所发明的意义疗法(Logotherapy)是西方心理治疗的重要流派。他身为犹太人,在第二次世界大战期间,他和家人被抓到奥斯维辛集中营,在那里经历了平常人无法体会的折磨。最终使他活下来的,是他心中赋予自己生命的意义。弗兰克尔的父母、妻子、兄弟姐妹全都遇难,只有他幸存下来。第二次世界大战结束后,他被救了出来。他将自己在奥斯维辛集中营的亲身经历转化为心理学的意义疗法,指导人们在生活失去方向、没有目标、丧失意义的时候,如何重获新生。他一生都对生命充满着热情,67岁时才开始学习驾驶飞机,并在几个月后拿到驾照;80岁时,他登上了阿尔卑斯山。正如尼采所说的:"那些没有打败你的,终将会让你更加强大!"
>
> (资料来源:维克多·弗兰克尔.活出生命的意义[M].北京:华夏出版社,2014.)

五、感恩生命

"感恩"在《现代汉语词典》中的解释是"对他人所给的恩惠表示感激"。《牛津字典》对"感恩"给出的定义是"乐于把得到好处的感激呈现出来回馈他人"。其核心含义都是给予感激。

感恩是中华民族的传统美德,"滴水之恩,当涌泉相报""羔羊跪乳,乌鸦反哺""投我以木桃,报之以琼瑶""知恩不报非君子"等名言,都是中华民族传统文化崇尚感恩的典范。感恩意识是社会文明进步和人际关系和睦融洽的重要因素,是一个人具有健全人格和优秀品质的标志,是和谐社会要求公民尤其是大学生应具有的基本素质。感恩也是一种社会责任。

生命是无价之宝。每个人的生命只有一次,而且只有有限的那么几十年,最多上百年。正因生命如此短暂,人们才如此热爱生命,把生命看得比什么都重要,救助生命、保护生命永远都是第一位的。

感恩生命是一种积极的、乐观的生活态度,对生命的感恩,其实质就是善待自我,学会生存。一切生命在生存与发展的过程中都面临着许多的考验与危险,如疾病、天灾、人祸等。我们对所经历的生命历程应始终抱有感恩之心。生命中的每个细节、每种滋味都值得我们去细细体会、真心感激。我们每天所经历的事、接触的人,所看到的、听到的,无论是幸福还是痛苦,甜蜜还是苦涩,都是我们对生命历程的真实体验,值得我们去感激。我们感激痛苦,因为它们使人懂得珍惜幸福;我们感激喧嚣,因为它使安宁更显珍贵;我们感激爱情,因为它使人懂得纯真;我们感激衰老,因为它使人怀念青春。我们感激生命中一切酸甜苦辣、悲欢离合,因为它们使我们体验到生命的充实和丰满。人正是在创造生命、拥有生命、发展生命、珍爱生命的过程中不断地发展自我、完善自我、超越自我,实现自己生命的独特价值。

拓展训练 做感恩的人——感恩团体辅导方案

一、活动目标

(一)提升感恩能力,培养感恩行为;

(二)完善人际关系,与他人和谐相处。

二、活动过程

(一)爱的传递速度

1.时间:20～30分钟

2.操作:让所有队员手拉手站成一圈。随意在圈中选出一个人,让他用自己的左手捏一下相邻同伴的右手。问第二个人是否感受到队友传递过来的捏手信号,这里我们把它称为"电波"。大家收到"电波"后要迅速把"电波"传递给下一个队友,也就是要快速地捏一下左边队友的手。这样一直继续下去,直到"电波"返回起点。告诉大家你将用秒表记录"电波"跑一圈所需要的时间。

然后大喊:"游戏开始",并开始计时。告诉大家"电波"传递一圈所用的时间,鼓励一下大家,然后让大家重新再做一次"电波"传递,希望这次传递能更快一些。让队员们重复做几次"电波"传递,记录下每次传递所用的时间。等大家都熟练起来之后,变更"电波"的传递方向,使"电波"由原来的沿顺时针方向传递变为沿逆时针方向传递。

"电波"沿着新方向被传递几次之后,再一次让队员们逆转"电波"的方向,同时让队员们闭上眼睛或是背向圆心站立。

3.分享:为什么"电波"传递方向突然改变后,"电波"传递速度会变慢?为什么闭上眼睛后,"电波"传递速度会变慢?在"电波"沿两个方向同时传递的情况下,"电波源"对面的队员们感受如何?当别人将"电波"传给你的时候,你感觉怎么样?与你传给别人的时候有什么不同?(学会感谢别人的给予)

第八章　珍爱生命　战胜挫折

(二) 绘制生命线

1. 时间:30~40 分钟
2. 准备:彩色蜡笔若干,白纸
3. 操作:由教师示范画出自己的生命曲线,并根据曲线讲述自己从出生到现在生命中的转折波澜;队员画各自的生命线,可以以年龄和上学的时间为界,绘制自己到目前为止的生命曲线,继而描绘自己未来希望的生命曲线或方向,许生命一个梦想。

绘制完毕,各个队员在小组内进行讲述,并说出各自希望的未来生命线方向。

4. 分享:在每次曲线转折或者高低不同的地方,你得到了什么?失去了什么?对那些得到与失去,你是怎么看的?(感谢生命赐予自己的曲线美,客观认识生命中发生的一切)

(三) 呼吸调整

1. 时间:大约 10 分钟
2. 准备:歌曲《感恩的心》
3. 操作:所有队员围成一圈,手牵手,教师也在里面。教师引导队员做积极的自我暗示,提示队员放松身体,缓解情绪,做深呼吸,每个人紧握左右队员的双手,吸气,将周围所有的力量吸进,使自己更坚强;呼气,把所有烦恼、沉重的情绪吐出,及时释放出来,留在这里不带走。

三、活动提示

引导者做好记录,重点关注队员的过程表现,填好活动过程记录表。

[资料来源:袁磊.大学生命教育团体辅导活动设计与实践[J].河南教育学院学报(哲学社会科学),2009(2).]

六、正视死亡

所有人,无论是否愿意,都要面对和经历死亡。在生物医学中死亡是指身体机能、器官及所有生命系统永久的、不可逆的功能停止。在社会学中死亡是指人类有意义生命的消失,没有思想、没有感觉。死亡是生命周期的最后历程。

死亡具有必然性、不可抗拒性和偶然性。死亡的必然性告诉我们,凡是生命都存在着死亡的必然;死亡来临时,所有人都无法选择,这是死亡的不可抗拒性;死亡具有偶然性,很多意外的发生和生命的转折都来自偶然,无法预知。

死亡是令人恐惧和焦虑的,没有人愿意失去自己的生命。人为何会对死亡感到恐惧?这其中有对未知的恐惧:死了是怎么一回事?死了之后去哪里?有对失去的恐惧:生离死别,什么都没有了,从此就要独自走向另一个世界了;有对死亡过程的恐惧:会不会很痛苦,很可怕;也有对生存意义消失的恐惧:既然注定要死,为什么要活着?

那我们如何面对死亡的恐惧和焦虑呢?生命教育的目的不是帮助人减轻对死亡的焦虑,而恰恰相反,是适度引发人的死亡焦虑,让死亡焦虑成为引导人去思考生命意义的起点。在死亡焦虑和恐惧的背后是什么?焦虑和恐惧这两种情绪给我们传递了什么信息?焦虑情绪传递的信息:生命是重要的,生命只有一次,有时候生命是脆弱的,它提醒我们要珍惜生命和保护生命。恐惧情绪传递的信息：死亡是可怕的，是不可逆的，它在提醒我们，生命是可贵的，一旦消逝就再也没有重启的机会，要更加强烈地热爱生命。

"人终有一死，或重如泰山，或轻如鸿毛。"对于我们每个人来说，认清自己，认真地对待自己，放下对名利的追逐和不切实际的烦恼，不要放不下昨天，不要担忧明天，更不要错失今天。把握当下，享受人生的每时每刻，当最后时刻来临时，我们每个人都能坦然面对，在生命的最后时刻，都能保持自己生命的尊严，幸福、健康、快乐地走到最后。

拓展训练　写下你的墓志铭

1. 活动目的：了解生命的重要性
2. 活动准备：
(1)组织：班级分成若干小组
(2)时间：十分钟
(3)场地：室内
(4)材料：白纸、笔
3. 活动步骤：
(1)请想象自己坐在一架客机上，宽敞平稳，飞机在万米的高空翱翔。突然，机身发抖，空姐要求大家把安全带系好。广播里传来机长的声音，他通知大家说飞机发生了严重的机械故障，正在紧急排除，但为了做最坏的打算，现在将由空姐分发纸笔，你有什么最后的遗言要向家人交代，请留在纸上。一切要尽快，空姐会在三分钟后收取大家的纸条，然后统一密闭在特制的匣子里，这样即便飞机坠毁，遗言也可完整地保存下来。按照飞机现在的飞行高度，在完全失去动力的情况下，还可以滑翔极短暂的时间。空姐托着盘子走过来，惨白的面颊上，职业性的微笑已被僵硬地抽搐所代替。盘子里盛的不是饮料，不是纪念品，也不是航空里程登记表，而是纸和笔。人们无声地领取这特殊的用品，有抽泣声低低地传来。你领到了半张纸和一支短笔。现在，面对着这张纸，你将写下什么？
(2)再为自己草拟一份将来的墓志铭。
4. 心理分析：
如果你对自己的平庸不满意，你还有时间重振雄风。如果你对自己的浅薄不满意，你还有时间走向深沉。如果你对自己的专业不满意，你还可以选择职业。如果你对自己的性格不满意，你还来得及重塑形象。

面对死亡，人们心里会油然升起一种无助感，这种无助在心理学中叫"习得性无助"。如果人有了习得性无助，就会在内心深处形成深深的绝望和悲哀。因此，在人生中，我们不妨看得开阔点、长远点，看到事件背后真正的决定性因素，这样才能避免让自己陷入绝望的处境。生死是自然的，认真思索自己的人生。回忆自己的过去，可以引发人们更深层次的思考。人们能通过自我反省，把自己的优点更好地发挥出来。这样，我们留下的遗憾才会越来越少。

(资料来源：滕秋玲.大学生团体心理辅导的理论与实践[M].北京：北京理工大学出版社，2017.)

第八章　珍爱生命　战胜挫折

> 思考与训练

1. 对你来说,恐惧死亡的最主要原因是什么?如何消除?
2. 如果生命的最后一刻你还能够对一个人说一句话,你会选择谁?说些什么?

第二节　逆境中前行

学习目标

1. 认识挫折的积极意义和消极意义,建立积极的挫折防御机制。
2. 了解大学生常见的挫折类型和形成原因。
3. 正确认识挫折,掌握挫折的应对方法。

课堂互动　"危"?还是"机"?

杨杨是一个非常要强且勤奋好学的学生,学习成绩一直排在班级第一名,参加各类学科竞赛也是手到擒来,满载而归,深受老师的喜爱。她是生活在鲜花和掌声下的"幸运儿"。可是,这么"优秀"的她却在一次班级的班长竞选中落选了。这件事情对她的打击特别大,从未受过如此委屈的她,觉得实在是没有面子,感觉自己突然间被抛弃了一般,心情特别难受。她想就此放弃但要强的她又心有不甘,不知如何是好。于是她走进了学校心理咨询室寻求帮助。

(资料来源:杜高明.咨询心理学[M].成都:四川大学出版社,2013.)

思考与讨论

你如何看待此事?你在生活中遇到过哪些困难或挫折,你又是如何面对的?

没有挫折就没有成长。古往今来,许多名人贤士无不是在挫折中成就了不平凡的事业。面对耳聋,贝多芬顽强拼搏,发出"我要扼住命运的咽喉"的呐喊,终成一代"乐圣";面对失败,爱迪生坚持不懈,发出"我已找到一千多种不适合做灯丝的材料"的乐观心声,终于给世界带来了光明;面对仕途苦闷,苏东坡壮心不已,发出"大江东去,浪淘尽,千古风流人物"的昂扬曲调,在挫折中逐步走向成熟……

是挫折,使他们平静的理想之湖激荡起壮美的浪花;是挫折,使他们和缓的心灵之曲奏鸣出雄壮的旋律!挫折,可能是一座埋葬弱者的坟墓,使人在成才的道路上夭折;也可能是磨炼强者的火炉,使人百炼成钢,登上成功的高峰。

在杨杨的案例中,一直成绩优秀的她却在班干部竞选中败下阵来,这对杨杨来说是负面的,甚至是难以接受的,她的理解是对自己的否定,所以可能会引发心理危机,这是"危

193

险"的一方面。但另一方面，如果杨杨能够通过这个事件勇敢地接受"挑战"，并没有因为班干部的落选而自暴自弃，而是重新认识自己，进而不断去提升和改进自己，这其实是一个自我成长的新"机遇"。人只有在不断地认识自己、挑战自己的过程中才能完善自我、超越自我。

一、挫折概述

(一)挫折的含义

挫折一般是指个体在追求既定目标的过程中，遇到干扰、阻碍，自身需要不能得到满足时，产生的不良情绪体验及相应的心理、行为变化。

挫折包括挫折情境、挫折认知、挫折反应三个要素。挫折情境是指引起挫折的原因或环境；挫折认知是指个体对挫折情境的认知和评价；挫折反应是指个体在挫折认知、评价基础上产生的心理和行为反应。

这三个要素紧密相连。其中，挫折认知起着十分重要的中介作用，同一挫折情境可能产生不同的挫折认知，不同的挫折认知又会导致不同的挫折反应，一种是积极的反应，另一种是消极的反应。比如上述案例中，如果杨杨认为竞选班长落选，就是对自己的否定，无法接受，就有可能产生情绪低落、心灰意冷、一蹶不振的消极反应；如果杨杨能以此发现自己的不足，摆正心态，就有可能做出更加严于律己、百折不挠、积极进取，努力实现自己奋斗目标的积极反应。

(二)挫折的两面性

1. 挫折的积极意义

挫折和逆境固然会给我们的身心造成打击和压力，带来精神上的烦恼和痛苦，但也能使我们经受考验，得到锻炼，成为迈向成功的转折点。挫折能够增长我们的聪明才智激发我们的进取精神，磨砺我们的意志。

面对挫折要冷静思考，分析原因，寻找解决办法，不屈不挠，最终才能走出困境，成为生活的强者。事实上，很多人就是这样走向成功的。

2. 挫折的消极意义

面对挫折和困难时，不同的人生态度，会导致不同的人生结果。

(1)胆怯、懦弱的人：遇到挫折和困难，放弃目标，一事无成。

(2)意志不坚定或者容易满足的人：不能坚持到底，感受不到成功的喜悦。

(3)消极归因的人：挫折是前进道路上的绊脚石，使人前进的步伐受阻，产生忧愁、恐惧等消极心理，很难享受真正的人生。

(三)挫折的防御机制

大部分人在遇到挫折时，会采用心理防御机制。心理防御机制是指个人在遇到挫折与冲突的情境时，在其心理活动中自觉或不自觉地解脱烦恼，减轻内心不安，以恢复情绪平衡与稳定的一种适应性倾向。一般心理挫折的反应可以分为两大类：积极心理防御和消极心理防御。

1. 积极心理防御

采取积极心理防御的人通常正视挫折，承认挫折，正确分析挫折产生的主客观原因，总结经验，吸取教训，采取积极的行为方式，最后战胜挫折，主要表现为：坚持、表同、补偿、升华。

(1)坚持是指个体发现目标难以达到，要求通过个体不断地努力，使目标最终实现。美国电影《阿甘正传》中的主人翁阿甘就是一位智商并不高、常被人嘲笑、不被尊重的男人，他面对挫折的方法就是忽视它并坚持不懈地努力，最后赢得了人们的尊重，赢得了自己的事业，也获得了自己的生活。正如有的学者所说：成功就在于最后的坚持之中。

(2)表同是指个体在现实生活中无法获得成功时，将自己比拟为某一成功者，借以在心理上减弱挫折产生的痛苦；或者迎合能满足自己需要的人，按照他们的希望去支配自己的思想、行动，来冲淡自己的挫折感，并以此求得内心的满足。

(3)补偿，即当个体行为受挫时，或因个人某方面的缺陷而使目标无法实现时，往往以新的目标代替原有目标，以其他方面的成功来补偿因失败而丧失的自尊与自信。这就是人们常说的"失之东隅，收之桑榆"。

(4)升华，即用一种比较崇高的具有创造性和建设性的目标代替，借此弥补因受挫而丧失的自尊与自信，以减轻痛苦。升华是最积极的行为反应，从古至今演绎出绵绵佳话，如古之文王拘而演《周易》；仲尼厄而作《春秋》；屈原放逐赋《离骚》；左丘失明写《左传》；孙膑跛脚修《兵法》；司马迁受辱著《史记》。

2. 消极心理防御

消极心理防御是指当大学生遭受挫折后所表现出来的带有强烈情绪色彩的非理性行为，常见的情绪行为方式有以下几种。

(1)固执。当个体一而再，再而三地遭受同样的挫折时，就会慢慢失去信心，失去随机应变的能力，而形成刻板的反应方式，固执盲目地重复同样无效的行为。

(2)退化。又称回归，是指当个体受到挫折时，往往表现出与自己的年龄、身份很不相称的幼稚行为，或盲目地轻信他人、跟从他人等。表现出这种行为方式的大学生往往对自己缺乏信心。

(3)逆反。用通俗的语言来说，逆反就是"你要我朝东，我偏朝西"。一般来说，个人的行为方向和其动机方向应当是一致的。

(4)攻击。大学生在遭受挫折后，在情绪与行动上会产生一种对有关人或物的攻击性的抵触反应，以消除来自挫折的痛苦。攻击是一种破坏性行为，这种行为可分为直接攻击和转向攻击。直接攻击是指一个人受到挫折以后，把愤怒的情绪直接发泄到使之受挫的人或物上，如学校里发生的打架斗殴、损害公物等现象。

(5)轻生。轻生是受挫者受挫以后表现出来的一种极为消极的行为反应。在现实中，那些面对突然的挫折打击的学生,在得不到外力帮助的情况下,很可能自暴自弃,产生轻生厌世、自杀自残的行为,以此来获得内心的解脱。

拓展阅读　霍金:无论生活如何艰难,也要记得仰望星空

生命的美,在于活出人生的无限可能性。

2018年3月14日,著名的物理学家史蒂芬·霍金去世,享年76岁。这一天的到来,对世人来说,除了惊讶更多的是措手不及,因为对于大多数人来说,霍金是一种类似奇迹的存在:

作为英国剑桥的高材生,20多岁时,他被医生诊断只能活两年的时间,但他却战胜了病魔,活过了一个又一个两年;

虽然坐在轮椅之上,他的思维之光却飞跃在浩瀚宇宙之中,尝试去理解人类与宇宙的关系;

他免费开放自己的博士论文,希望全世界的人都能毫无阻碍地阅览他的研究成果并一起思考它,靠近人类所探知的伟大科学;

即使行动不便,他却不断地尝试新鲜的事物,在许多影视作品中本色出演自己的角色,虽然不能发声,却利用电子发声器和摇滚乐队Pink Floyd共同录制了摇滚歌曲;

……

面对命运带来的挫折,霍金不是自怨自艾,而是选择接纳:"在我21岁时,我的期待值变成了零,自那以后,一切都变成了额外的津贴。"

很多时候,我们之所以不开心,是因为无法认可现在的自己,想要的太多,拥有的太少。但是在霍金看来,无论生活有多艰难,最重要的是找到属于自己的路,活出自己生命的特质。

我的手指还能活动。

我的大脑还能思维。

有我爱和爱我的亲人和朋友。

对了,我还有一颗感恩的心……

当你拥有一个有趣而勇敢的灵魂,学会感恩生活,无论在哪里,过得怎样,你的生命都是闪着光的。正如霍金所说:"我们只有此生,来欣赏宇宙之美。正因为如此,我非常感恩。"

生命是上天赐予我们每个人独特的礼物,我们对自己所经历的生命历程应始终抱有一颗感恩的心。落叶在空中盘旋,谱写着一曲感恩的乐章,那是树对滋养它的大地的感恩。白云在蔚蓝的天空中飘荡,绘画着一幅感人的画面,那是白云对哺育它的蓝天的感恩。因为感恩才会有这个多彩的世界,因为感恩才会有真挚的情谊,因为感恩我们才懂得了生命。

(资料来源:刘小榕.霍金说:记住要抬头仰望星空,别总低头看脚[N/OL].中国日报,2021.)

二、大学生常见的挫折类型

(一)学业挫折

大学生在学习过程中经常会遇到种种挫折,可能来自个人,也可能来自老师或其他同学。特别是对于某一专业课程的学习比较吃力时,在面对大型或者特殊意义的考试时,学生的学业挫折表现得尤为明显。老师有时也能够给学生带来挫折,如在教学过程中对于成绩优异学生的偏爱,会导致成绩较差学生的相对挫折。同学之间的挫折主要表现为压力,尤其是对于成绩相当的学生而言,同学的一点进步就有可能成为自身的挫折之源。

(二)人际交往挫折

大学生的人际交往是社会生产关系的重要基础,是每个人生活的重要组成部分,是情商发展的重要体现。有的人善于交往,对于人与人之间的问题沟通处理得游刃有余;而有的人不善于交往,什么事都闷在心里,更无从谈及与他人的沟通。大学生作为社会发展的重要组成部分,他们同样需要交往,这种交往来自家庭、同学和老师等多个方面。然而,随着大学生年龄的增长,特别是随着大学生的独立性和自立能力逐渐加强,其交往的范围会逐渐缩小甚至出现自闭。久而久之,他们会变得不善言语,不善表达而自闭,到一定程度时就会导致某种极端的行为。

(三)情感挫折

大学生是高中生情感多变期的延续,情感发展得相对较为细腻,但较之社会成人又不是那么成熟。当前的大学生在理性与感性对比之间,其感性思维还是占较大比重。在这个时期,大学生的感情因素很容易受到挫折,且特别容易感情用事。当遇到同样的挫折时,大学生较之社会成人来讲,必定具有更强烈的挫折感,致使个人产生非常消极与悲观的情绪。失恋的打击、家庭的变故、生活自理能力的差异、身体疾病以及亲人离别等,都容易让大学生产生较为强烈的挫折感。如果对这些问题不加以重视的话,势必会影响大学生的学习成绩,以至会影响他们的健康成长。

(四)经济挫折

贫富差距是一种普遍社会现象,在大学生中也是普遍存在的。虽然都是大学生,但是家庭条件的差异会导致条件较差的同学在心理上产生经济方面的挫折压力。大学生基本上来说,还是一个纯消费群体,其经济来源主要依靠父母。家庭条件好一些的,相对来说就出手大方,也觉得很有面子;而对于家庭条件贫困的大学生来说,只能解决自身的温饱问题,而申请困难补助又怕丢失面子,久而久之必然产生很强的自卑感。

(五)就业挫折

随着社会的不断进步发展,大学生就业竞争更加激烈,难免形成挫折。特别是对于贫困家庭孩子而言,父母辛辛苦苦地省吃俭用来供子女读书,而最终"难就业"的结果无疑是巨大的打击。通过专家访谈的结果得知,造成就业挫折的原因主要集中在以下三点:社会环境大趋势,普遍就业率低,就业空间缩小;就业方向与所学专业不对口,很多内容需要重新学习;担心对未来的工作不能胜任等。

拓展训练　测一测你的耐挫力

面对挫折与逆境时你是否坚强?请根据实际作答:

1. 碰到令人担心的事时:(　)
   A.无法着手工作　　　　　B.照干不误　　　　　　C.两者之间
2. 碰到讨厌的对手时:(　)
   A.感情用事,无法应付　　B.能应付感情,控制自如　C.两者之间
3. 失败时:(　)
   A.不想再干了　　　　　　B.努力寻找成功的机会　　C.两者之间
4. 工作进展不快时:(　)
   A.焦躁万分,无法思考　　B.可以冷静地想办法　　　C.两者之间
5. 工作中感到疲劳时:(　)
   A.脑子不好使了　　　　　B.耐住疲劳继续工作　　　C.两者之间
6. 工作条件恶劣时:(　)
   A.无法干好工作　　　　　B.克服困难创造条件　　　C.两者之间
7. 在绝望的情况下:(　)
   A.听任命运摆布　　　　　B.力挽狂澜　　　　　　　C.两者之间
8. 碰到困难时:(　)
   A.失去信心　　　　　　　B.开动脑筋　　　　　　　C.两者之间
9. 接到很难完成的任务或很难完成的工作时:(　)
   A.拒绝　　　　　　　　　B.千方百计干好它　　　　C.两者之间
10. 困难落到自己的头上时:(　)
    A.厌恶至极　　　　　　　B.欣然努力克服　　　　　C.两者之间

结果分析:

选A记0分;选B记2分;选C记1分。各题得分相加,即得你的总分。

17分以上:说明你的受挫能力很强。

10~16分:说明你对某些特定挫折的承受力比较弱。

9分以下:说明你的承受能力比较弱。

[资料来源:雷慧昱,朱晶,陈曦.高职学生耐挫力提升路径探析[J].青岛职业技术学院学报,2020(4).]

三、挫折的积极应对

(一)正确认识挫折

正确认识挫折要从认识挫折的两面性开始。挫折对人有积极和消极两个方面的影响,它既能激发人的内在潜能,增强其抗压和解决问题的能力,也能使人产生一种害怕的

心理,不敢面对挫折。人的一生不怕出现挫折,就怕不敢正确对待挫折。既然挫折不可避免,我们就应该随时做好应对挫折的心理准备。法国著名作家巴尔扎克说:"挫折就像一块石头,对于弱者来说是绊脚石,让你望而却步;而对于强者来说却是垫脚石,使你站得更高。"要想成为生活的强者、智者,就应该有大无畏的英雄气概,勇敢地面对挫折,正视挫折。要认识到"失败乃成功之母",学会用挫折来激发意志,遇到挫折不灰心、不气馁、不急躁,促使自己改进方法,提高能力,争取成功。

(二)培养乐观的态度

乐观是一种积极的心态。乐观就是在任何环境条件下,都能保持良好的状态,相信"阳光总在风雨后"。乐观开朗的心态不仅可以使自己保持心情愉悦,而且可以感染周围的其他人,传递正能量,使他们也感觉人生充满了和谐与活力。乐观的人不为环境所困,总能看到生命中那些美好、光明的一面。乐观者的生活中没有过不去的坎,他们是这样看待生活的:你改变不了环境,但你可以改变自己;你不能控制他人,但你可以掌控自己;你不能预知明天,但你可以把握当下;你不能处处顺利,但你可以事事尽心;你不能左右天气,但你可以调节心情;你不能选择容貌,但你可以展现笑容;你不能决定生命的长度,但你可以拓展生命的宽度。乐观的人永远对生活充满期待与热爱。

(三)善于调节自我抱负水平

自我抱负水平是指个人对未来可能达到的成功标准的心理需求,是指人们在从事某种实际活动之前,对自己所要达到目标规定的标准。

一般而言,自我抱负水平直接影响个人的学习和生活,一个抱负水平较高的人,往往对自己的要求也较高,因而其学习、工作的效率也就较高;一个抱负水平较低的人,对自己的要求也就较低,缺乏积极性、主动性,因而其学习、工作的效果也就较低。但是,个人的自我抱负水平必须建立在对自己的实际能力有正确认识的基础之上,如果一个人的自我抱负水平总是高于自己的实际能力,那就很难达到预期的目标,很容易遭受挫折。

如果在目标实施过程中,发现自己设定的目标不切实际,前进受阻,就要及时调整目标,以便继续前进。在确立自我抱负水平时,应注意把自己的目标与社会的客观环境条件、社会利益等因素综合加以考虑,准确定位,这样才能做出有助于自身,更有助于社会的成就来。

(四)学会调控、适当取舍

挫折是一种不良情绪体验。一个人在受到挫折后,若情绪过激,失去控制,就易产生心理失常,不仅会伤害自己,还会做一些危害他人或社会的事,于己于人都是不利的。因此,要善于调节自己的不良情绪,维持心理平衡:当喜则喜,喜而不狂;当悲则悲,悲而不伤。把握好"度",切不可过头。我们还要学会"拿得起,放得下""舍得舍得,有舍才有得"。这是一种智慧和境界。很多人原本也曾从容、淡定地生活着,可一旦被太多的诱惑和欲望牵扯,便烦恼丛生。有的时候,奋斗的目标定得过多、过高,会成为我们遭遇挫折的重要原因。这样会使我们深感心有余而力不足,使人迷失方向,走向绝境。聪明的办法是学会取舍,量力而行,不必事事争强好胜。"塞翁失马,焉知非福""失之东隅,收之桑榆",舍弃自己还不具备能力与条件去达到的目标,调整期望值,重新设定符合实际的目标。只有在明确了自己一生所求之后,去明智地取舍,学会放下,才能摆脱无谓的烦恼,更有信心和动力去取得成就,让生活更加精彩动人。

(五)有意识地体验挫折情境

使自己遭受一些磨难,或者说是"自寻烦恼""自找苦吃"。对自己进行意志力、耐受力的训练,培养对挫折的承受能力。当挫折真正来临时,内心已具备"抗体"。西方社会有一种专门为生活在优越环境下的青少年开设的"磨难教育",即创设一定的挫折情境,让青少年在克服艰难困苦中学会生存,锻炼意志和耐力,锻炼吃苦精神和合作精神,提高他们的挫折承受力。正如孟子曰:"故天将降大任于斯人也,必先苦其心志,劳其筋骨,饿其体肤,空乏其身,行拂乱其所为。所以动心忍性,增益其所不能。"

因此,面对挫折时,正确的认知和积极的心态是成功应对挫折的关键因素。正如美国前总统罗斯福所说:"我们无所畏惧,唯一畏惧的就是畏惧本身!"挫折并不可怕,可怕的是一个人失去了面对挫折的勇气。同学们,遇到挫折就勇敢地去挑战吧!

> 微课
> 挫折产生的心理过程

延伸阅读　提高挫折复原力

复原力是指个体在面对逆境、创伤、悲剧、威胁或其他重大压力和挫折时的良好适应过程,也就是对困难经历的反弹能力。它的基本特征有三点:接受并战胜现实的能力;在危机时刻寻找生活真谛的能力;随机应变想出解决问题的能力。

美国临床心理学家布鲁克斯(Brooks)与戈尔兹坦(Gold stein)博士在《挫折复原力》一书中提出了挫折复原力的十个要素:

1. 改变生活,更改负面脚本;
2. 选择抗压,而不是被压力击垮;
3. 用别人的观点观察生活;
4. 有效沟通;
5. 有效处理错误;
6. 接纳自己和他人;
7. 贴近他人及发挥怜悯心;
8. 培养特长,欣然面对成功;
9. 训练自律及自制力;
10. 维持心智坚韧的生活形态。

[资料来源:董晓颖.提升心理复原力,做生命的发光者——提升中学生心理复原力的系列心理辅导课程实践探索[J].中小学心理健康教育,2021(4).]

思考与训练

1. 回想自己经历的最大挫折是什么?自己是如何应对的?
2. 思考一下"挫折"和"挫败"的区别。

第八章 珍爱生命 战胜挫折

第三节 勇敢做自己

学习目标

1. 了解心理危机的含义、分类,掌握应对方法。
2. 掌握自杀危机的识别与干预方法。
3. 树立积极的生命观,端正对生命的态度。

课堂互动 不能承受的生命之轻

大三女生丽丽因为割腕自杀被送进了医院。她怎么也想不明白,从大一开始就和她相恋了三年,她用整个身心去爱的人却突然对她说不爱她了,他爱上了另一个志趣相投的女生。她觉得被欺骗、被抛弃了,她的心碎了。她不知如何面对同学,因为他俩曾是同学公认的最幸福的情侣,如今一切都不存在了,她还有什么脸面活在这个世上?与其忍受痛苦的折磨和同学们的嘲笑,不如死了算了,死了就可以解脱了。她拿起准备好的水果刀朝着自己的手腕狠狠地划去……幸亏舍友及时发现,送医抢救。可她依然还是想不开,没有了爱,活着还有什么意思?

思考与讨论

丽丽的认知有什么问题?死了就可以解决一切?如果这事发生在你身边,你会怎么做?

一、心理危机与应对

(一)心理危机的含义

心理危机是指个体在面临突然或重大生活事件时,认为凭借自身能力和资源无法解决问题而产生的一种心理严重失衡。造成心理危机的事件通常是当事人不能实现或没有预想到的,具有极大的意外性,因而极易造成强烈的心理冲突,甚至产生极端的应激反应。心理危机具有以下特征:

1. 躯体明显不适。比如睡眠紊乱、头晕脑痛、四肢无力、食欲减退、肠胃不适等。
2. 情绪反应不良。比如焦虑、紧张、麻木,内心往往伴随着恐惧、愤怒、羞愧等。
3. 认知能力下降。比如注意力不集中,反应迟钝,记忆力下降等。
4. 日常行为改变。比如原有的兴趣丧失、习惯改变、人际交往退缩等。

(二)心理危机的分类

1. 境遇性心理危机

即境遇突变引发的心理危机。它是指当出现罕见或超常事件,并且大学生个人无法预测和控制时出现的心理危机。交通意外、自然灾害、被绑架、被强奸、突发的疾病和死亡都可以导致境遇性心理危机。这种危机持续时间短,但变化剧烈,事发突然,给当事人带来极大的震动,从而引发剧烈的心理反应,如果处理不当,容易产生严重后果。

2. 存在性心理危机

即存在的困惑引发的心理危机。它是指对于重要的人生问题思考不明或探寻不清而出现的内部冲突和焦虑。对精神世界有更多需求的大学生经常会思考一些关于人生的存在性问题,如人生的价值、生命的本质、自由、死亡等,但由于认知水平有限,有些人会陷入迷惘之中,这种存在性困惑往往会导致心理危机。存在性心理危机不易觉察,持续时间长,内心痛苦大,极易出现极端事件。

3. 发展性心理危机

即发展的忧虑引发的心理危机。它是指大学生在追求个人发展的过程中,个人的成长、发展期望与现实存在冲突而导致的心理危机,如学习压力、现实目标、就业压力等。发展性危机表现不剧烈,进程缓慢,持续时间长。例如,大学生刚步入校园,充满期望和理想,在经过一段时间的心理冲突后,会由好学上进变成厌学消沉。但是发展性心理危机一旦成功化解,将有助于大学生朝着更加成熟的方向发展。

(三)心理危机的应对

1. 培养积极的认知

认知对于人在应对危机事件中起着非常重要的作用。维克多·弗兰克尔在《追寻生命的意义》一书中描述了他在奥斯维辛集中营看到的三类人:一类人会主动寻死,一类人会主动求生,还有一类人被动地生存。这三类人面临同样的环境:残酷、冷漠、随时都有生命危险。他们一直处于危机之中,但他们的反应却不一样。消极认知:我做什么都没有用,在这里太痛苦了,还不如一死了之;积极认知:我要努力活下去,就算环境再恶劣,我也要坚持下去,这种日子总会结束的。

因此,加强大学生心理健康教育,通过课程、讲座、网络等宣传心理健康知识,引导学生正确认识心理危机,提高学生心理免疫力和危机干预意识,从而积极应对心理危机已成为必要。

2. 建立良好的应对方式

危机来临时,通常情况下人的应对方式主要有以下三种:

(1)解决问题—求助,成熟型。这类人在面对危机时,常能采取"解决问题"和"求助"等应对方式,在生活中表现出一种成熟稳定的人格特征和行为方式。求助并非是弱者的行为,成功人士往往更懂得寻求帮助,而不是事必躬亲。要认识到每个人都有自己的局限,也都有所长,学会取他人之长补自己之短是明智的选择。

(2)退避—自责,不成熟型。这类人在生活中常以"退避"、"自责"和"幻想"等方式应对困难和挫折,表现出一种退缩的人格特点,其情绪和行为缺乏稳定性。

(3)矛盾—合理化,混合型。这类人介于成熟型与不成熟型两者之间,在应对危机上表现出一种矛盾的心态和两面性的人格特点。

3. 构建有效的危机干预支持系统

预防心理危机的最有效手段就是进行早期的心理危机干预与治疗。目前,各高校普遍建立了大学生心理健康监测"四级网络"服务模式,即学校(学生处、校心理健康中心、校医院等)—院、系(学生工作组、辅导员等)—班级(心理委员)—宿舍(心理气象员)的模式。每一级网络都由专人负责,定期向上级报告,一旦发现问题立即采取措施。

当发现有大学生处于心理危机状态时,应及时采取以下措施:

(1)及时与辅导员、宿舍管理员、心理健康中心老师联系。

(2)不要让其独处,与其保持连续接触。

(3)对其表现出非常关心和深切同情。

(4)设法将其周围可能对其造成伤害的器具移除。

当意识到自己处于心理危机状态又无法进行有效的自我调节时,方法同上,应及时寻求帮助。

拓展训练　当心理危机发生后

危机事件发生后,那些身处危机中的大学生在承受怎样的一切?如何做好心理防护呢?

危机事件发生后,如果你出现以下反应:

1. 对事件的发生感到震惊、慌乱、手足无措、麻木、困惑;
2. 对事件的发生感到忧郁、难过,有愧疚感;
3. 过度担心受害学生的境况;
4. 怀疑和否定自己所做的一切;
5. 心力交瘁、筋疲力尽,感到对生活无望,情绪暴躁易怒;
6. 休息与睡眠不足,身心极度疲劳;
7. 感到自己被忽略,自己的付出没有得到他人的回报;
8. 想要获得帮助,却又对接受帮助觉得尴尬、难堪。

你能为自己做些什么:

1. 接受自己的感觉并将这些感觉与经验说给其他人听。
2. 多留意自己的身心状况,适时让自己休息。
3. 多给自己鼓励、打气、加油,尽量避免否定自己的救援行动。
4. 接受他人诚心提供的帮助与支持。
5. 肯定自己有内疚感、悲伤、忧郁等心理反应都是正常的。
6. 可以与其他同学讨论,相互支持、鼓励。

[资料来源:灾后心理调适指南[J].乡镇论坛,2008(16).]

二、自杀的识别与干预

(一)了解自杀危机

心理学对自杀的定义是,自杀是一种自我毁灭的行为,个体将自杀看作唯一能够解决

> 微课
> 自杀的心理过程及自杀征兆

问题的方法。

自杀大致可以分为理智型自杀和情绪型自杀。理智型自杀是指在有理智、有计划的情况下进行的自杀行为,往往酝酿自杀的周期较长,此类自杀不易防范和干预。情绪型自杀也叫冲动型自杀,这类自杀往往有明显的刺激性因素,自杀意念形成的时间短暂而强烈,异常行为表现突出,可以进行自杀干预。大学生的自杀行为大多属于这种类型。

大学生自杀的动机很多,比如通过自杀逃避现实、逃避惩罚、通过自杀所产生的严重后果对冲突或嫉恨对象进行报复,让对方生活在痛苦之中;在矛盾冲突中,通过自杀来惩罚或警告对方,使对方自责、后悔甚至承担法律责任,以达到控制他人、达到自己行为的目的。

通过调查,当前大学生自杀的原因主要有以下三种:首先是精神病因素,尤其是患有抑郁症、精神分裂症等精神疾病的大学生自杀行为出现的概率较高;其次是一些过重的压力也会造成大学生的自杀冲动,大学生正处于人生的重要成长时期,面临着学习压力、身体疾病压力、恋爱压力、人际压力、就业压力、经济压力、家庭压力等,一旦压力过大,而大学生自身又无法疏导和缓解,就容易造成无法挽回的遗憾;最后是一些深层原因,比如个性缺陷、心理脆弱、情感冲动、表面上自我掩饰而内心冲突强烈的矛盾等。

拓展阅读　　十类易发自杀危机的学生

1. 遭遇突发事件而出现心理或行为异常的学生;
2. 学习压力过大、学习困难而出现心理异常的学生;
3. 个人感情受挫后出现心理或行为异常的学生;
4. 人际关系失调后出现心理或行为异常的学生;
5. 性格过于内向、孤僻、缺乏支持的学生;
6. 严重环境适应不良导致心理或行为异常的学生;
7. 家境贫困、经济负担重、深感自卑的学生;
8. 身体出现严重疾病,个人很痛苦,治疗周期长的学生;
9. 患有严重心理疾病的学生;
10. 正在服用精神类药物控制病情以及曾因患有心理疾病休学,病情好转又复学的学生。

(资料来源:张红霞.大学生自杀危机识别与干预研究[J].校园心理,2013.)

(二)自杀危机的识别

大部分自杀者在自杀前都有一些预兆,主要集中表现在认知、情绪和行动方面。如一直传递活着没什么意义的想法;流露出无助、无望的情感;向与自己关系亲近的人表达想死的念头;性格、情绪、行为明显反常;陷入抑郁状态;回避与他人接触等行为都可能是征兆。多数自杀者曾明确发出想结束自己生命的警告,自杀行为或多或少存在一些线索。下面列出一些自杀前的征兆。

1. 表示要自杀,如直接说出"我希望我已死去""我再也不想活了"等语言;间接说出

"我所有的问题马上就要结束了""现在没人能帮得了我""没有我,别人会生活得更好""我再也受不了了""我的生活一点儿意义也没有"等话语。

2. 有自杀未遂的经历。

3. 有条理地安排后事,将自己珍贵的东西送人。

4. 收集与自杀方式有关的资料并与人探讨。

5. 流露出绝望、无助、愤怒、无价值感等。

6. 将死亡或抑郁作为谈话、写作、阅读艺术作品的主题。

7. 谈论自己家现有的自杀工具。

8. 使用或增量使用成瘾物质。

9. 出现自伤行为。

10. 最近有朋友或家人死亡或自杀,或有其他丧失(如由于父母离婚而失去父亲或母亲)。

11. 突然的性格改变,反常的中断,具有攻击性或闷闷不乐,或者突然从事高危险性的活动。

12. 学习成绩突然显著恶化或好转,慢性逃避、拖拖拉拉或者离校出走。

13. 躯体症状,如进食障碍、失眠或睡眠过多、慢性头痛或胃痛、月经不规律、无动于衷。

(三)自杀危机的预防干预

自杀作为一种社会公共卫生问题,是可以预防的,具体取决于个体请求帮助及获得帮助的能力以及自杀者周围的人识别其自杀性表达的能力及重视程度。

每个人的人生际遇不尽相同,出现自杀危机的学生往往会将内心深处的冲动隐藏起来,所以我们要尽早发现与识别这类学生。首先,可以定期对大学生开展心理健康测评,建立学生心理档案,开展危机重点人群排查工作,建立快速反应通道,对有危机的学生做到及时发现、及时干预,唤起最接近人群的注意,定期对教职员工和学生进行心理健康和安全防范方面的教育及培训,普及有关自杀预防和相关症状的基本常识,教导他们如何辨别这类有潜在危险的学生,以及如何进行汇报或转介,提高大家对这一问题的认识和警惕性,以便及时发现和报告问题。

其次,我们还要进行心理鉴别,监控容易出现心理危机的高危人群。一旦发现有自杀意念的学生应立即将其转移到安全的环境,并成立监护小组,实行 24 小时全程监护,确保学生人身安全,并通知学生家长到校共同采取干预措施。需要注意的是,在此过程中不要给被监控的学生造成心理上的伤害,更重要的是要对这类学生给予更多的关注,让其感受到人与人之间的关怀和温暖。

当我们发现这类学生时,我们要做到及时干预,及时汇报,慎重对待,恰当评估,及时寻求专业心理咨询,同时通知家长,双方通力合作,说服家长和学生接受专业支持,并做好相关记录,在政策上给予支持。

如果我们无法成功干预这类学生时,一定要请相关部门或专家进行心理评估。对有严重心理障碍或心理疾病的学生应该转介到精神卫生机构,以便及时采取心理治疗或住院治疗等措施,对有自杀意念的学生、已经实施了自杀行动但没有完成或已经完成自杀的学生,应立即送到专门机构进行救治。

最后,要及时做好善后工作,及时传递信息,不企图隐瞒,警惕其他同学的模仿行为,并对相关者进行心理咨询和哀伤辅导,积极进行后续追踪,给学生予以鼓励和支持。

拓展阅读　　如何帮助有自杀企图的同学

当你的同学出现一些自杀征兆时,我们要冷静,不要惊慌失措,要按照以下原则想办法帮助他,并鼓励他主动寻求帮助。

1. 表达你的关心,询问他目前面临的困难给他带来的影响。
2. 保持冷静,多倾听,少说话,让他谈出自己内心的感受。
3. 要有耐心,不要因他不能很容易地与你交谈就轻言放弃,允许谈话中出现沉默,有时候重要的信息就在沉默之后。
4. 要接纳他,不对其做任何道德或价值上的评判。
5. 他可能会拒绝你提供的帮助,有心理危机的人有时会否认他面临的难以处理的问题,不要认为他的拒绝是针对你本人。
6. 不要试图说服他改变自己的想法。
7. 不要给出劝告,也不要认为有责任找出解决办法,尽力想象自己处在他的位置时是何感受。
8. 表明你也会有同样的感受,说出你的感受,让他知道并非只有自己有这样的感受。
9. 不要担心他会出现强烈的情感反应,情感爆发比如哭泣,有益于他的情感得到释放。
10. 大胆询问其是否有自杀的想法。"你是否有过很痛苦的时候,以致令你有结束自己生命的想法?""有时候一个人经历非常困难的事情时,他会有结束生命的想法。你有那样的感觉吗?""你的谈话让我有一种疑惑,不知道你是否有自杀的想法。"询问一个人有无自杀念头不但不会导致他自杀,反而可能会挽救他的生命,但不要这样问"你没有自杀的想法,是吧?"
11. 相信他所说的话以及所表露出的任何想自杀的迹象。
12. 不要答应对他的自杀想法保密。
13. 让他相信别人是可以给予他帮助的,鼓励他再次与你讨论相关的问题,并且要让他知道你愿意继续帮助他。
14. 鼓励他与其他值得信赖的人谈心,寻求他人的帮助、支持。
15. 给予他希望,让他知道面临的困境能够有所改变。
16. 要尽量取得他人的帮助以便与你共同承担帮助他的责任。
17. 如果你认为他需要专业的帮助,请提供信息。如果他对寻求专业帮助恐惧或担忧,应花时间倾听他的担心,告诉他一般遇到这种情况的人都需要专业帮助,而且你向他介绍专业帮助并不表示你不关心他。

18. 如果你认为他即刻自杀的危险很高,要即时采取措施,如不要让他独处,去除可自杀的危险物品或将他转移至安全的地方,陪他去精神心理卫生机构寻求专业人员的帮助。

19. 如果自杀行为已经发生,立即将其送往附近的急诊室抢救。

(资料来源:连榕,张本钰.大学生心理健康[M].2版.北京:北京师范大学出版社,2016.)

三、珍爱生命,拥抱未来

(一)端正对生命的态度

黑格尔说:"生命是无价之宝。"对于每个人来说,生命只有一次,在无限的时空中,再也不会有同样的机会,一旦失去了生命,没有人能够活第二次。生命是脆弱的,也是顽强的;生命是短暂的,也是永恒的。同样的生命,却有不一样的精彩,活出不一样的人生。盲目地生与盲目地死,注定都是奴隶,只有当我们真正认识生命的价值和意义时,才能从根本上把握成功。生命本没有高低贵贱之分,但生命的意义却有大小之分。生命意义的大小,就在不同的人生态度与选择中体现出来。雷锋同志说:"人的生命是有限的,可是为人民服务是无限的。我要把有限的生命投入到无限的为人民服务中去。"因此,我们不仅要善待生命、珍爱生命,更要在人生不断地拼搏与追求中磨砺生命、超越生命。

(二)勇于承担生命的责任

《钢铁是怎样炼成的》一书的作者奥斯特洛夫斯基说:"人生最宝贵的是生命,生命属于人只有一次。一个人的生命应该这样度过:当他回忆往事的时候,他不因虚度年华而悔恨,也不因碌碌无为而羞愧。这样,在临死的时候,能够说,我的整个生命和全部精力,都已献给世界上最壮丽的事业——为人类的解放而斗争。"生命承载着许多责任,如与生俱来的或后天萌发的对国家社会的责任、对父母家人的责任、维护个体生命尊严的责任等。承担和履行责任的过程其实是探索和实现生命价值的过程。青年兴则国兴,青年强则国强。青年一代有理想、有本领、有担当,国家就有前途,民族就有希望。作为广大青年中的佼佼者,大学生更要把个人理想与国家发展、人民需要有机结合起来,自觉把国家理想、人民意志、时代要求内化为个人成长、成才的目标,勇于肩负起历史使命和责任担当,让青春在为祖国、为民族、为人民、为人类的不懈奋斗中绽放绚丽之花。

(三)在磨砺中超越自我

"有的人活着,但他已经死了;有的人死了,但他依然活着。"存在不是生命唯一和主要的目的,超越才是生命的本质所在。你不能决定生命的长度,但可以拓展生命的宽度。"宝剑锋从磨砺出,梅花香自苦寒来。"生命就是在不断地拼搏与追求的磨砺中升华为一种勇往直前、百折不挠、坚持到底的精神。而这种精神使生命增能、增势、增值、增彩,增强生命能量,拓宽生命影响力,提高生命的意义,并超越生命个体本身,永垂不朽。

拓展阅读　十种珍惜生命的态度

1. 为爱而生。爱,能使世界转得更圆;爱,能创造奇迹。能够看见他人的好,就会提升自己的好;能够说出他人的好,就会使对方与自己要更好。爱是一切的原动力。

2. 做自己的心灵捕手。优先考虑实现自己的生命价值,给自己勇气、信心,想念自己,做自己,宽恕自己,对自己负责,善用感觉,热情行动,活出真正的自己。

3. 别为小事抓狂。你为什么生气?堵车、别人买票插队、同事争执、服务生态度恶劣……生气之前,思考哪些才是真正值得生气的情况,将怒气转向值得生气的事情上,并且想想自己可以为这些情况做什么。

4. 找寻老友。爱情常来来去去,朋友总是越"陈"越香。曾经同甘共苦的朋友是值得珍视的礼物,花点儿时间列出老朋友清单,拨个电话聊聊或访友,寻回那曾有的感动与契合。

5. 说"谢谢你"。一日平安,一日感谢。培养强烈的感恩心,每天至少谢谢一个人,告诉他们你喜欢、仰慕或欣赏他们的地方。

6. 活到老学到老。学习不一定只在学生时代,学习是更好生活的开始。无论是选一门不算学分的课程,还是向朋友学习某些爱好或兴趣,甚至边乘车边阅读随身携带的书籍,试着从不同方向找出兴趣,生命的境界会更开阔。

7. 奉献给予。奉献能让你拥有极大的快乐。助人渡过难关的方式有很多,可给予食物、衣物、工作、金钱、时间,你可以由简单的方式开始,仔细考虑哪些是真正需要你帮助的人,把有限的精力放在最需要帮助的人身上,最能产生无限的功效。

8. 活出健康的人生。分析自己的饮食习惯,找出需要改进的地方,让营养更均衡。每周至少运动三次并持之以恒,至少参加一次恢复精力的课程(瑜伽或太极等),使自己身心健康,精力充沛。

9. 分享。不论是分享阅读心得还是生活偶得,让闲聊变成丰富彼此生命的一件事。感受每个人不同的经验,赋予生命全新的刺激与成长,世界将变得更美好。

10. 让快乐贴身相随。快乐的人会微笑或哼唱,甚至吹口哨。有快乐的想法,你就会"飞"起来。专注地想快乐的事,让自己产生向上飞跃的力量。日积月累,快乐就会变成一种习惯。

[资料来源:《北京纪事(纪实文摘)》,2007(4).]

思考与训练

1. 如果你的好朋友有了自杀的念头,你应该如何劝导他?
2. 作为大学生,如何追求生命的意义?

第九章

绿色网络　阳光心情

在科技快速发展的今天,互联网深刻地影响着社会各个领域。上网已成为大学生获取知识、查询信息、交流情感、休闲娱乐的重要途径,也成为他们学习、工作、生活中不可或缺的重要组成部分。然而,不少大学生在网络上表现出了在现实中难以察觉的心理问题,甚至出现了网络心理障碍。网络是把"双刃剑",作为互联网的"弄潮儿",大学生应"心"有方向,明察秋毫,扬长避短,合理有效地利用网络,正确驾驭网络。

第一节　网络是把双刃剑

学习目标

1. 了解大学生上网的特点、心理特征。
2. 了解互联网对大学生的影响。

课堂互动　e网情深

陈阳(化名),某高校计算机网络专业大一学生,为方便学习,一入学家里就给他买了电脑。一开始,陈阳的学习生活还是中规中矩的,但他发现,大学生活与"高压"的高中生活完全不同,课业相对轻松,加上没有家长和老师的管束,他渐渐地迷恋上了网络游戏。近三个月,他除了吃饭、睡觉就是上网,上网占据了他的整个思想和行为,无心学习,现在更是天天逃课。陈阳高中时成绩优秀,现在却一落千丈,他也常为此懊恼不已,但却陷入网络难以自拔。

思考与讨论

你经常上网吗?你上网的时间主要用在哪些方面?请谈谈网络给你带来的影响。

21世纪是网络信息发达的时代,网络已成为人与人之间沟通的桥梁和了解外界的重要途径,并成为人们生活中不可或缺的重要部分。中国互联网信息中心(CNNIC)发布的第49次《中国互联网络发展状况统计报告》显示,截至2021年12月,我国网民规模为10.32亿,互联网普及率达73.0%。手机网民规模为9.32亿,网民中使用手机上网的占比为99.7%,手机仍是上网的最主要设备;网民中使用台式电脑、笔记本电脑、电视和平板电脑上网的占比分别为35.0%、33.0%、28.1%和27.4%。在我国网民群体中,20~29岁、30~39岁网民占比分别为17.3%、19.9%,高于其他年龄段群体。数据统计,我国人均每周上网时长已达28.5小时,较2020年12月提升2.3个小时。数据分析,网络使用在即时通信等应用上的规模最大,即时通信、网络视频、短视频用户使用率分别为97.5%、94.5%和90.5%,用户规模达10.07亿、9.75亿和9.34亿。

由此可见,网络作为继广播、报刊、电视之后的"第四"媒体,深刻影响着人们生活的各个方面。作为引领潮流的大学生,更是无"网"而不胜。但就像任何新技术的运用一样,在给我们带来有效便利的同时,也会给人们带来伦理道德上的困惑。网络不是洪水猛兽,但它却是一把"双刃剑",一方面,它带给大学生丰富的信息,便于大学生开阔视野,增长知识,学习借鉴,娱乐放松;另一方面,网络中带有不良信息,如暴力、黄、赌、毒和伪信息等,若使用者认知不科学、使用不当、自制力不足或过度沉迷网络,就容易出现网络成瘾等心理障碍,影响正常的学习、工作和生活,甚至发生违法犯罪行为,给自己和他人带来危害。因此,科学看待并正确使用网络,培养健康网络心理是大学生在大学生涯中的重要一课。

一、互联网的特点

(一)全球性

互联网的传播范围远远大于广播、报刊、电视等传统媒体,是全球性的。信息流动是自由、无限制的。互联网使庞大的地球成为"地球村",它突破了各民族、国家、地区的"疆界",真正实现了全球范围内人类平等的交往。

(二)互动性

网络媒体传播是媒体与受众、受众之间的多向性、互动性传播。互动性又称交互性,包含一对一、一对多、多对一、多对多的传播特点,体现了大众传播和人际传播相结合的传播特点,是网络媒体的特性和优势。

(三)海量性

互联网上各类网站和网络媒体每天都在上传原创的信息,比如,新闻、文章、评论、音乐、视频等。而互联网又有强大的检索功能及易复制、易存储等特点,使网上查找信息变得十分便捷。读者可以通过下载、收藏、打印网页等方式复制、存储所需资料。

(四)开放性

互联网的本质是计算机之间的互联互通、信息共享。计算机之间互联互通的程度越充分,共享信息越多,开放性就越高,就越能体现互联网的作用。

（五）虚拟性

所谓虚拟性，是指互联网世界的存在形态是无形的，它以图像、声音、信息等电子文本作为自己的存在形式。在网络世界中，人们可以用匿名或虚拟身份出现。

（六）即时性

即时性是网络信息传播时效性强的形象表述，即方便、快捷。

二、大学生上网的特点

（一）普遍性

大学校园为大学生提供了便捷的网络资源，许多学校都实现了网络全覆盖。大学生可以通过手机、电脑随时与各界互联互通。但这也减少了人与人之间面对面的沟通与交流。

（二）开放性

网络本身的开放性、海量性、即时性等特点为大学生提供了一个广阔的学习空间，网络就像是一部大百科全书式的资源海洋，面向人们开放，这有助于大学生开阔视野，增长见识。但网络中带有的虚假、暴力、黄、赌、毒等不良信息，会影响大学生的身心健康。

（三）多样性

随着网络技术的发展，大学生不仅上网工具多样化，而且网络功能也多样化，网上内容丰富多彩，涉及生活的各个领域，大学生上网不仅可以获取资讯，还可以购物、交友、娱乐，网络丰富了大学生活，带来了新鲜体验，但也容易"玩物丧志"。

（四）频繁性

由于网络的便捷，加上大学的学习不如高中时那么紧张，大学生有了许多可以自主安排的时间，为大学生频繁使用网络提供了可能。网络世界的丰富多彩对大学生有着强烈的吸引力，网络已成为大学生活的必需品，但要注意避免沉迷其中。

（五）隐蔽性

网络是个虚拟的世界，在这自由的世界里可以隐去真实身份，尤其是一些难以启齿的话题可以在网络上隐去身份与他人充分交流来获取答案。也可以修饰自己的身份，美化自己的形象，尽情宣泄自己的情绪，在虚拟世界中满足自己在现实生活中无法满足的需求和虚荣心，具有很强的隐蔽性。但网络世界并非法外之地，你在网络上的一言一行都会留下痕迹，所以，要为自己的网络言行负责。

（六）娱乐性

网络不仅为大学生提供涉及各个领域的丰富的知识，还提供娱乐与休闲功能。据调查，大学生上网用于聊天、追剧、听音乐、购物等娱乐时间多于学习的时间。

延伸阅读　　大学生上网的主要需求

徐科技在《大学生网络行为分析与思想政治教育对策研究》中的调查显示，上网交友、购物、获取信息（查资料）、网络视频与游戏排在大学生上网需求的前列。

一、网络交友，扩大朋友圈

大学生网络交友的主要社交软件有微信、QQ聊天、邮箱、交友APP等。沉浸在社交软件中的同学渴望通过网络的聊天获得心理的满足。在无门坎准入的大背景下，网络空间没有歧视，人人自由而平等。在这样的环境下，网络给大学生提供了展示自我个性、才艺的平台。在这样的平台上，大学生可以没有任何包袱地展示自我，可以跨越鸿沟释放自我，毫无顾虑地做自己。借助网络这个工具，可以实现跨地域建立新的人际关系。在隐蔽的环境下广交朋友。

网络交友的方式给大学生们提供了舒适的交友距离，使用网络工具交友，可以毫无顾虑地沟通，又可以选择性地保护自我的隐私。这样既可以解决现实生活中各种沟通的障碍，又可以顺畅表达现实生活中难以表达的想法。现代大学生选择网络交友的原因：第一，进入到大学生活后，部分同学开始独立生活，远离家庭的关心和呵护，有了更多属于自己的个人空间。第二，在现实生活中，大学生的社交面相对比较狭窄，有的同学因为性格、样貌等客观原因，缺少交友的机会。因此，他们更倾向选择网络交友，期望通过网络聊天，能找到志趣相投的对象。他们通过日常的聊天来自由发表言论，宣泄现实生活中的压力、情绪，在网络聊天中得到安慰和支持。

微课　网络恋爱"见光死"？

二、获取信息，方便快捷

现代年轻人追求的是高效率、刺激性强的心理，恰好网络信息的传播符合这一需求，符合他们猎奇的心理特点。网络能够快速地提供海量的信息。大学生因学习需要，需要获得大量资讯促进自我更好地完善学业，获取知识的同时要求大家提高学习效率，但传统的媒介无法满足日新月异的发展，网络的出现和使用大大满足了大学生们的学习需求。实现了"知识即在指尖"，真正的实现了"世界尽在眼底"。

网络的世界千变万化，信息体量巨大，包罗万象，几乎囊括了我们的生活学习的所有部分。上知天文，下知地理，所有你想要的材料在网络上都可以搜寻到答案，并且以不同的表现形式展示在我们的面前。开放和丰富的信息符合新时代人们对信息的渴望与需求，但海量的网络信息给大家带来方便快捷的同时，也带来了一些问题，不少大学生不经分辨、不假思索就拿来使用，导致网络侵权、网络诈骗层出不穷，网络暴力、黄、赌、毒等不良信息也无不侵蚀着青年大学生的身心健康。

三、网络视频、游戏，充满吸引力

在网络世界里，大学生是一个自由活动的群体，而虚构的网络空间能够给人带来新鲜的刺激和无限的乐趣。网络视频、游戏通过精致梦幻的画面、震撼的音效，新奇、紧张、刺激的体验，吸引着青年大学生。在虚拟的世界里，个体可以扮演一些在现实中不能扮演的角色，满足自我虚荣心和自我表现欲望，放飞自我，张扬个性，找寻自己的归属感、认同感、成就感。

对于青年大学生来说,网络无疑是一个充满刺激和新鲜的平台,相较于传统枯燥的学习和受到约束的高校生活,网络的吸引力更大。大学生的课余时间大多被网络交友、网络购物、网络视频、游戏等休闲娱乐项目所包围,应引起高度关注和重视。

[资料来源:徐科技.大学生网络行为分析与思想政治教育对策研究[J].广西教育·C版,2016(10).]

三、大学生上网的心理特征

(一)求知心理

由于网络涉及的知识领域广阔,网络搜索资讯便捷,许多大学生将网络作为学习的主要辅助工具,在网络上搜索自己需要的信息,提高学习效率。同时,大学生活逐渐培养学生的自主能力,在遇到新问题时,大学生也常常借助网络获取解决问题的有效方法和途径。

(二)猎奇心理

大学生处于好奇心比较重的阶段。网络世界的丰富与精彩,以及搜索快、内容新、覆盖面广等特点都能满足他们的好奇心。尤其是参与激烈的游戏搏杀,容易激起他们青春年少的激情,把大学生潜意识里的那种好胜、好战之心淋漓尽致地调动起来。

(三)寄托心理

进入大学后,不少同学发现环境变了,学习、生活方式也变了,一时无所适从。大学生普遍希望被理解、被关注、被认可,但在现实生活中,由于缺乏交往技巧和历练,理想自我与现实自我之间容易产生矛盾。这种状况令许多大学生无法面对和难以接受,而感到孤独无助,因此容易寄托于网络,逃避现实或弥补在现实中遇到的挫折,寻找心灵的慰藉。

(四)宣泄心理

大学生有自己的喜怒哀乐,经济困难、学业压力、人际关系、情感问题等,都影响着他们的情绪。但由于阅历不足,他们往往不善于处理这些困惑和烦恼,又不会主动寻求帮助,只能借助网络虚拟空间进行各种宣泄,如发帖、卖萌、搞怪等,来释放内心的压力和情绪。

(五)成瘾心理

不少大学生喜欢在网上享受无拘无束的闲暇时光,但由于自制力弱,无法收放自如而控制不住自己,加上网络世界无所不有,特别是网络游戏魅力无穷,对大学生有着强大的、不可抗拒的吸引力,使他们容易对网络形成依赖,在虚拟的网络空间寻求新鲜与刺激,逐渐成瘾。

四、互联网对大学生的影响

网络是把"双刃剑"。网络中的各种信息,有益或有害,对大学生既存在着积极影响,又存在着消极影响。

(一)积极的影响

1. 开拓知识视野

网络的普及与发展,使大学生能够从网络上获得任何信息和知识。他们可以通过网络了解校园文化、社会热点、国家大事、国际风云,了解政治、经济、文化、军事、体育、科学等方面的发展进程和历史变革,进行休闲娱乐、情感交流、学术讨论等活动,得到各方面知识的陶冶和历练。

2. 调动求知欲望

网络内容丰富多彩,传输形式多样化,有文字、图片、视频、动漫、音乐等,这种生动活泼、形式多样、内容丰富的知识组合,有助于调动大学生的学习兴趣,加上网络技术本身的不断改进和更新,引发了创造性极强的大学生群体的好奇心,也给他们带来了极大的创造空间,如网页制作、动漫设计、游戏开发、数据编程等,激发了现代大学生无限的创造热情,为国家和社会发展带来生机与活力。

3. 促进人际互动

网络突出的特点是它的交互性。QQ、微信、微博和各类论坛为大学生交友提供了平台,更是为那些性格内向、不善于在公开场合发言的大学生提供了便利,使广大青年学子可以直抒心怀,发表自己的见解和看法,结交各种朋友,相互交流学习,共同进步。

4. 提供表现平台

网络的开放性为富有个性的大学生提供了展示自我的平台。只要你有意愿,就可以在网络空间尽情地展示自我,让全世界的人了解你。因此,大学生可以通过QQ空间、朋友圈、微博、网络直播等不断地表现自我,拓展个人空间。

(二)消极的影响

1. 扭曲世界观、人生观和价值观

网络平台资源丰富,但是平台上的虚假信息、精神垃圾层出不穷。大学生处于心理发育成长期,心理还在不成熟的阶段。这种简单、粗暴的不良网络文化容易对大学生产生不良的影响。在这种虚拟、虚假的环境中,极易出现个人不负责任、不守规矩、任意破坏、恶语相向的网络文化,这也会使大学生产生一些心理、感情、伦理道德等问题。还有某些有特定文化背景下的不法人员,借助虚拟平台,抱有特定目的,制造虚假言论,传播某些非法不实的言论误导或者中伤青年学生。还有部分网站为了增加点击率、牟取利益,通过传播色情、淫秽、暴力等信息不断刺激、吸引大学生点击浏览,导致部分学生沉溺其中、无法自拔。因此,荒废学业,影响生活,更严重者会走上犯罪的道理,悔恨终身。

2. 淡化人际关系

大部分沉溺于网络的学生都是因为在现实生活中容易遇到挫折又或者对现实生活、对自己易产生消极情绪,从而选择在虚拟的网络世界中寻求慰藉,满足自己的心理需求。

当他们在虚拟的网络世界中,感觉找到自我所需要的快乐和兴奋,他们就会很难从这样的环境中抽离出来。例如,对现实的不满,可以在网络游戏中得到发泄,有些游戏等级升级后,还会带着大批虚拟角色进行厮杀和决斗,这样不但能给使用者心理带来满足,也会通过不断的闯关、升级的关卡设置吸引大学生消费。这样虚拟的游戏环境,只会让大学生产生更多的依赖情绪,也因此产生了网络成瘾的症状。他们每天把自己的大部分时间都花费在网络游戏中,花费了大量的金钱和精力,也导致自己的学业荒废,影响自我的身心健康,有些网瘾严重的大学生甚至会患有心理疾病。

现实中的人际交往和人际沟通需要时间的投入。但是由于大学生对于网络的沉溺,长期处于人际封闭的环境中,在使用网络的过程中缺少与人交流、交往的机会,慢慢地,与人交往的欲望就会减退。人际交往的减少会导致一部分大学生出现脱离现实,一味地满足自我的精神欲望的情况。还有一部分大学生在现实的沟通过程中出现交流有障碍,人际关系淡漠,有意远离人群等情况,这样的不良发展是不利于学生的人际关系培养的。

3. 脱离校园生活

大学生的校园生活由学习和多彩多样的课后生活组成,大学生步入大学后所面临的学业压力不小于高中时期,没有一个稳定的情绪和健康的体魄是无法顺利完成大学学业的。一旦大学生沉溺于网络,就会利用一切机会把时间花费在网络聊天、网络购物、网络游戏、视频影音等休闲娱乐上。从这一点出发,他们就没有多余的精力投入到学习、校园活动和其他的业余爱好中,他们对现实中各项活动都提不起兴趣,认为这些活动对他们来说没有任何意义,只有网络虚拟世界可以让他们找到兴奋点。

延伸阅读　我国发布《中国青少年健康教育核心信息及释义(2018版)》

2018年9月25日,国家卫生健康委员会召开新闻发布会,介绍青少年健康相关工作情况,发布并解读《中国青少年健康教育核心信息及释义(2018版)》,将青少年心理问题和网络成瘾等行为作为当前我国青少年主要健康问题和影响因素之一,纳入我国青少年健康教育核心信息。释义建议:

掌握科学的应对方法,保持积极向上健康心理状态,积极参加文体活动和社会实践,有问题及时求助,可减少焦虑、抑郁等心理问题和网络成瘾等行为问题。

(一)青少年处于身心发展的特殊时期,容易出现一些心理行为问题,如应对方式问题、情绪问题、行为问题等,严重者还会产生心理疾病。

(二)青少年要正确认识心理问题,保持积极向上健康心理状态,热爱生活,珍爱生命。

1. 学会积极暗示,以乐观积极的心态对待困难。
2. 适当宣泄,有益于情绪舒缓。可以通过深呼吸或找朋友倾诉、写日记、画画、踢球等方式,将心中郁积的不良情绪如痛苦、委屈、愤怒等发泄出去。
3. 可通过转移注意,减少不良情绪对健康的损害。例如选择自己感兴趣的事情(读书、运动等),使心情慢慢好起来。

4.充分沟通,可利用面对面、书面或网络等形式开诚布公地说出自己的真实感受,以及对方带给自己的伤害等,使自己放下思想包袱,释放不良情绪。

5.寻求专业帮助,不讳疾忌医。可向亲人、朋友、老师寻求帮助,还可主动去做心理辅导(心理咨询与治疗),获得专业的支持与帮助。

(三)以积极的心态面对互联网,合理、安全使用网络,增强对互联网信息的辨别力,抵制网络成瘾。

1.网络成瘾是指在无成瘾物质作用下对互联网使用冲动的失控行为,表现为过度使用互联网后导致明显的学业、职业和社会功能的损伤。诊断网络成瘾障碍,持续时间是一个重要标准,一般情况下相关行为至少持续12个月才能确诊。

2.网络成瘾包括网络游戏成瘾、网络色情成瘾、信息收集成瘾、网络关系成瘾、网络赌博成瘾、网络购物成瘾等,其中网络游戏成瘾最为常见。

3.网络成瘾严重危害青少年身心健康,且对家庭和社会造成危害。

4.青少年要正确认识网络,正确认识和评价自己。树理想,立长志,把注意力放在学习上。当出现沉迷网络的念头时,反复暗示自己"我一定能行""我一定能戒除"的信念。当抵制住了网络诱惑时,进行自我鼓励,加强信念。还可将网络的危害和戒除网瘾的决心写下来,提醒自己转移对网络的注意力;可加入社团,积极参与自己感兴趣的活动,融入现实人际交往。

5.青少年使用互联网时注意保护个人信息安全和个人隐私,防范互联网使用不当引发的身心伤害。

(资料来源:《中国青少年健康教育核心信息及释义(2018版)》)

思考与训练

列举网络在你的学习、工作、生活中的影响,包括积极的方面和消极的方面,然后分析网络带给你的积极效应多,还是消极效应多,你该注意些什么?

第二节　警惕网络危害

学习目标

1.了解网络心理障碍的含义及主要类型。
2.了解网络成瘾综合征的表现及危害。
3.掌握网络心理障碍形成的原因及对策。

第九章 绿色网络 阳光心情

课堂互动　　勇敢地找回自己

小明,男,某高校大一学生,来自偏远小山村,父亲在一次车祸中受伤瘫痪在床,全家主要收入靠母亲的务农,家庭十分贫困。他从小成绩优异,如愿考上了大学。但上大学后,他发现自己与其他同学有太多的不同,如经济贫困、性格内向、普通话不标准等。这些都令他十分自卑,上课无法集中注意力,内心烦闷,不想见人。于是他选择通过网络游戏来逃避现实世界。他在网络世界中尽情宣泄心中的郁闷,想找回久违的自信,但事与愿违,他沉溺在网络世界中不愿回到现实。

辅导员联系到了他的家人。家人对他的现状感到十分震惊,坚强的母亲当即安排好亲戚照顾他的父亲,变卖家中一些值钱的东西,立即赶往学校。见到母亲,小明惭愧不已,哭倒在母亲怀里。贫困但坚强的母亲告诉孩子,自己要陪他上大学,帮助他摆脱网瘾。随后,母亲在学校附近租了一间民房,并在附近建筑工地做临时工,开始了陪读生涯。

刚开始,小明还是难以克制自己,不时地偷偷跑去上网。母亲知道后,没有责骂他,她说,网瘾就像犯了病一样,主要靠自己增强抵抗力。她鼓励小明用好山里孩子的坚忍品质,想想瘫痪在床的父亲,想想在烈日下绑钢筋的母亲,她用博大的母爱和心胸与小明不断地沟通。与此同时,她真诚地请求老师、同学一起帮助小明走出困境。在爱的感召下,小明渐渐从网瘾中走了出来,开始重新融入大学生活,渐渐找回自己,人生的船重新起航。

(资料来源:连榕,张本钰.大学生心理健康教育[M].2版.北京:北京师范大学出版社,2016.)

思考与讨论

你有网瘾吗?你知道什么是网络成瘾吗?如果有,你将如何战胜它?

一、网络心理障碍的含义

临床实践发现,大学生长时间在网上聊天或者玩游戏,沉浸在虚拟世界里难以回到现实生活中,容易产生各种心理障碍。

所谓网络心理障碍是指患者往往没有一定的理由而无节制地花大量时间和精力在网络上聊天、浏览、游戏等,以致损害身体健康,并导致行为异常、人格障碍、神经功能失调等状况,主要表现包括:情绪低落、无愉快感、兴趣丧失、失眠、生物钟紊乱、食欲下降、体重减轻、精力不足、精神运动性迟缓、易激惹、自我评价降低、能力下降、思维迟缓、有自杀意念和行为,社会活动减少、大量吸烟或饮酒和滥用药物,等等。

二、网络心理障碍的类型

大学生网络心理障碍主要表现为网络依恋、网络孤独、网络焦虑、网络自我迷失和网络成瘾综合征。网络成瘾综合征是网络心理障碍的综合反应,也是危害最大的一种。

(一)网络依恋

在虚拟的网络世界中,充斥着各种各样的信息,这样的信息让人流连忘返。大学生常见的网络依恋大致可以分为以下六类:

1. 网络色情依恋

迷恋网络上的色情聊天、色情文字、淫秽视频。

2. 网络交际依恋

利用网络聊天工具进行长时间的聊天、交友,甚至产生网络恋情。

3. 网络游戏依恋

网络游戏的剧情、画面、音效、交流方式等很适合青年大学生的"口味",容易唤起他们参与的欲望,使其长时间沉浸其中,无法自拔。

4. 网络浏览依恋

喜欢收集网络信息并将之传播,不去思考信息的真伪和价值。

5. 网络交易依恋

网络购物的便捷让不少大学生热衷于网上购物,从一切都从网上购买,发展到脱离购物本身的交易依恋。

6. 网络制作依恋

利用对各种网页和信息的加工制作,不断地追求网页设计和程序编制的完美性。

长时间地依恋于网络,不仅仅会给个人身心带来一定的损伤,影响正常的学习、工作、生活,严重时,个人社会功能也会受到影响。

(二)网络孤独

现在很多大学生都在现实社会中感觉到孤独,感觉到现实生活和他们想象的有很大的差距。他们觉得自己在现实生活中总是缺乏魅力,觉得自己有较强的孤独感,觉得生活的环境很压抑。因此,他们渴望通过网络来救赎自己的内心,改善自己在现实生活中人际关系不足的问题,或者想改善自我。但是,事实可以证明,大量的上网行为并不能消除这样的空虚、寂寞和孤独,有时候往往在花费大量的时间使用网络后,孤独和寂寞反到会有所增加。

探究其根本,就是沉迷于网络的使用者每天花费大量的时间用于网络游戏、网络聊天,并将自我沉浸在其中,频繁地与网友进行沟通,往往忽视了现实中的朋友、亲人。这样状况的形成大多数是由于对世界的不满,通常的表现为沉默寡言,情绪较为低落,想法较为负面,人际关系较差。

(三)网络焦虑

网络焦虑是指大学生过度的上网行为带来的担心、紧张、害怕、内疚等情绪体验。现实中,一些大学生明知不应该沉迷于网络世界,应该理性上网,却又无法管束自己而疯狂上网,但上网后又担心自己不理性的上网行为会带来负面影响,从而产生焦虑、紧张、懊恼等情绪。这种左右为难的内心冲突,如此重复。这种恶性循环产生的焦虑还可以泛化到其他方面,如网络上的人际交往、信息安全等方面的焦虑,严重者可能形成网络强迫症。

(四)网络自我迷失

在网络世界中,可以隐藏自己的真实身份,加上自身自律性不够,许多现实中社会的规范和道德在网络中就失去了原本的意义。同时,网络世界中充斥的暴力游戏、色情网站等不良信息,冲击着每个人的道德意识,在缺乏自我约束力的情况下,也容易引发网络空间中黑客、暴力、诈骗、诽谤等现象。不难发现,原本一个温文儒雅的人在网络中可能脏话连篇;沉默寡言的人可能在网络空间中侃侃而谈。总之,在网络世界的背后,可能隐藏着与现实生活截然相反的人格,这也让大学生经常游走在虚拟与现实的生活中,当这种情况频繁发生后,他们的内心也容易出现心理危机,导致网络行为失范。

三、网络成瘾综合征

网络成瘾综合征是一种比较严重的网络心理障碍,指上网者出现沉迷于网络,社会功能严重受损,身心健康受到伤害,不能正常学习和生活,出现各种反常行为和情绪问题,现实人际关系恶化,与周围的人交往困难的成瘾综合性行为,大多表现为角色上混淆自我、道德上失范自我、感情上迷失自我、心理上自我脆弱、交往上自我失落。

网络成瘾的人一开始表现为对网络的依赖,总是渴望上网,之后慢慢演变成个体躯体对网络的依赖,如果一段时间没有上网就会感到浑身难受、缺乏动力、身体憔悴、茫然无措,只有继续上网后,精神才能恢复。

(一)网络成瘾综合征的危害

1. 角色混乱

在网络世界中,每个人都可以用一种虚拟的身份扮演自己喜欢的样子,通过网络的使用,我们也可以抵达网络中的"世界各地",可以迅速地收集、查看世界各地的信息和资讯。在网络的大平台中,大学生们可以找到在现实生活中没有的自信,可以尽情地展示自我,也可以在内心中找到理想化的虚拟世界,找到对现实不满的发泄途径。因此,网络的世界也是很多"网迷"逃避现实的港湾。但是,这样对虚拟网络世界的使用,使虚拟自我和真实自我很难得到平衡,容易出现理想自我和现实自我的冲突,容易将网络中的规则带入现实生活,找不到现实生活中准确、真实的定位,表现出感情上的迷失、角色上的混淆,也会在网络角色的扮演上产生矛盾、出现障碍,导致他人对其扮演的角色产生质疑,从而产生焦虑、不安的情绪。

2. 交往失落

在网络世界中的人际交往,往往会突破现实社会的阶级、地位、职业等客观因素。在虚拟社会中,人们因为喜好而聚在一起,遵守同样的网络规则来发展人际关系。在网络中的人际交往,通常都是谈得就多说几句,不和就形同陌路,不会受到现实社会的影响。现实中的交友不仅需要彼此有共同的兴趣、爱好等,还需要投入彼此的时间和精力去维持关系,这也使很多沉迷网络的同学在生活中出现对家长、朋友、同学越来越冷漠,交友的范围越来越窄小,对各类现实生活的活动、事物都呈现出漠不关心的状态。他们现实生活中的人际关系一团乱,感受到与现实社会的格格不入,深陷痛苦的深渊,变得更加孤僻。

3. 道德失范

在虚拟的世界中,网络沉迷者是不需要与他人进行面对面的见面和聊天的,这样就缺乏了现实人际关系中对其行为的监管,再加上网络中匿名、隐藏信息等形式,变相地使主体缺少在道德上的约束,逐渐失去道德意识的稳定根基。在虚拟的世界,道德慢慢地被冻结。网络使用者在网上积极地表现自己,把社会自我抛弃到脑后,肆意地放纵自己的欲望,导致在网络中出现严重的道德失范行为。他们抱着猎奇的心态,追求感官的刺激,浏览色情暴力网站,参加各种各样的网络游戏,用自己幻想的人设与他人聊天,不断地发泄自己在现实生活中的情绪,讲述属于自己的"虚拟故事"。总之,在现实生活中不敢表达的情绪,在网络世界中都可以尽情地发泄和表达。目前,因为网络而引发的道德失范的案例逐渐增多,暴力和色情也被认为是"电子海洛因"。

4. 学业荒废

沉迷于网络世界对于还在学校学习的学生们来说是一种毒害,伴随着他们对网络的使用时间不断延长,记忆力会出现衰退,对学习的兴趣不断减退,甚至产生厌烦,直接造成经常缺课、不做作业,甚至辍学的现象。他们把大量的时间和精力都花费在网络上。这对于正需要吸收大量知识的年轻人而言,不仅学业受到影响,长此以往智力也会受到影响。

5. 身体受损

长时间使用电子设备,会因为辐射、电子波诱发近视和青光眼,长期使用键盘和鼠标也会导致双手关节局部疼痛,久坐也会使部分体位产生变化,容易导致肌肉和骨骼的疼痛,主要影响的部位有腰部、劲椎、肩膀等。还有部分沉迷于网络游戏的同学不分日夜地玩游戏,饮食不规律,容易造成脑梗等疾病。

6. 人格异化

在错综复杂的网络关系中,网络的使用者将现实生活中的现实感、正义感等转移到网络中,网瘾者就开始忽视社会规则和对自身的要求,逐渐淡化自己的世界观和价值观,深陷网络,责任感淡化,人格障碍更加严重。一般来说,网络成瘾的人都比较内向,不善于沟通,但内心又渴望得到重视。在现实社会中,他们对人际关系淡漠,不喜交往,缺乏对现实关系的渴望。如果遇到现实的困难,往往采取逃避、自责等方式解决问题。

(二)网络成瘾综合征的表现

网络成瘾综合征是网络进入大众生活后出现的一种新型心理疾病,主要是过度使用网络而导致个体出现明显的社会心理功能损害,其具体症状表现为以下几点:

1. 网络操作时间失控,无法自拔。
2. 随着快感需求的增加,需要不断延长上网时间。
3. 大部分时间沉溺于网络世界,忽视现实生活的存在,或对现实世界极度不满。
4. 初始时只是精神依赖,随着依赖程度的加重,逐渐发展成个体躯体的依赖,表现为眼花、疲惫乏力、情绪低落、手脚发抖、食欲不振、身体消瘦等不良症状。

同网络依恋六种类型一样,当网瘾达到一定程度便成了网络成瘾六种类型,在青年大学生中,网络游戏成瘾、网络人际关系成瘾、网络色情成瘾、网络信息收集成瘾是网络成瘾的主要类型,这四种类型可能会单一地表现出来,也可能会同时出现在一个人身上。

(三)网络成瘾综合征的判断

目前国际上对网络成瘾综合征还没有公认的诊断标准。最初主要是依据日常行为表现和特定量表的测定来判断,如连续上网时间过长(陶然教授领衔制定的《网络成瘾临床诊断标准》设定平均每日非工作学习目的连续使用网络时间达到或超过6小时),而且不上网就难受,社会交往明显减少,严重影响学习、工作和生活等。随着互联网的普及应用,特别是手机成为人们随身携带、不可或缺的互联工具,不少青年大学生每日上网时间远超过6小时。

对于网络成瘾综合征的界定标准,不同的学者持有不同的观点,影响较大、使用范围较广泛的是由美国匹兹堡大学的心理学家金伯利·杨(Kimberly. Young)所编制的网络成瘾的八项标准:

1. 互联网使用成为生活的中心。
2. 需要增加互联网的使用。
3. 不能成功地减少或控制互联网的使用。
4. 停止或减少互联网的使用会导致无聊、抑郁、气愤等消极状态。
5. 在线时间超出预期计划。
6. 重要人际关系、工作、职业机遇遭到破坏。
7. 向别人隐瞒互联网的使用程度。
8. 使用互联网逃避现实。

无论各国专家、学者如何界定,对自我的准确认知和接纳、人际关系的和谐、积极稳定的情绪状态、有效的自我控制能力等是大家公认的最基本的几条判断标准。对网络成瘾的判断,关键要看个体对上网时间是否有控制能力,是否对网上内容有辨别和选择能力,上网是否影响到学习、工作、生活等正常社会功能的发挥,是否影响到现实生活中的人际关系和情感交流等。

延伸阅读 我国首个《网络成瘾临床诊断标准》

《网络成瘾临床诊断标准》是由北京军区总医院中国青少年心理成长基地主任陶然教授领衔制定的,这一标准被美国心理精神病协会纳入正式出版的《精神与行为疾病诊断与统计手册》,这是我国第一个获得国际医学界认可的网络成瘾疾病诊断标准。

一、症状标准

长期反复使用网络，使用网络的目的不是为了学习和工作或不利于自己的学习和工作，具有以下症状：

（一）对网络的使用有强烈的渴望或冲动感。

（二）减少或停止上网时会出现周身不适、烦躁、易激惹、注意力不集中、睡眠障碍等戒断反应；上述戒断反应可通过使用其他类似的电子媒介（如电视、掌上游戏机等）来缓解。

📱 微课
网络成瘾的诊断

（三）下述5条内容至少符合1条：

1. 为达到满足感而不断增加使用网络的时间和投入的程度；
2. 使用网络的开始、结束及持续时间难以控制，经多次努力后均未成功；
3. 固执的使用网络而不顾其明显的危害性后果，即使知道网络使用的危害仍难以停止；
4. 因使用网络而减少或放弃了其他兴趣、娱乐或社交活动；
5. 将使用网络作为一种逃避问题或缓解不良情绪的途径。

二、严重程度标准

日常生活和社会功能受损（如社交、学习或工作能力方面）。

三、病程标准

平均每日非工作学习目的连续使用网络时间达到或超过6小时，且符合症状标准已达到或超过3个月。

[资料来源：陶然，黄秀琴，王吉囡，刘彩谊，张惠敏，肖利军，姚淑敏.网络成瘾临床诊断标准的制定[J].解放军医学杂志，2008(10).]

四、大学生网络心理障碍成因分析及对策

大学生网络心理障碍是一个复杂的问题，不仅对个人身心造成影响，还是个严重的社会问题，它涉及个人、社会、家庭、学校等多个方面，因此，也需要各方面通力合作，才能为大学生提供良好的网络环境，引导大学生克服网络心理障碍。

（一）个人方面

一是大学生思维活跃，有强烈的求知欲望，猎奇心强，渴望通过网络获取新知识来拓展自己的视野。二是大学生在学习、生活中难免会遇到各种困难，他们常通过网络宣泄自己的情绪，逃避现实。三是网络可以满足大学生被爱、被尊重和自我实现的需要。四是大学生缺乏科学的人生目标和有效的时间管理能力，造成在网络上虚度光阴的后果。五是大学生缺乏自我管理和约束能力，这是大学生网络心理障碍形成的主要原因。

对于大学生而言，要正确对待网络的双重效应，客观认识网络资源是人类社会不可或缺的财富，科学筛选有用的信息，让网络为我所用；要用理智的眼光正视网络的负面影响，正视网瘾的危害，学会调控好自己，处理好现实社会与虚拟世界的关系，自觉养成良好的上网习惯，做网络应用真正的主人。

(二)家庭方面

父母对网络使用认识不到位,缺乏科学的管理与引导,出现两极化。一是过于放任,父母对网络一无所知,以为孩子上大学了,在使用网络上放开没多大问题,一味地满足孩子的需求。二是过于苛刻,太极端、敏感,认为网络不是好东西,一味地限制或禁止孩子使用网络,造成孩子的反感和逆反,反而成了部分大学生迷恋上网的助推器。另外部分父母缺乏科学的教养方式,亲子关系不和谐,过度宠爱或过于严格都会导致孩子出现人格缺陷、行为偏差等心理问题。

父母是孩子的第一任老师,因此,家长首先要不断地提高自我,了解网络知识,注意自身的德行品质,以身作则,言传身教,以便对孩子上网进行科学有效的引导。其次,父母应积极建立良好的亲子关系,经常与孩子进行平等有效的沟通交流,营造和谐家庭氛围。父母应尊重孩子的兴趣爱好,给他们更多的选择空间;应鼓励孩子多与人交往,通过正常的人际交往,他们能够将积压的情绪释放出来,感受现实交际的成功,帮助他们重建自信,克服对网络虚拟世界的过度依赖。

(三)社会方面

一方面社会处于转型阶段,呈现出急躁、功利的一面,这自然投射到大学生群体中。另一方面网络技术、管理制度不完善,导致网络信息泛滥和网络监管难。网络信息鱼龙混杂,暴力、色情、伪信息等无法及时被有效清除,造成负面影响。

政府应承担更多的社会责任。首先,应加快网络信息控制技术研究,过滤、净化网络信息,从技术上保证大学生免受网络非法信息的侵害。其次,建立网络行为监督机制。将道德和法律约束机制引入其中,加快和健全电子信息网络安全的立法进程,网络不是法外之地,违法同样要受到法律制裁。最后,要主动占领网络意识形态主阵地,弘扬主旋律,传播正能量。随着全球化和国际互联网的发展,东西方文化将产生全方位的巨大碰撞、冲突、交流、消融和吸收,会给大学生原有价值观念带来诸多影响,只有用先进的思想和文化教育广大青年学生,特别是大力弘扬中华民族优秀传统文化,才能塑造出健康成长的大学生。随着社会越来越重视网络心理健康,各大、中城市相继建立了戒除网瘾的专门机构和组织,越来越多的大学生网络成瘾者走出虚拟的网络世界,回归正常的现实生活。

(四)学校方面

随着高考压力的解除,不少大学生以为可以高枕无忧,失去了奋斗目标,心里空虚和迷茫。大学强调学生的独立自主性,有时未能及时捕捉大学生的思想和行为动态,造成大学生网络行为缺乏监管,形成盲点。大学教育、活动方式还存在单调、生硬等问题,这与生动的网络世界形成较大反差,使得很多大学生转向网络寻求知识和快乐,宁愿为网络腾出大量时间。

学校是学生学习和生活的最重要场所。学校应关注大学生网络成瘾问题,从以下几方面对大学生网络的使用做出监管和正确引导:一是制定、完善大学生网络行为规范或指南,从制度上规范大学生上网行为。二是加强教育管理,培养优良校风、学风,营造良好育人环境,充分利用技术手段,控制上网时间,预防学生网络成瘾。三是适应新形势,开展丰富多彩、喜闻乐见的校园活动,引导大学生培养和谐的人际交往心理和积极的兴趣爱好,让更多的大学生融入到校园集体活动中来,更真切地感受到现实生活中的乐趣。四是发挥专业资源优势,积极进行心理危机预防干预。大学生网络成瘾的心理教育可通过心理健康教育课程、专题知识讲座、团体辅导、心理服务热线等多种方式来开展。对网络成瘾易感人群,尽早制定可行的干预措施,给予积极的关注和帮扶引导,降低大学生网络成瘾率。

拓展训练 了解你对网络的依赖程度

下面引用美国心理学家金伯利·杨(Kimberly. Young)的《网瘾指数测试》,根据你最近一个月的情况,来测一测你对网络的依赖程度:

1. 你有多少次发现你在网上逗留的时间比你预期的要长?
   (1)几乎没有　　(2)偶尔　　(3)有时　　(4)经常　　(5)总是

2. 你有多少次因为上网而忽略自己要做的事情?
   (1)几乎没有　　(2)偶尔　　(3)有时　　(4)经常　　(5)总是

3. 你更愿意上网而不是和亲密的朋友待在一起吗?
   (1)几乎没有　　(2)偶尔　　(3)有时　　(4)经常　　(5)总是

4. 你有多少次与网友形成新的朋友关系?
   (1)几乎没有　　(2)偶尔　　(3)有时　　(4)经常　　(5)总是

5. 生活中,朋友、家人有多少次抱怨你上网时间太长?
   (1)几乎没有　　(2)偶尔　　(3)有时　　(4)经常　　(5)总是

6. 你有多少次因为上网影响了学习?
   (1)几乎没有　　(2)偶尔　　(3)有时　　(4)经常　　(5)总是

7. 在你需要做其他事情之前,你有多少次去看手机或电脑?
   (1)几乎没有　　(2)偶尔　　(3)有时　　(4)经常　　(5)总是

8. 由于网络的存在,你的工作表现或效率有多少次受到影响?
   (1)几乎没有　　(2)偶尔　　(3)有时　　(4)经常　　(5)总是

9. 当有人问你在网上干些什么时,你有多少次变得好为自己辩护或者变得遮遮掩掩?
   (1)几乎没有　　(2)偶尔　　(3)有时　　(4)经常　　(5)总是

10. 你有多少次用网络中的安慰性想象来排遣你生活中的那些烦恼?
    (1)几乎没有　　(2)偶尔　　(3)有时　　(4)经常　　(5)总是

11. 你有多少次发现自己期待着再一次上网?
    (1)几乎没有　　(2)偶尔　　(3)有时　　(4)经常　　(5)总是

12. 如果无法上网你会觉得生活空虚无聊吗?
    (1)几乎没有　　(2)偶尔　　(3)有时　　(4)经常　　(5)总是

13. 你会因为别人打搅你上网而发脾气吗?
    (1)几乎没有　　(2)偶尔　　(3)有时　　(4)经常　　(5)总是

14. 你有多少次因为深夜上网而睡眠不足?
    (1)几乎没有　　(2)偶尔　　(3)有时　　(4)经常　　(5)总是

第九章 绿色网络 阳光心情

15.你有多少次在不上网时为网络而出神,或者幻想自己在上网?
　　(1)几乎没有　　(2)偶尔　　(3)有时　　(4)经常　　(5)总是
16.当上网时,你有多少次发现自己对自己说:"就再玩几分钟"?
　　(1)几乎没有　　(2)偶尔　　(3)有时　　(4)经常　　(5)总是
17.你有多少次试图减少上网时间而最终失败?
　　(1)几乎没有　　(2)偶尔　　(3)有时　　(4)经常　　(5)总是
18.你有多少次试图隐瞒你上网的时长?
　　(1)几乎没有　　(2)偶尔　　(3)有时　　(4)经常　　(5)总是
19.你宁愿上网也不愿意和朋友们出去玩吗?
　　(1)几乎没有　　(2)偶尔　　(3)有时　　(4)经常　　(5)总是
20.当你不上网时,你有多少次感到沮丧、忧郁或者神经质,而这些情绪一旦上网就会消失?
　　(1)几乎没有　　(2)偶尔　　(3)有时　　(4)经常　　(5)总是

计分方式:
每个选项前面的数字即为分值,将所有选项得分相加即为总分。

分数解析:
20~39分:你是一个普通的网络使用者,你有时候可能在网上花费较长的时间,但你可以控制对网络的使用。

40~69分:由于网络的存在,你正越来越频繁地遇到各种各样的问题,你应当认真考虑网络使用对你生活的全部影响。

70~100分:你的网络使用已经给你的生活造成许多严重问题,你需要现在就去解决它。

思考与训练

1.常见的网络心理障碍有哪些,你是否存在类似情况?
2.分析网络心理障碍形成的原因有哪些,如何应对?

第三节　培育健康网络心理

学习目标

1.正确认识网络。
2.在网络中加强自我管理。
3.掌握适度的心理调适方法。

课堂互动　你上网最喜欢做什么

活动目的：了解你上网的时间分配。

活动流程：每人分配一张表格（表9-1），在表格中写出自己上网最经常做的十件事，并写出每周你做这些事情各自所花费的时间。

表9-1　　　　　　　　　上网常做的十件事及其所花费的时间

序号	上网做什么	所花费的时间
1		
2		
3		
4		
5		
6		
7		
8		
9		
10		
合计时间		

思考与讨论

通过分析你的上网时间分配，你觉得上网时间是否花得有意义？这样的状况对你的学习、生活造成了什么影响？你有没有懊悔在网络上花费的时间？

一、正确看待网络

网络是把"双刃剑"，无论网络带给我们怎样的影响，都不可回避网络已经和我们的日常生活密不可分了。不管是神化网络还是妖魔化网络都是极端、片面、不可取的，因此，作为新时代大学生，要正确看待网络。

（一）正确认识网络的利与弊

上网是一种正常的活动，本身没有对错之分。作为大学生，应该认识到网络是一种掌握信息以实现自己目标的工具。网络可以帮助人们实现很多需求，如收集信息、拓展视野、即时沟通联络、辅助学习、便捷生活等。网络已成为人们日常工作、学习、生活中的必

第九章　绿色网络　阳光心情

需品。但如果对网络使用不当或滥用,如在网络中不遵守规矩或沉迷其中都是对网络正常使用的破坏,这不仅影响个人身心健康,甚至可能危及他人和整个社会。大学生应当认识到网络并非真实世界,网络上的成功也不能全部代表现实的成功,在虚拟世界的情感宣泄也不能代表真实的情感宣泄。要知道网络世界的鲜花和美酒并不是真实社会的缩影。网络成瘾的学生,随着上网时间的不断延长,他们的身体机能和注意力会逐渐衰弱,产生各种兴趣消退,厌学情绪,对校园各项活动漠不关心,缺乏进取意识,人际关系淡漠等不良心理反应。因此,只有客观辩证地看待网络,才能趋利避害,正确处理好现实世界与虚拟世界的矛盾,清朗网络空间。

(二)明确上网需求

网络信息丰富多彩,"一网天下"。政治、经济、文化、历史、地理等的信息应有尽有,给我们的工作、学习、生活带来极大便利。然而也有非常多的诱惑和陷阱会毁灭我们,如网络上充斥的色情、暴力、赌博和虚假的信息,使不少大学生深陷泥潭。这就需要我们有一双"慧眼"来看清这一切。大学生明确自己上网需求的正当性,了解自己的网络期待,把握好自己与网络之间的关系,科学驾驭网络,将有效的网络资源为我所用。

拓展训练　网络文明自测

文明上网是对上网者的一个最基本的要求,你是否文明上网了呢?是否遵守网络道德了呢?以下说法是否符合你的实际情况?请根据自身情况选择"是"或"否"。

1. 在网上很乐意帮助别人。　　　　　　　　　　　　　　　是　否
2. 网上谁也看不见谁,相互欺骗很正常。　　　　　　　　　是　否
3. 如果在网上受到伤害,就要给予恶意攻击来挽回尊严。　　是　否
4. 尊重、信任网友并能够进行真诚的交流。　　　　　　　　是　否
5. 在网上从不和多个人同时保持恋爱关系。　　　　　　　　是　否
6. 向他人发送大量的垃圾邮件或虚假信息。　　　　　　　　是　否
7. 经常在论坛上发泄私愤甚至散布谣言、制造绯闻等,以侮辱他人为乐。
　　　　　　　　　　　　　　　　　　　　　　　　　　　　是　否
8. 网上用语文明规范,从不搬弄是非。　　　　　　　　　　是　否
9. 盗窃他人资料、智力成果等,什么都毫无顾忌。　　　　　是　否
10. 面对网络,有正确的自我意识,能够清醒地区分现实与虚拟世界。　是　否

计分方式:

对于第1、4、5、8、10题,选择"是"各计1分,而对于第2、3、6、7、9题选择"否"则各计1分;反之各计−1分。

分数解析:

如果得分为正,说明你能够控制并监督自己的上网行为,请继续保持良好的网络习惯;如果得分为负,说明你还需要加强网络道德行为自律,努力改进,做个网络文明使者。

(资料来源:肖瑶.大学生心理健康教育[M].青岛:中国石油大学出版社,2018.)

二、加强自我管理

(一)培养兴趣,丰富课余生活

大学生活同高中生活相比轻松很多,没有了升学的压力,加上大学强调学生自我教育、自我管理、自我服务、自我监督,凡事都需要靠自己来安排管理。所以,轻松的上网活动很容易受到大学生的青睐。大学生可以通过多参加一些课外活动和实践活动,多了解和学习自己感兴趣的技能,培养更多的爱好和专长,让自己的课余生活更加丰富多彩,来转移注意力,降低对网络的依赖。

(二)培养自己与他人的交往和沟通能力

网瘾大多都与网络成瘾者自身某些性格特点有很大的关系,他们性格比较孤僻,不善于与人交往、沟通,缺乏自信,常常受到情绪的控制,渴望受到外界的肯定,但又不服从规范。在网络的世界中,他们不需要与人接触,可以活在自己的世界中,不用考虑人际关系。缺乏人际交往能力的大学生,应当在现实生活中更加注重训练自己的社交技能,正视和努力调整自身存在的问题,努力改善自己的人际关系,多尝试与他人一同工作、学习和生活,体验并享受现实生活中人际交往的乐趣。

(三)加强时间管理能力,控制上网时间

大学生可以利用各种方法,合理规划时间,调动各种资源有效地控制自我上网时间与频率。表9-2列出一些减少上网时间的方法,供大家参考。

表 9-2　　　　　　　　　　减少上网时间的方法

减少上网的方法	你觉得有用吗?	
	有用	没用
和同学一起去上自习		
大家一起去上网,相互监督		
想上网的时候就去做体育运动		
心情不好想上网的时候,先睡觉,睡醒再决定是否去上网找人聊天		
上网前先拟定一个本次上网的任务清单		
把自己的人生目标写下来贴在床头,每次想上网时就大声念出来		
选择那些准点关门的地方上网,如学校图书馆,或定闹钟来提醒自己		
不上网的时候,学一门艺术或培养一个兴趣爱好		

(四)遵纪守法,安全文明上网

不少大学生认为网络世界是虚拟的,可以在网上为所欲为,没有人会知道你是谁。殊不知,网络世界也有法律,如果违反法律,同样会受到制裁。遵纪守法是每位公民的基本行为准则,我们应该做到不浏览或传播有关暴力、色情、恐怖、颠覆国家、煽动民族分裂等

信息,不制作或散布计算机病毒,不利用网络做出危害国家、社会、他人的行为。不造谣、不传谣、不信谣。同时,安全上网也是健康上网的重要一环。大学生要增强网络安全意识,提高辨别是非的能力。对网络交友、网络金融、网络信息应当谨慎识别,遇到不清楚或涉及到金钱的,一定要冷静思考,多问为什么。注意保护好个人信息和隐私。遇到网络诈骗、骚扰、威胁、恐吓,应及时报告或寻求法律帮助。

延伸阅读 增强网络安全意识,做文明守纪自媒体人

近日,厦门某高校学生利用翻墙软件收看国外媒体关于国内敏感事件不实报道、评论,在不了解事件真伪的情况下将此类信息在网络上传播。此行为立即受到网安部门监控、锁定,公安机关迅速展开调查行动。经查,该生平时表现良好,无不良记录,但该生并不了解其行为涉嫌违法。

大学生网络言行存在的主要问题:

一、法律意识淡薄

一名即将走上工作岗位的大学生,一名精通计算机知识的网络高手,本应发挥自己的聪明才智,用所学报效国家和社会,却做出了破坏计算机信息系统的罪恶行径,成为一名可怕的"黑客"。不仅"黑"掉了用户网络平台,还实施敲诈勒索。但最终没有逃脱法律的制裁。

相关法律法规:

《中华人民共和国网络安全法》第二十七条规定:"任何个人和组织不得从事非法侵入他人网络、干扰他人网络正常功能、窃取网络数据等危害网络安全的活动;不得提供专门用于从事侵入网络、干扰网络正常功能及防护措施、窃取网络数据等危害网络安全活动的程序、工具;明知他人从事危害网络安全的活动的,不得为其提供技术支持、广告推广、支付结算等帮助。"

第六十三条规定:违反本法第二十七条规定:"从事危害网络安全的活动,或者提供专门用于从事危害网络安全活动的程序、工具,或者为他人从事危害网络安全的活动提供技术支持、广告推广、支付结算等帮助,尚不构成犯罪的,由公安机关没收违法所得,处五日以下拘留,可以并处五万元以上五十万元以下罚款;情节较重的,处五日以上十五日以下拘留,可以并处十万元以上一百万元以下罚款。"

二、猎奇心理,吸引眼球

一则"厦门某高校100多名学生HIV病毒检测结果呈阳性"的贴文在网络传播。警方迅速开展调查行动,经查,该贴文内容不属实。警方查明,王某佳(女,34岁,厦门人)在和朋友聊天时听闻相关艾滋病的新闻,为博取关注,编造了"厦门某高校100多名学生HIV病毒检测结果呈阳性"等内容并在微信朋友圈发布,对该校造成恶劣影响。

依据《中华人民共和国治安管理处罚法》第二十五条第一款的规定,厦门警方依法对编造谣言的违法行为人王某佳给予行政拘留5日的行政处罚。

相关法律法规:

《中华人民共和国治安管理处罚法》第二十五条第一款规定,散布谣言,谎报险情、

疫情、警情或者以其他方法故意扰乱公共秩序的,处5日以上10日以下拘留,可以并处500元以下罚款;情节较轻的,处5日以下拘留或者500元以下罚款。

《关于公益诉讼案件适用法律若干问题的解释》规定,利用信息网络诽谤他人,同一诽谤信息实际被点击、浏览次数达到5 000次以上,或者被转发次数达到500次以上的,应当认定为《中华人民共和国刑法》第二百四十六条第一款规定的"情节严重",可构成诽谤罪。

三、思想单纯,辨别是非能力不足

2018年4月19日,厦门某高校在读研究生田某以"@洁洁良"的网名在新浪微博上发布涉及国家、民族情感不当言论,并通过私信、微博多次发表错误言论,产生了十分恶劣的社会影响。最终校方做开除其党籍、退学处理。这一事反映了其作为一名大学生思想单纯,特别是对敏感事件和热点问题缺乏政治敏感性,认知不足的问题。

相关法律法规:

《中华人民共和国网络安全法》第十二条规定:"任何个人和组织使用网络应当遵守宪法法律,遵守公共秩序,尊重社会公德,不得危害网络安全,不得利用网络从事危害国家安全、荣誉和利益,煽动颠覆国家政权、推翻社会主义制度,煽动分裂国家、破坏国家统一,宣扬恐怖主义、极端主义,宣扬民族仇恨、民族歧视,传播暴力、淫秽色情信息,编造、传播虚假信息扰乱经济秩序和社会秩序,以及侵害他人名誉、隐私、知识产权和其他合法权益等活动。"

网络不是法外之地,也无法外之人,一言一行须谨慎!

三、掌握有效的心理调适方法

网络成瘾是网络心理障碍的综合反应,以下是戒除网络成瘾的常用方法。

(一)行为疗法

该方法认为,个体在行为过程中获得快感,为了将这种快感保留下来,他会形成强迫寻求快感行为的习惯,成瘾行为因此建立。既然这种行为可通过重复强化的方式加以养成,那么也可以通过重复强化的方式加以消除。放松疗法、系统脱敏疗法、厌恶疗法、模仿学习、代币法、自我管理法等都是常用的有效手段。网络成瘾是因为上网感受到快感,这种快感在网络刺激的不断强化下,形成了稳定的行为模式,所以在戒除网瘾的过程中,行为疗法侧重于消除上网带来的快感和无法上网的心理压力。按照方法的简易程度和可操作性,在此主要介绍想象厌恶疗法和橡皮筋疗法。

想象厌恶疗法要求网络成瘾者闭上眼睛,想象过度上网而导致的情绪低落、眼花、双手颤抖、四肢乏力、食欲不振等不良症状,还有上网导致的学业下降、退学,老师、父母责怪,同学、朋友讥笑等情景,越生动、具体,效果越好。这种想象必须每天坚持一定次数,次数与问题严重程度相对应,同时要伴有放松疗法。

橡皮筋疗法要求网络成瘾者有较强的自制力。具体方法是在网络成瘾者手腕上戴一条橡皮筋,如果上网时间超过规定时间或者在非上网时间感到自己有上网的冲动时,立即给予自我弹击,所带来的疼痛反应会使个体逐渐丧失上网的兴趣。

(二)认知疗法

网络成瘾者由于具有错误的思维方式,不认为沉迷于网络是一种病症,而忽略克服网瘾的必要性。因此要从思想认知上帮助网络成瘾者正确认识摆脱网瘾的可行性和重要性。具体方法是让网络成瘾者在两张卡片上分别列出网络成瘾导致的主要问题和摆脱网络成瘾将带来的主要益处,然后让网络成瘾者随身携带这两张卡片,时时处处约束自己的行为。认知疗法的另一种做法是让网络成瘾者列出网络成瘾后所忽略的现实生活中的活动,并按照重要性进行排序,使其意识到自己所错过的现实世界,认识到现实生活中也能体验到满足感和愉悦感,从而降低其从网络环境中寻求情感满足的内驱力。

(三)团体疗法

团体疗法是在心理专业人士指导下,借助团体的力量和心理辅导理论与技术,就团体成员共同面对的心理问题进行讨论并相互帮助,使每一位团体成员学会自助,以此解决团体成员共同的心理障碍,最终实现改善行为和发展人格的目的。

在网络脱瘾团体中,团体成员会发现不是只有自己有心理问题,团体中的其他人有着相似甚至比自己还要严重的情绪体验,从而降低心理上的担忧与焦虑程度。由于"同病相怜",他们的心理认同感增强,群体归属感加强,因此能够感受到来自他人和自己内心的支持,从众行为增加,群体的稳定性提高。网络脱瘾团体的心理调适一般包括以下几个方面的内容。

1. 缓解网络成瘾者的心理紧张和焦虑情绪,利用成员间的相互介绍和游戏活动转移他们对心理障碍的过度关注,放松心情,初步建立团队信任。

2. 在此基础上,让成员讲述各自成长经历,并做自我评价,使成员获得和别人一样的体验,产生情感与心灵的共鸣。

3. 开展对网络的讨论交流,引导他们正确评价网上信息,共同为提高自身的信息素养出谋划策。

4. 开展网络与网络技术的讨论,使他们了解网络的两面性、技术中立性和网络技术的工具性。

5. 运用头脑风暴法让成员把网络与现实的异同一一列举出来,并进行归因。然后让全体成员倾诉各自在现实中的困惑,成员间进行相互辅导。

6. 设定现实生活中成员们感到困惑的情境,进行模拟学习,学会如何处理现实事务。

7. 小组讨论上网行为的自我管理,彼此订立互相监督上网的契约。

总之,当你觉得自己的上网行为严重影响到自己的学习和生活,且自己已经积极采取各种办法试图控制,但是都没有达到很好的效果,那这时候你可能就需要寻求他人或专业人士的帮忙。你可以寻求朋友、同学、老师、家人的配合、关心、支持和帮助,也可咨询心理健康中心的老师或者专业治疗机构、热线电话、心理健康门诊等,借助专业的力量,让自己能够更好地面对网络问题,并坚信网络成瘾是可以戒除的,不要轻言放弃。

拓展训练　　关于网络的团体心理辅导方案

根据主题设置游戏活动,让同学们在游戏中体验、分享心理活动,让个体成员通过团体内人际交互作用,觉察自己的问题,在团体动力作用下,学习新的态度和行为方式,最大限度地发挥自己的心理潜能,获得成长。

策略一:画一幅"网络体验"自画像。

策略二:寻找你迷恋网络的原因,如性格内向、成绩不如意、人际关系不顺等。

策略三:将因迷恋上网而失去的你重要的人和事列一个表记录下来。

策略四:逐步减少并设定你上网的时间。

策略五:上网前和下线时的心理暗示(上线啦,这段时间是我的;该下啦,我还有更重要的事要做呢)。

策略六:将原来的上网时间错开,打乱原有的心理秩序和生物钟。

策略七:规定每天与家人、朋友交流至少15分钟。

策略八:身边携带积极提示卡片,如减少上网时间以来自己情绪、人际关系及学业等方面好的转变。

策略九:寻找替代性兴趣与爱好。

策略十:每天坚持运动锻炼。

策略十一:请专业心理机构做心理介入治疗。

(资料来源:彭跃红、王浩宇.放飞心灵——中职生心理健康教育[M].北京:清华大学出版社,2014.)

思考与训练

网络是把"双刃剑",你应该如何正确看待网络、科学驾驭网络,做到健康上网?

参考文献

[1] 夏翠翠,宗敏,涂翠平.大学生心理健康教育[M].北京:人民邮电出版社,2019.

[2] 张敏生,谭娟晖.大学生心理健康教育与训练[M].北京:中国轻工业出版社,2021.

[3] 周虹.大学生心理健康教育实用教程[M].镇江:江苏大学出版社,2019.

[4] 李秋丽,范丽萍.大学生心理健康教育[M].上海:上海交通大学出版社,2018.

[5] 叶素贞,曾振华.情绪管理与心理健康[M].北京:北京大学出版社,2007.

[6] 杨白群.成长心灵给力人生——大学生心理健康[M].厦门:厦门大学出版社,2014.

[7] 江明辉.心理健康教育与素质拓展[M].上海:上海交通大学出版社,2018.

[8] 彭杨华,姚子雪婷,芦球.心理健康教育教程[M].北京:北京出版社,2018.

[9] 邱美玲.大学生心理健康教育[M].北京:北京出版社,2011.

[10] 常顺英,矫春虹.大学生学习引论[M].北京:北京理工大学出版社,2012.

[11] 肖行定.大学生学习生活指南[M].武汉:华中科技大学出版社,2012.

[12] 解焕民.大学生的学习与成长[M].济南:山东科学技术出版社,2000.

[13] 蒯超英.学习策略[M].武汉:湖北教育出版社,1999.

[14] 孙冬青.当代高职学生创新能力培养探析[J].河南教育(高校版),2007(06).

[15] 胡鹤玖.高职学生创新力培养[J].中国高教研究,2003(06).

[16] 夏克祥.实用创新思维[M].北京:高等教育出版社,2008.

[17] 陈琦,刘儒德.教育心理学[M].北京:北京师范大学出版社,2007.

[18] 肖瑶.大学生心理健康[M].青岛:中国石油大学出版社,2018.

[19] 邱美玲.大学生心理素质教育[M].广州:世界图书出版公司,2008.

[20] 凌四宝,舒曼.心花怒放——高校心理健康教育操作手册[M].南昌:江西人民出版社,2011.

[21] 张春兴.现代心理学[M].上海:上海人民出版社,1994.

[22] 李鸿义.大学生心理健康教育与指导[M].武汉:武汉大学出版社,2002.

[23] 胡凯.大学生心理健康新论[M].长沙:中南大学出版社,2003.

[24] 梅传强.大学生心理健康教育[M]京:中国法制出版社,2001.

[25] 张海涛.大学生身心健康理论与实务[M].镇江:江苏大学出版社,2018.

[26] 降彩虹.心理健康与调节[M].上海:上海交通大学出版社,2016.

[27] 黄希庭.大学生心理健康教育[M].上海:华东师范大学出版社,2004.

[28] 吴继霞.大学生心理素质发展论[M].苏州:苏州大学出版社,2001.

[29] 沈之菲.生涯心理辅导[M].上海:上海教育出版社,2002.

[30] 肖建中.职业规划与就业指导[M].北京:北京大学出版社,2006.

[31] 丁木金.新编大学生就业与创业指导[M].上海:上海交通大学出版社,2018.

[32] 张再生.职业生涯规划[M].天津:天津大学出版社,2014.

[33] 胡永松,席宏伟.高职学生心理健康与成长[M].重庆:重庆大学出版社,2015.

[34] 高远.当代大学生幸福感提升[M].南京:南京大学出版社,2018.

[35] 李龙,李晨光,陈恒英.大学生心理健康教育[M].重庆:重庆大学出版社,2018.

[36] 施剑飞,骆宏.心理危机干预实用指导手册[M].宁波:宁波出版社,2016.

[37] 王晓刚.大学生心理危机预防与干预标准化体系研究[M].杭州:浙江工商大学出版社,2016.

[38] 朱桂平.挫折到转折[M].杭州:浙江工商大学出版社,2019.

[39] 王建文,赵国亮.百舸争流:哈尔滨工业大学(威海)十佳大学生成长心语[M].哈尔滨:哈尔滨工业大学出版社,2012.

[40] 连榕,张本钰.大学生心理健康[M].2版.北京:北京师范大学出版社,2016.

[41] 尤建国,乔建中.心理健康教育读本[M].北京:高等教育出版社,2010.

[42] 邓先丽.大学生心理健康教育[M].北京:中国人民大学出版社,2011.

[43] 文书锋.大学生心理健康通识[M].北京:中国人民大学出版社,2010.

[44] 张成山,江远.新编大学生心理健康教育[M].北京:清华大学出版社,2010.

[45] 万春,张林.大学生心理健康教育[M].长春:东北师范大学出版社,2017.